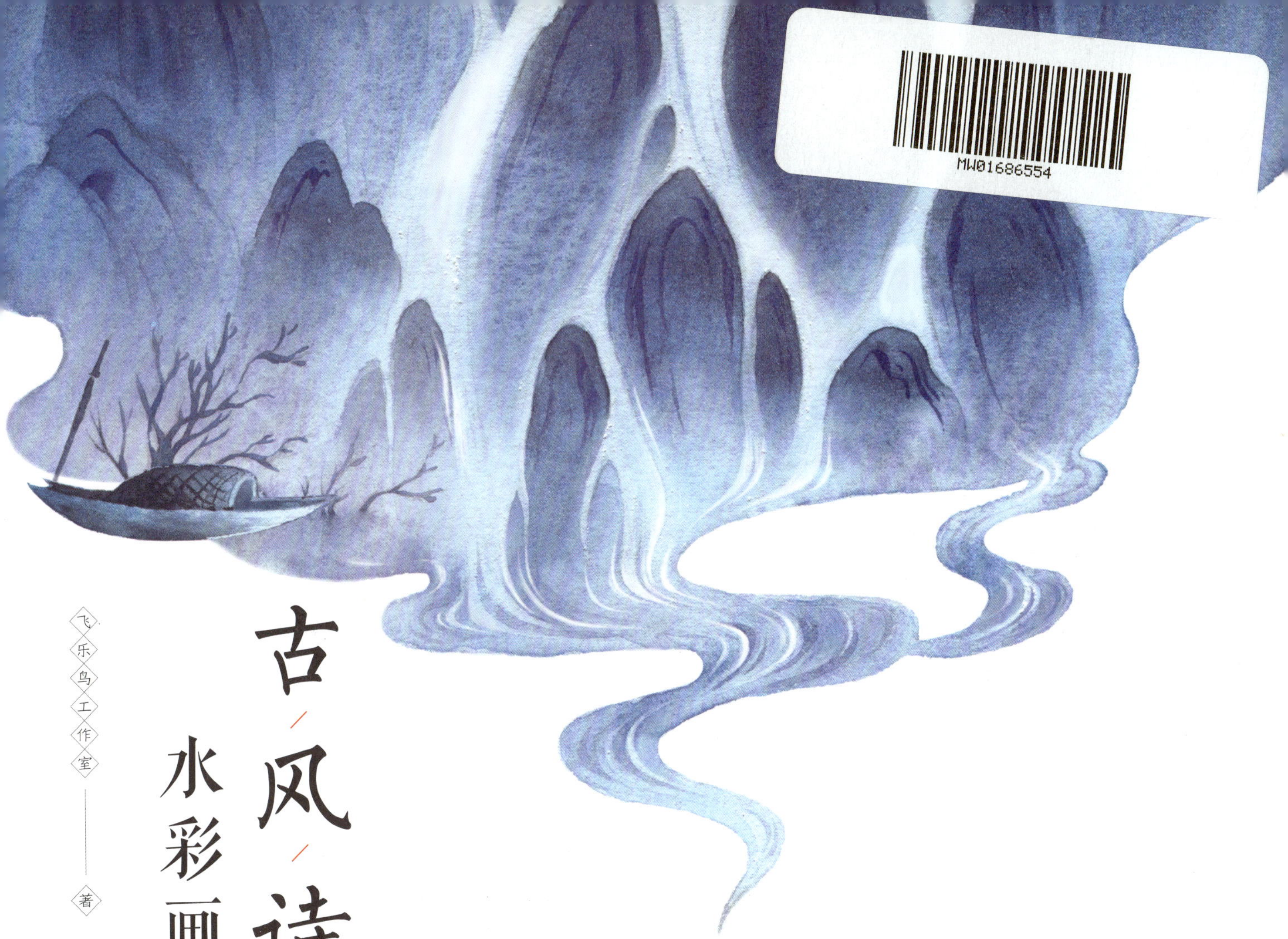

古风诗韵

水彩画入门

飞乐鸟工作室 著

中国水利水电出版社
www.waterpub.com.cn
· 北京 ·

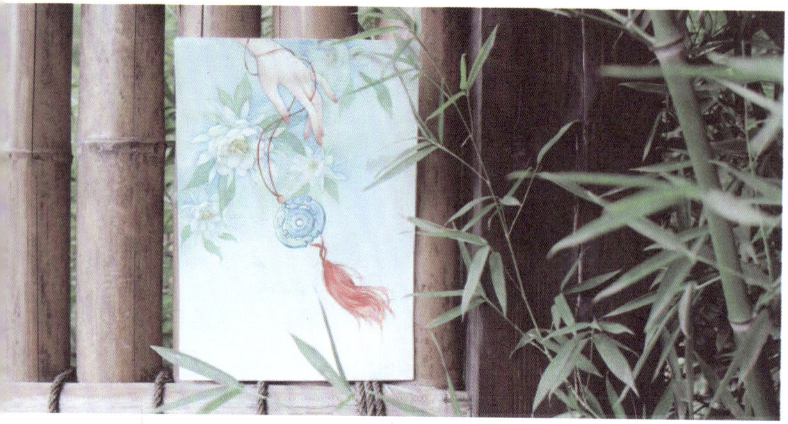

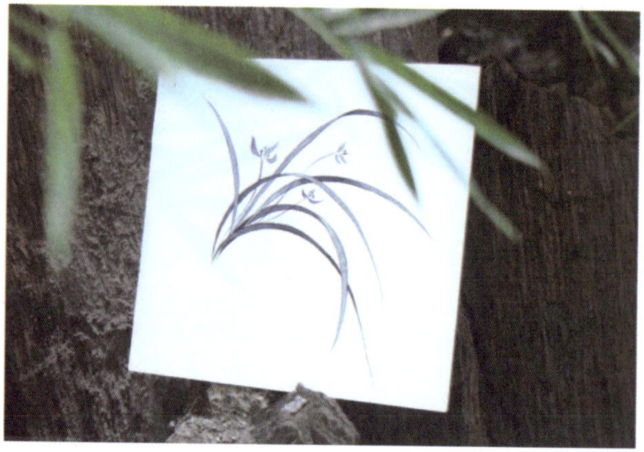

古风诗韵

独坐幽篁里，弹琴复长啸。深林人不知，明月来相照。

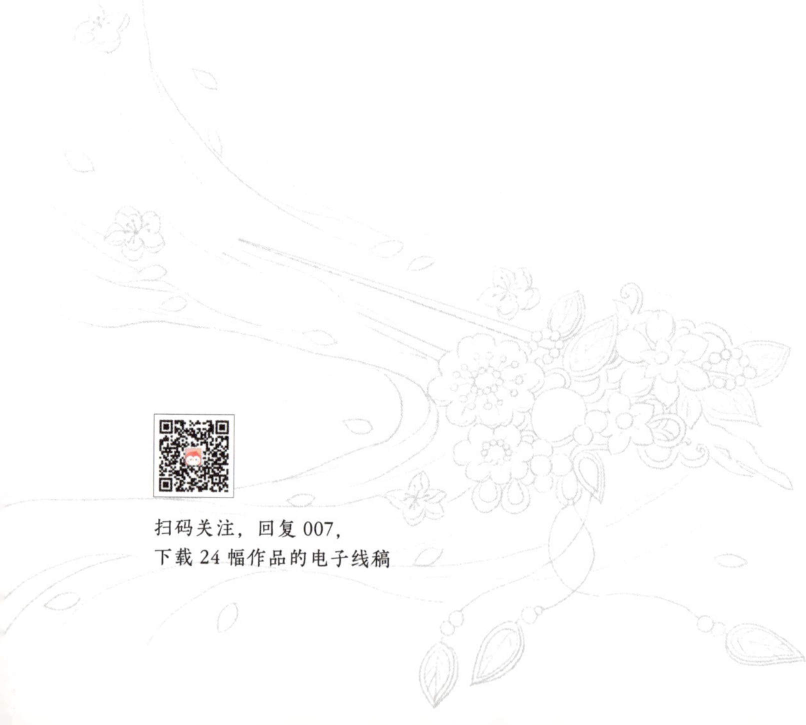

扫码关注，回复 007，
下载 24 幅作品的电子线稿

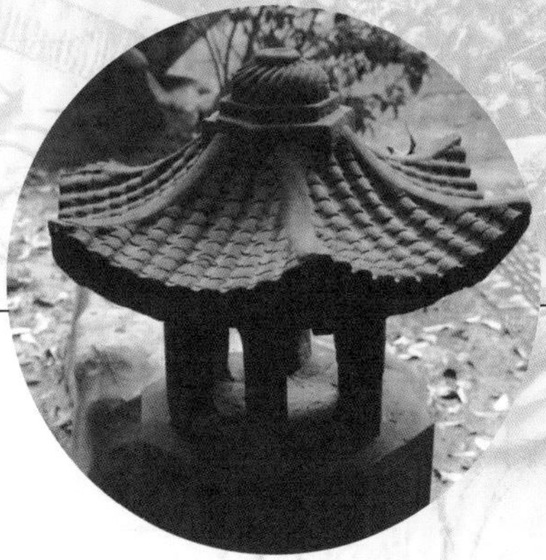

前言

诗与画作为我们表现艺术情感最常用的两种方式，自古至今深受大众的喜爱。古人有诗云：『诗中有画，画中有诗。』美好的物象往往能激发人们的创作情感。

绘者用画笔与颜料展现美景的动人色彩，经典的古诗词更能为画作增色不少，既可以通过画笔来表现诗句中的意象，也可用诗句来为绘画作品言明主题。不同于讲究高超技法与专业工具的中国画，水彩画的轻便更能随时随地快节奏地描摹丰富的色彩。

本书既有经典花草的雅致小品，又有风景美人的唯美插画，由简到繁，通过细心的技法讲解，带大家一起感受水彩与古诗词之美。用水彩画特有的水润渲染效果，使诗与画交融结合，共同体味古人或喜或悲的情感吧。

目录

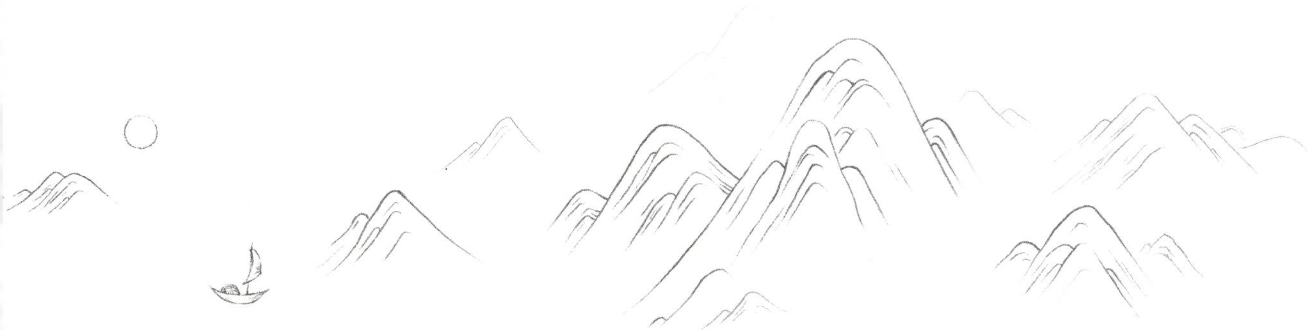

山川·行

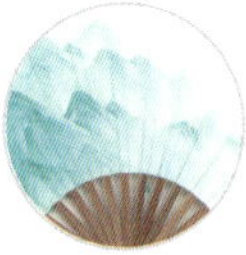

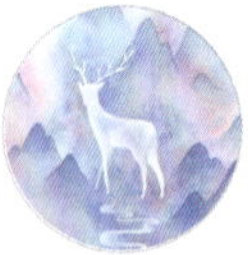

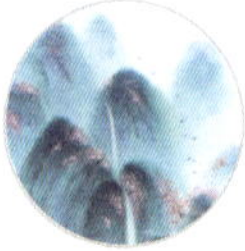

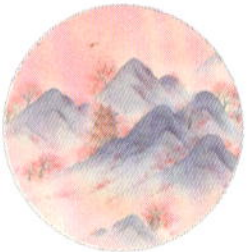

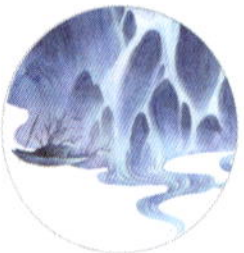

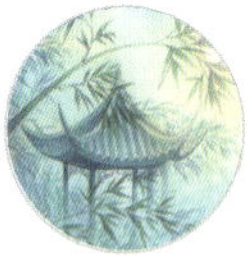

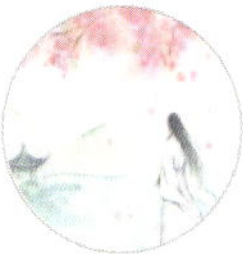

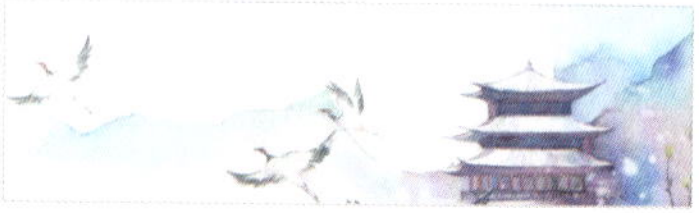

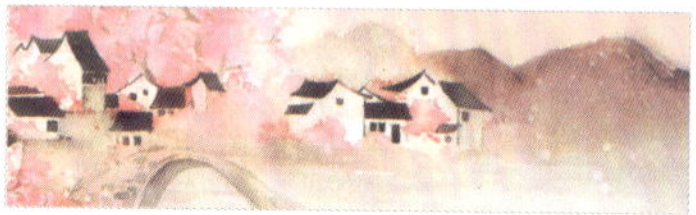

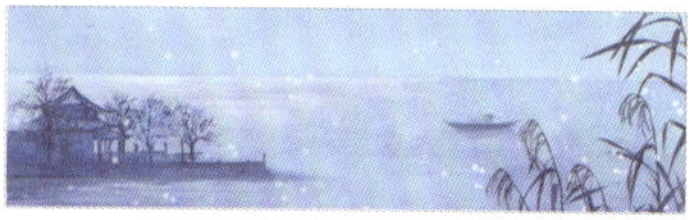

心间·事

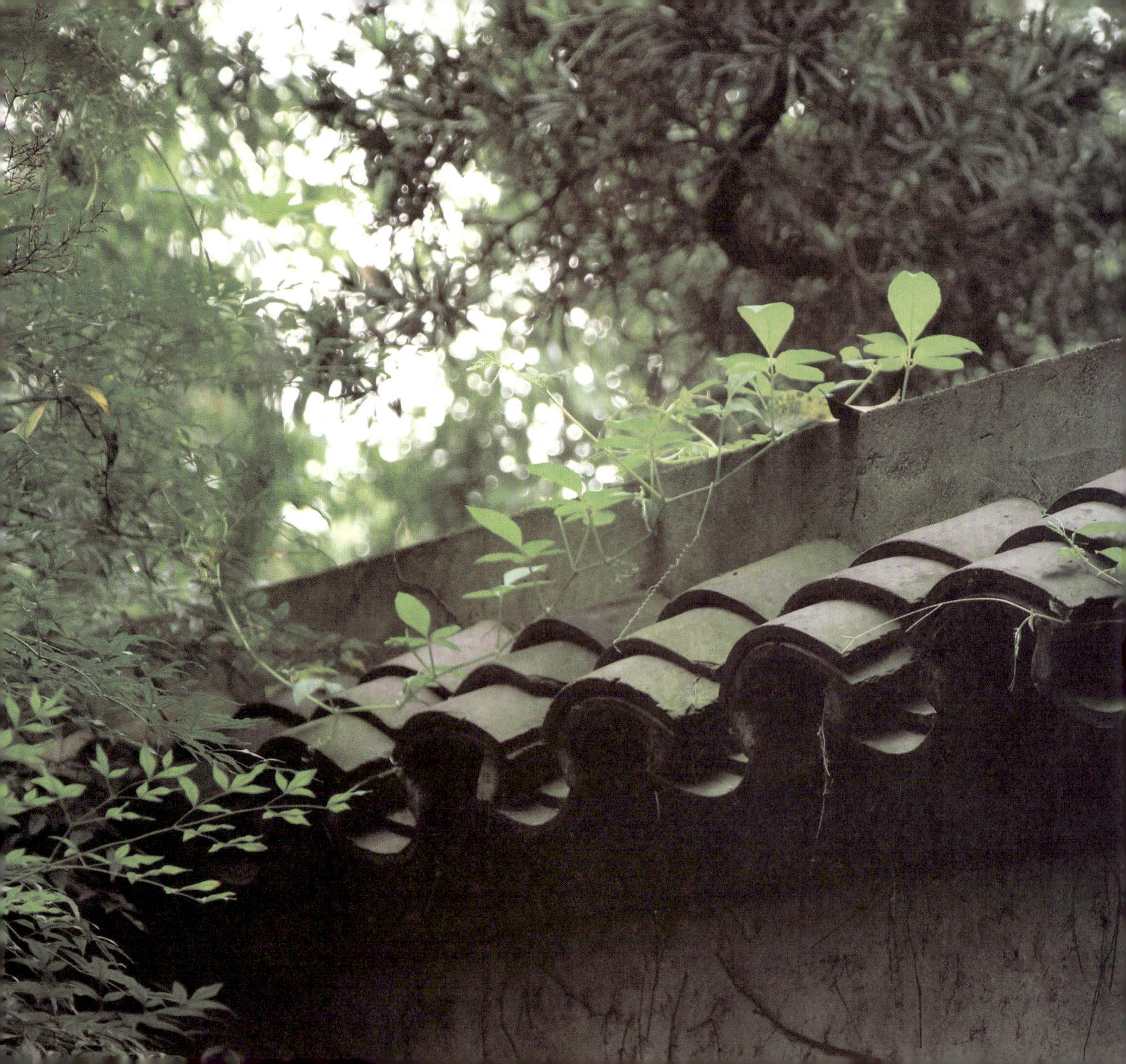

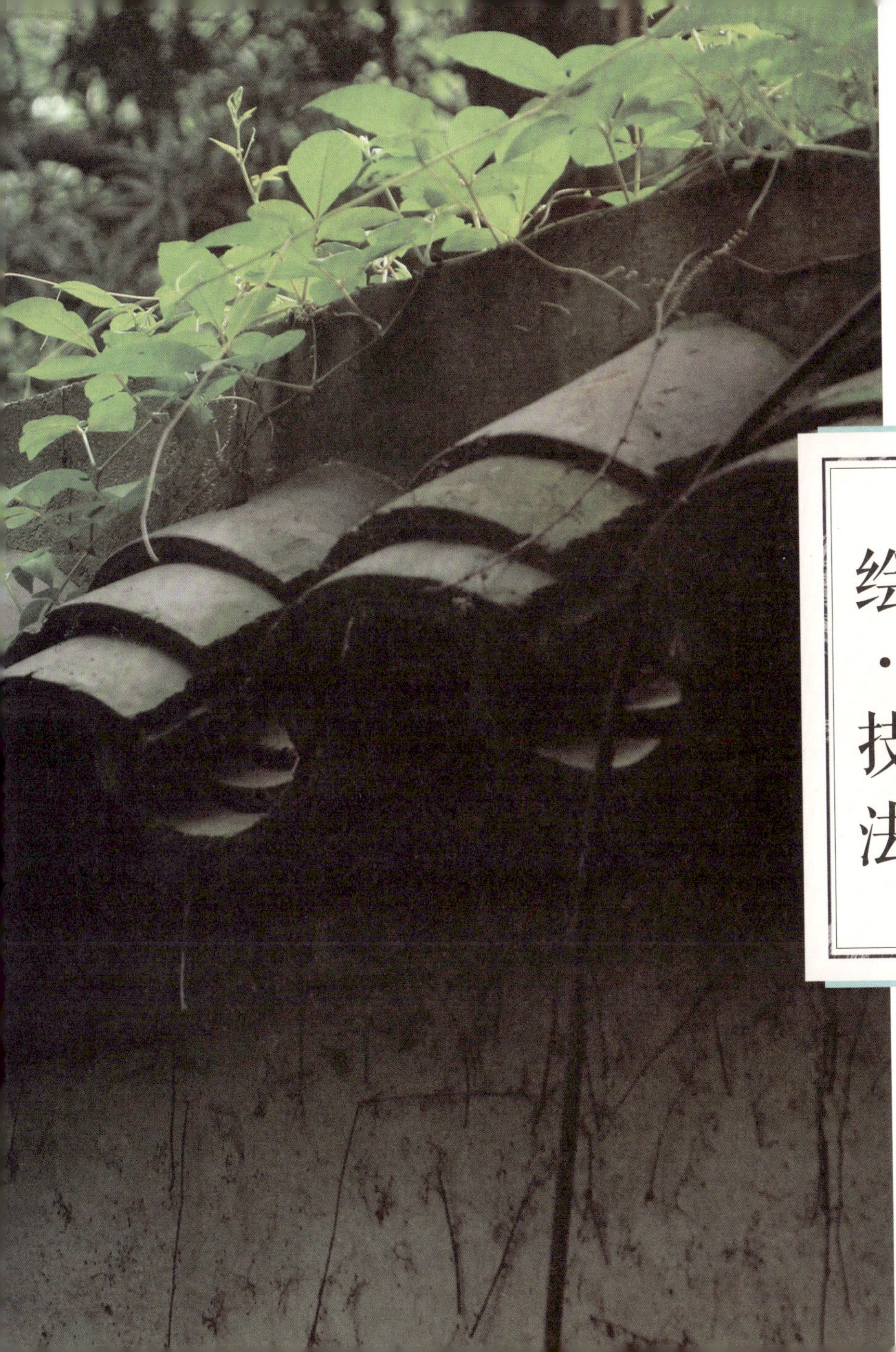

绘·技法

绘画工具

工欲善其事，必先利其器。我们在绘画之前，先要准备好一些常用的工具，这样在绘画时才能更加得心应手，发挥自如。

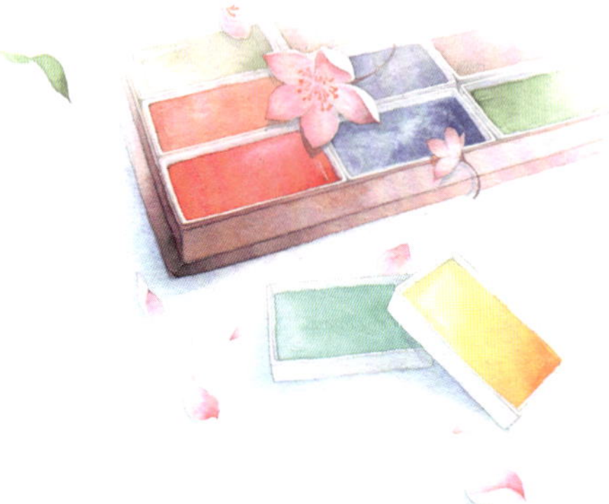

颜料

吉祥 24 色颜彩是较为常用的国画绘画颜料，其颜色均匀细腻，沉稳古朴，在混色过程中过渡自然，易修改，适合初学者使用。

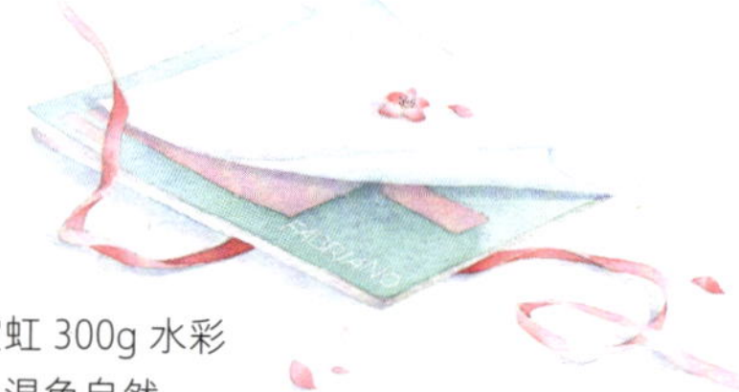

画纸

本书讲解时使用的是宝虹 300g 水彩纸，它的性价比较高，混色自然，显色丰富，纸纹细腻。

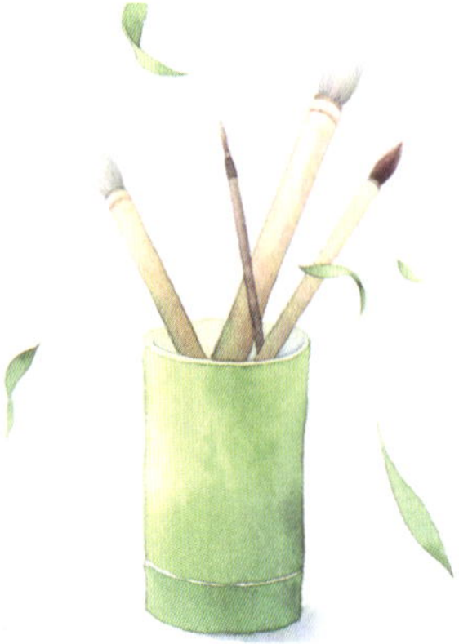

画笔

国内匠人们制造的毛笔物美价廉，实用性高。大白云毛笔铺设背景，中小白云晕染过渡，狼毫小笔刻画细节，小叶筋勾线笔勾勒边缘。

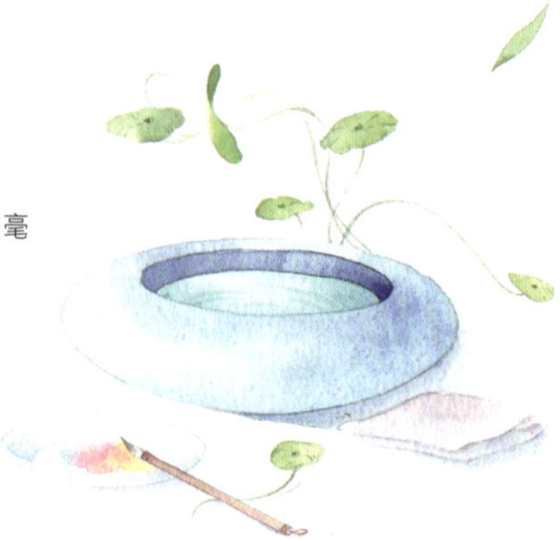

其他

绘画时，一些小工具的使用会使创作更加得心应手。盛放清水的容器、调色盘、 纸巾或是海绵等，都是常用的绘画工具。

颜彩配色

认识自己所使用的颜料，观察它们的颜色特征，在绘画时这些颜色是画面的主角。了解认识之后慢慢掌握这些颜料的使用方法，通过它们配制出更多的颜色。

红黄色系

上朱	红	红梅	燕脂	辰砂	鲜光黄	黄土	金黄土	岱赭	栗皮茶

红黄色系颜料多数用来描绘花朵植物与人物，这些颜色的调和会让颜色显示出更多丰富的相近色彩。

青绿色系

若叶	青草	青瓷	绿青	花白绿	群绿	莺茶绿

青绿色大多是在绘制山石与草木时使用，能够表现出大自然的颜色。

蓝紫色系

白群	浅葱	群青	紫	本蓝

蓝紫色系的颜料经常用于渲染天空水流，或是烘托冷色的气氛。

黑与白

黑	胡粉

黑色通常用来调和画面的灰色与暗色，胡粉可以覆盖底色。

基本技法

一些简单的小技巧可以让我们的绘画过程更顺利，得到自己想要的绘制效果，技巧需要更多的练习才会熟练，一起来试试吧。

颜彩·调和

壹 使用颜彩

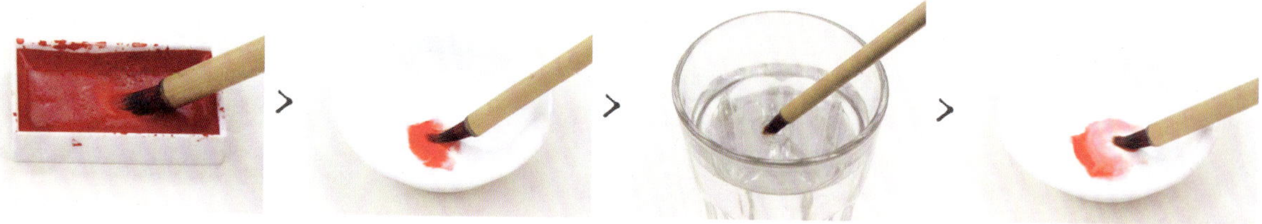

与管状颜料不同的是，颜彩是由许多小方块盒加入固体颜料组成的。

用湿润的毛笔在颜料盒中蘸取颜色，置于调色盘上，再将画笔浸入清水，将清水与颜色调和，便得到我们想要的颜色。

贰 颜色调和关系

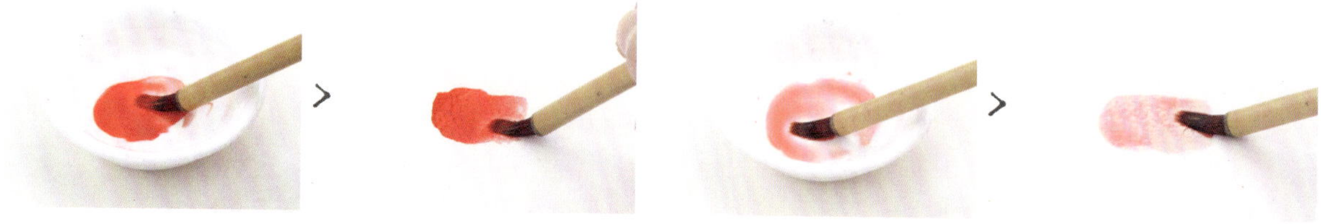

颜色的浓淡与画笔加入的清水含量有关。

清水越少，颜色越浓，画在纸上就越深；清水越多，颜色越淡，在纸上呈现出的便是浅色。

色彩·变化

如何做出美丽自然的渐变效果是许多初学者较为关注的问题，我们可用以下方式达到想要的效果，多加练习选择更适合自己的方法吧。

壹 干画衔接法

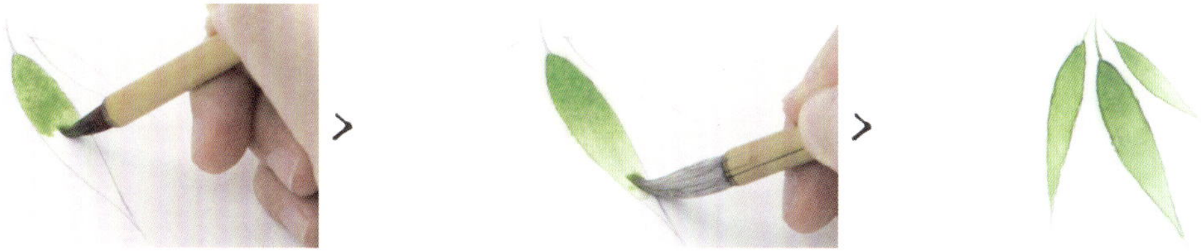

在画面的一部分涂上深色颜色，用另一支干净的画笔蘸少许清水，与颜色的边缘自然衔接，涂出另外的部分，这便形成了由深至浅的过渡变化。

贰 铺色点染法

在画纸上先涂满浅色，接着用画笔蘸取更深的颜色，直接趁湿点染在深处，干后同样会形成自然的渐变。

叁 混色拓展

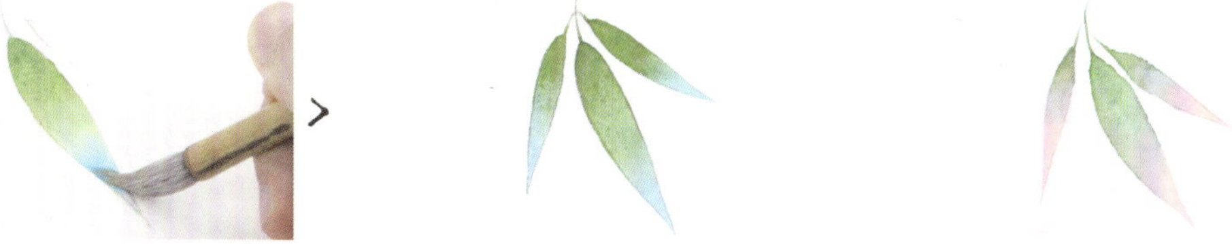

将清水或浅色替换成另一种颜色，用同样的方式即可画出不同颜色的渐变晕染，试着用不同颜色搭配变化。

笔法·变换

柔软的毛笔笔尖在绘画中可形成不同笔势，这些笔势在画纸上会呈现出形态各异的绘画效果。下面学习几种基本笔法变换方法，用它们创造出更多的形态变化吧。

小点

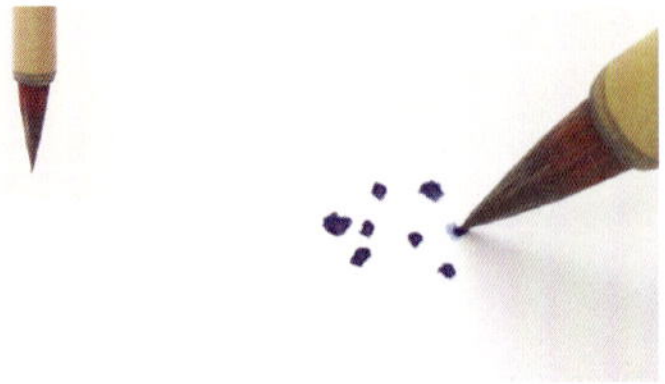

1. 笔尖立起，用最小的尖端部位接触纸面，形成细小的点状。

大点

2. 笔尖轻压，尖端与纸面接触面积略增大，形成稍大的点状。

游丝描

3. 画笔与纸面接触后，用稳定的力度移动画笔，画出均匀的线条。

设色

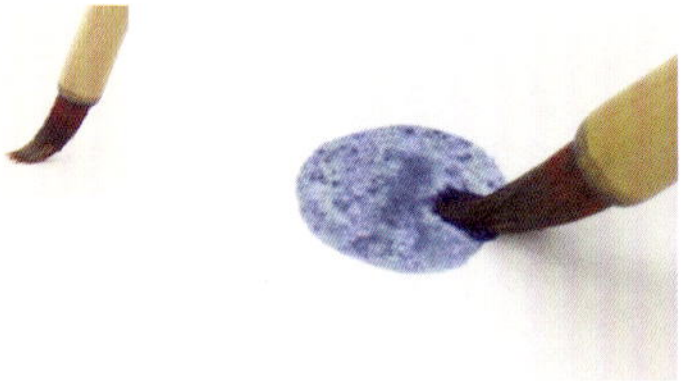

4. 画笔略用力压下，形成大范围色块，填涂边缘便形成想要的形状。

兰叶描

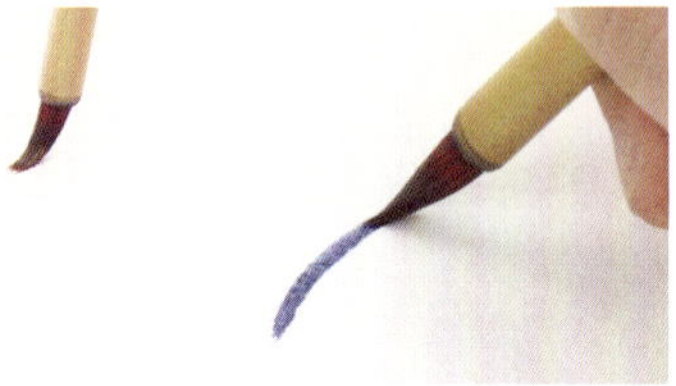

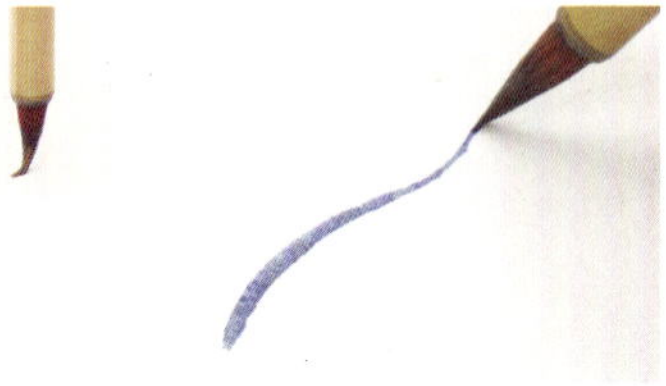

5. 在绘制线条时，力度的轻重会让线条呈现粗细的变化。压下画笔，线条较粗，放轻力度提起笔尖，线条变细。

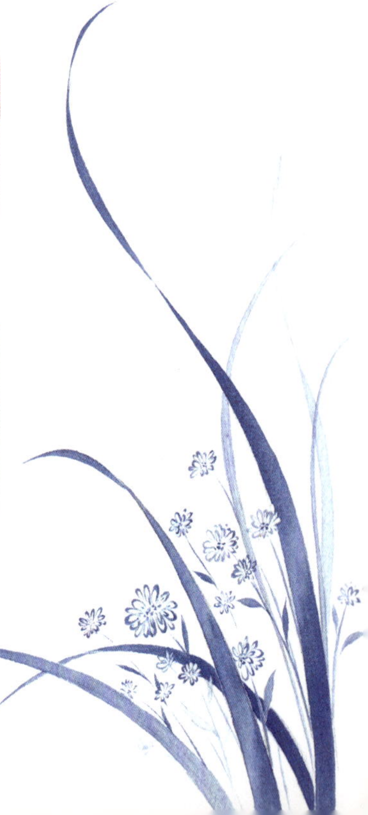

特殊颜料

与水彩颜料不用的是，颜彩中有一些颜色具有覆盖性，如胡粉、白群、花白绿、群青等，这里我们以胡粉为例，向大家示范如何使用这类覆盖性颜色。

壹 胡粉的使用方式

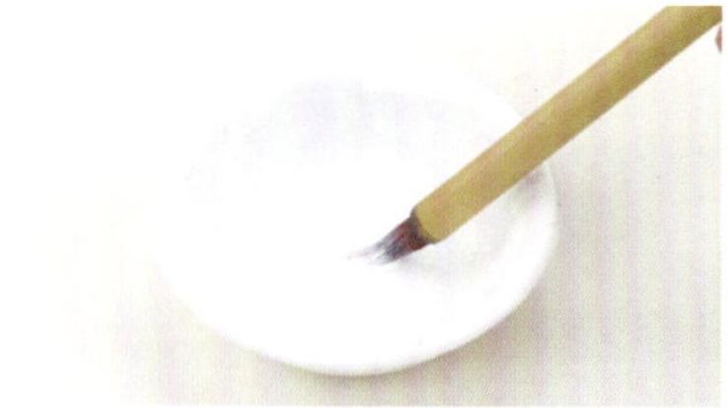

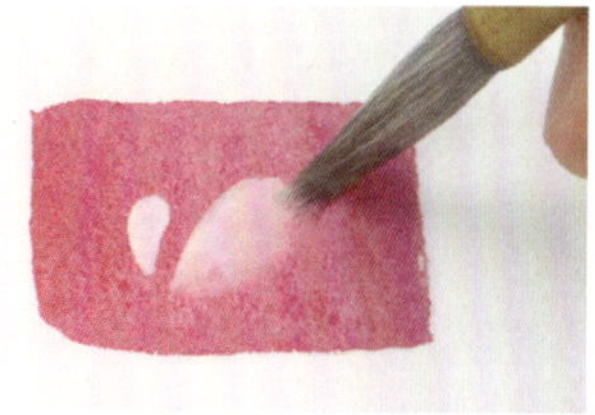

胡粉的使用方式与其他颜色相同，但会呈现直接的覆盖效果，且上色后会缓慢变干，所以在使用后可以较轻松地晕染过渡出渐变。

贰 覆盖性与透明性颜料的区别

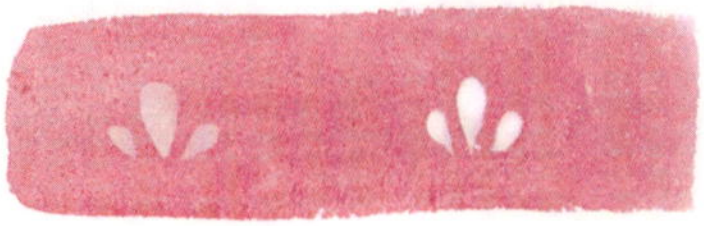

- 透明性颜料浓度越低，颜色越浅亮；浓度越高，颜色越深暗。
- 覆盖性颜料浓度越低，颜色越暗；浓度越高，颜色越鲜亮。

叁 实际应用

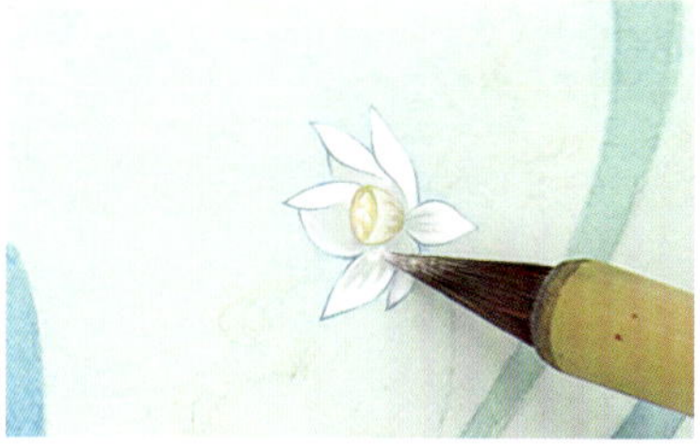

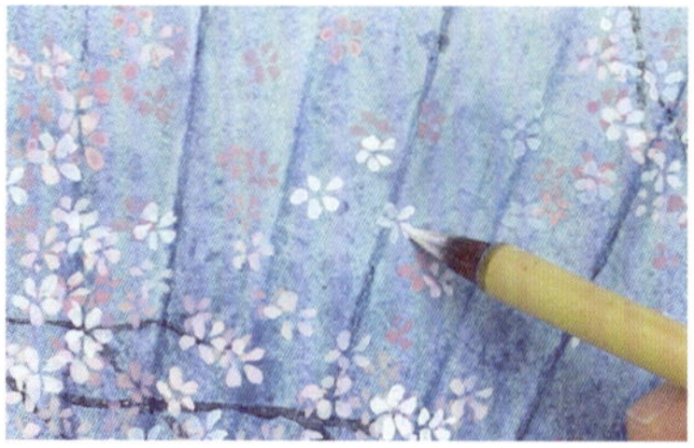

- 当我们将作品底色描绘完毕后，需要绘制一些亮色物体（如白色小花），这时便可使用覆盖性颜料——胡粉，叠涂在底色上，增加作品细节。

古意绘法

古风水彩与常规水彩画不同，在画面的绘制上会有独特的创作技巧和构图，使用这些方法更易于为作品增添古风气息。

壹 虚实相兼

虚指背景的朦胧缥缈和次要物体简略描绘，实指颜色浓重之处和精细刻画细节。虚实相兼能够营造悠远写意的氛围。

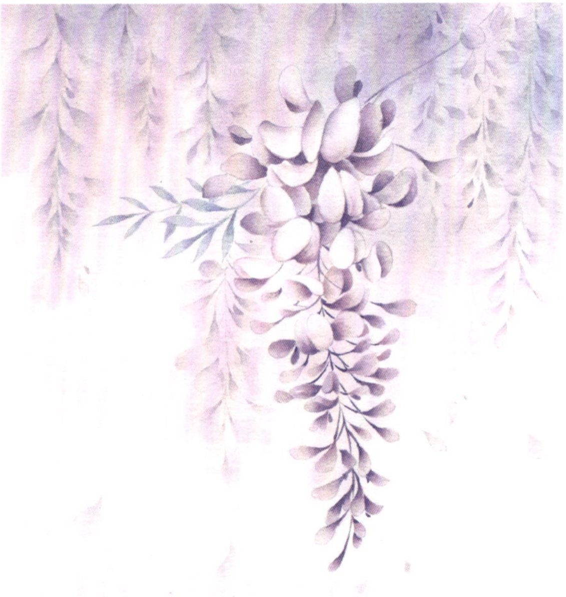

前方紫藤花为实，细节深入刻画；背景花束带有朦胧的湿润效果，花瓣部分仅仅简单描绘出了颜色浓淡，令主要花朵更加突出

贰 折枝画法

折枝画法指描绘植物只画折下来的部分花枝，是花鸟画中最常见的构图形式。该画法以细节刻画来窥见整株植物，以小见大。

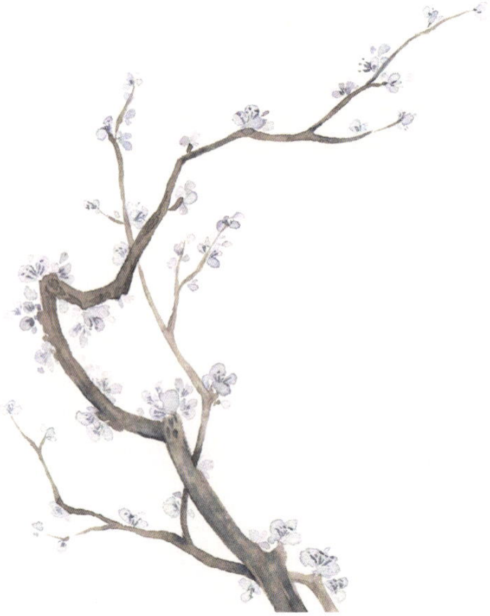

用弯折的树枝经营构图，辗转盘曲的枝节前后迂回，令画面隽雅秀气

叁 山川纹理

描绘风景山川时，我们汲取中国山水画中的皴擦笔法，顺着山脉的结构刻画曲折蜿蜒的纹理，增加山峰的层次与质感，烘托出山川的壮阔意境。

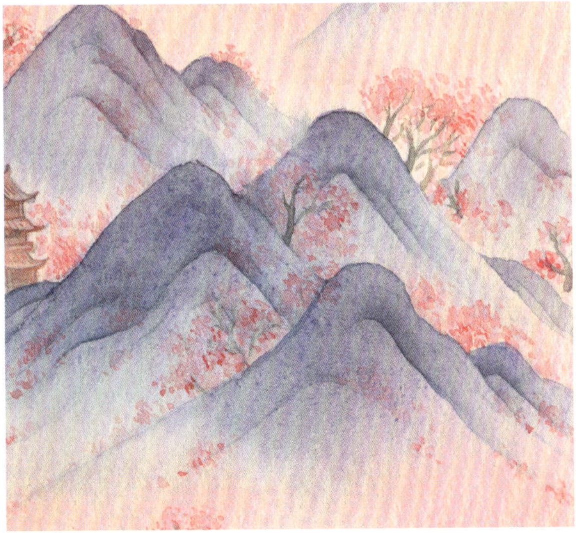

底色干后的纹理刻画

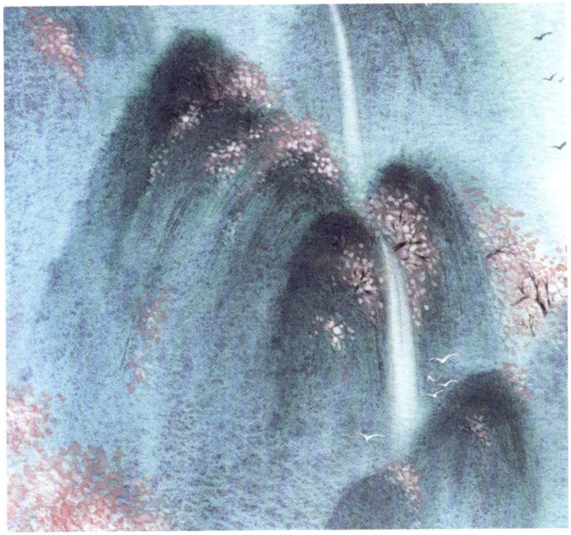

底色湿润时增添纹理

肆 古风纹样

查找资料可以发现，中国古代的纹理样式大多是花草风景元素的结合，用简洁的线条勾勒出精致秀雅的图案和细节装饰，可以营造出唯美秀丽的情调。

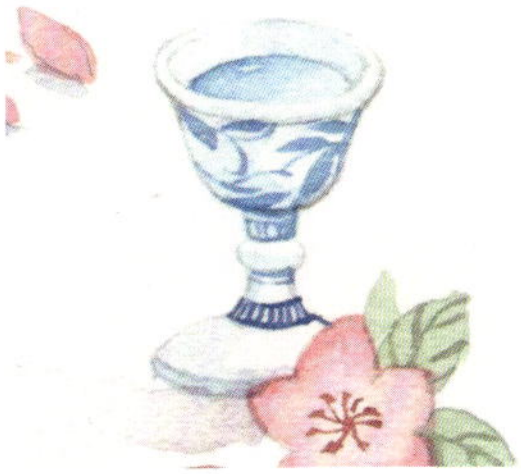

花叶图案

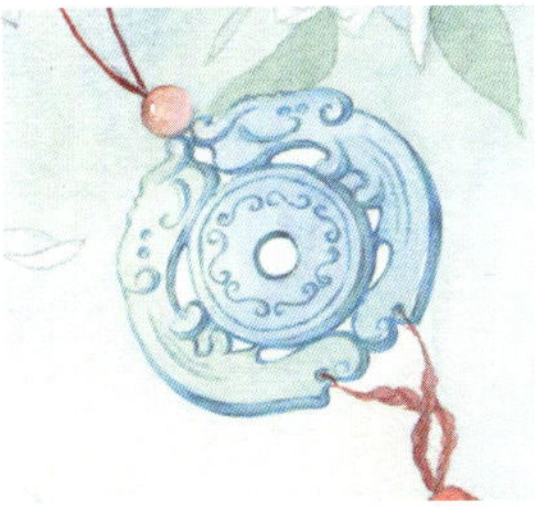

对称纹样

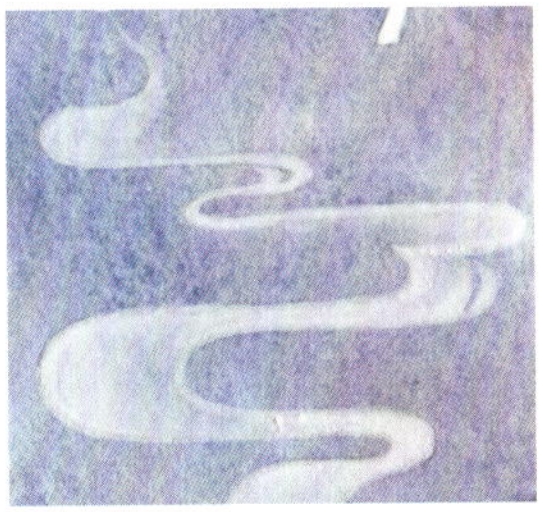

云纹效果

发钗纹理

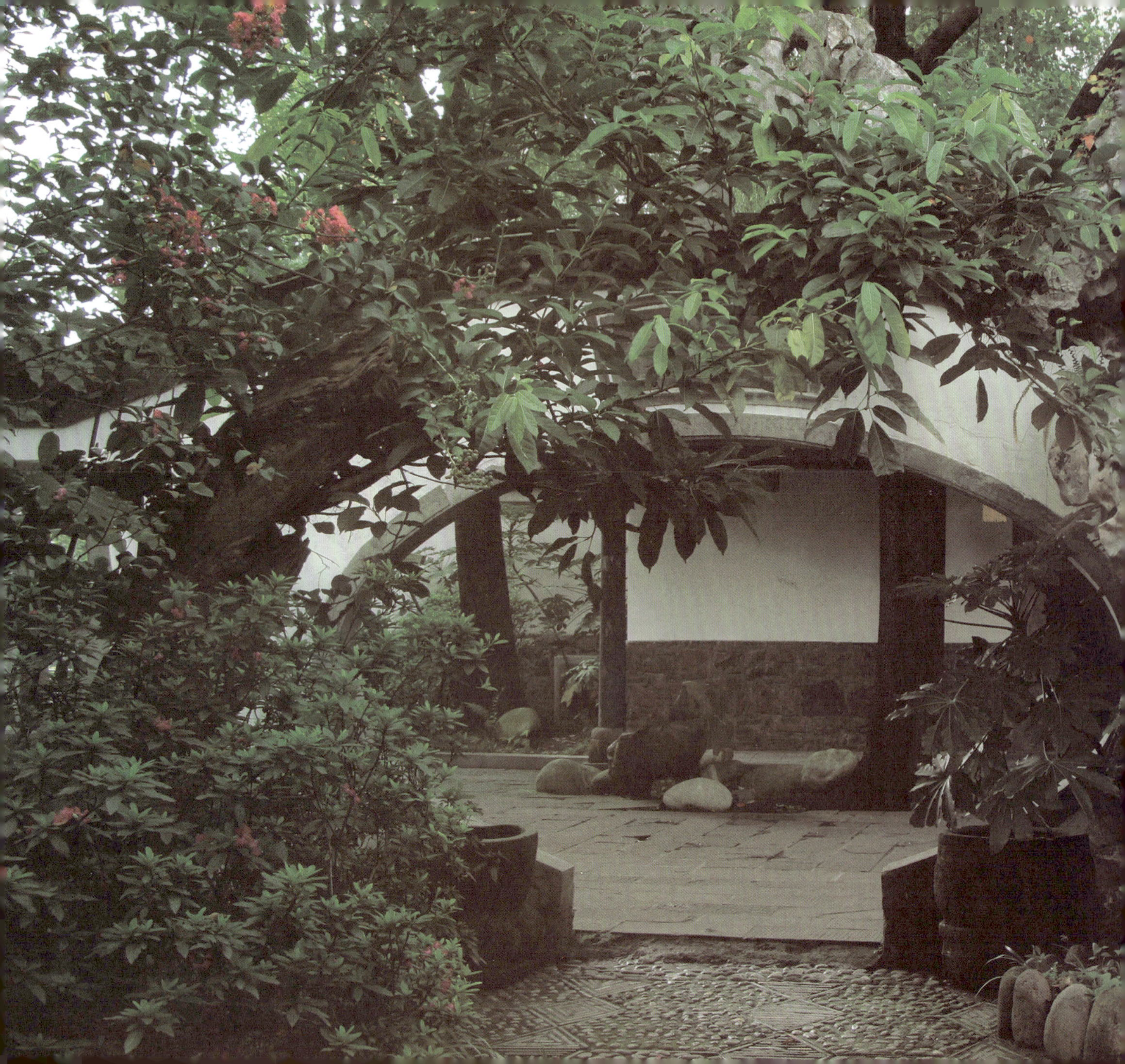

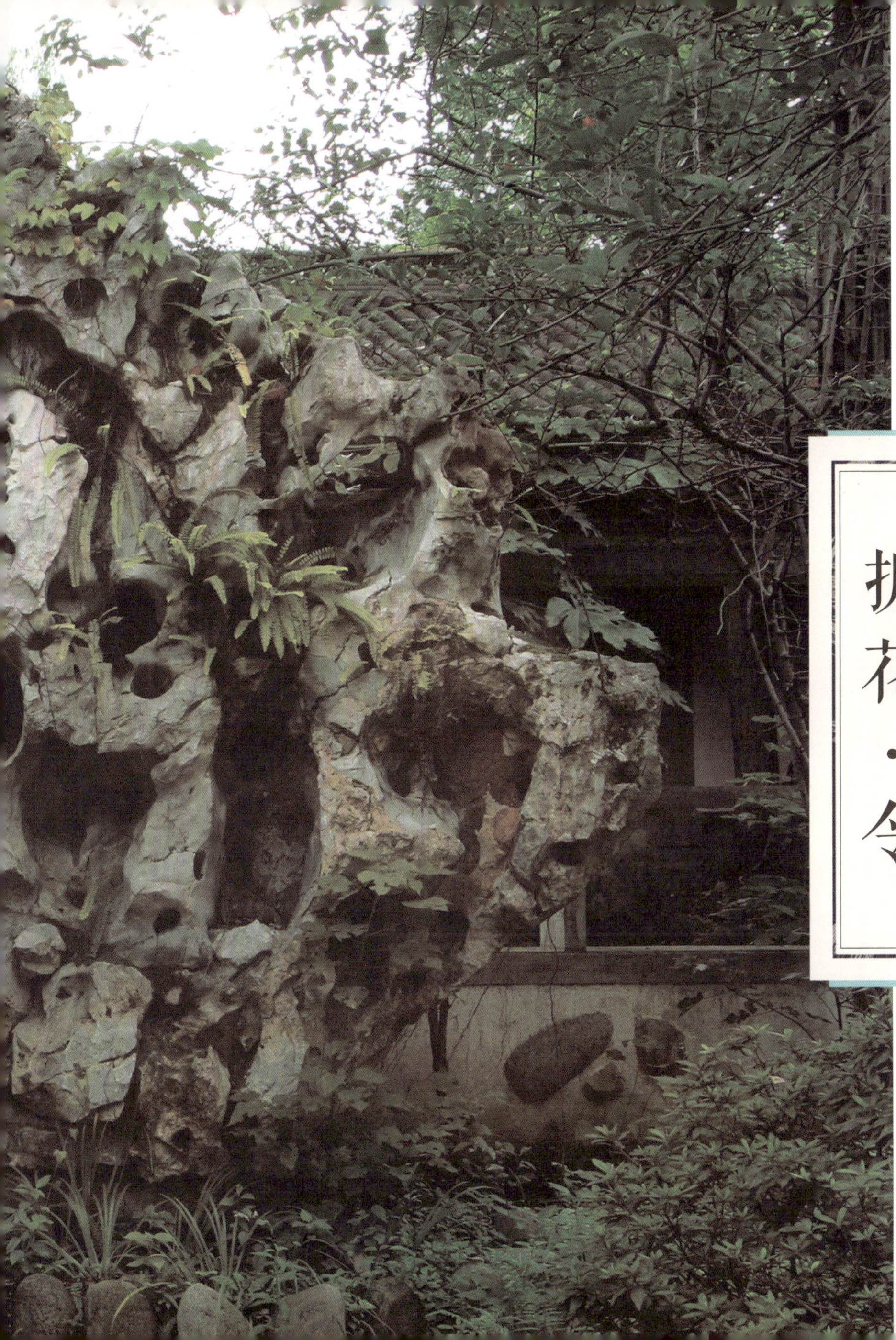

折花·令

幽兰生前庭。

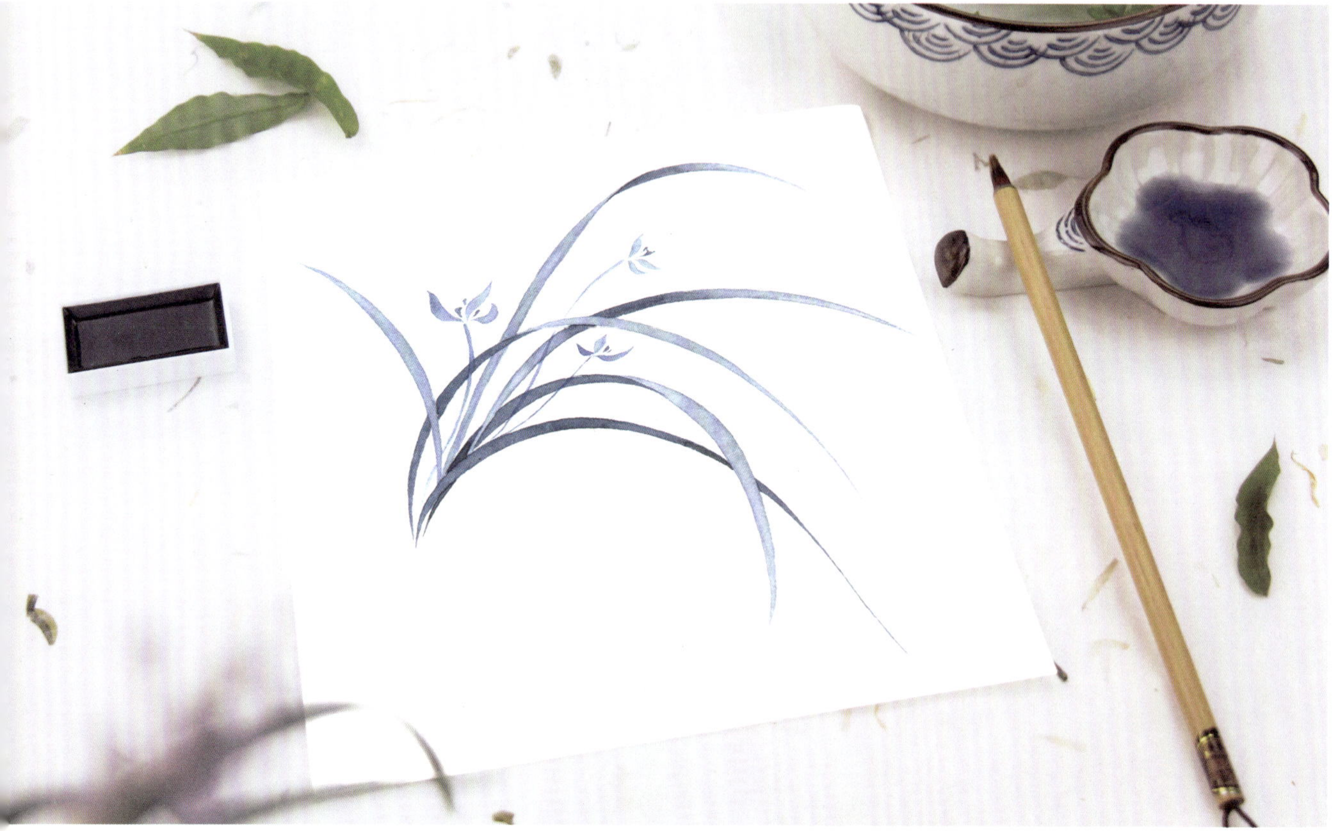

《饮酒·幽兰生前庭》节选　［魏晋］陶渊明

幽兰生前庭，含薰待清风。
清风脱然至，见别萧艾中。

本蓝

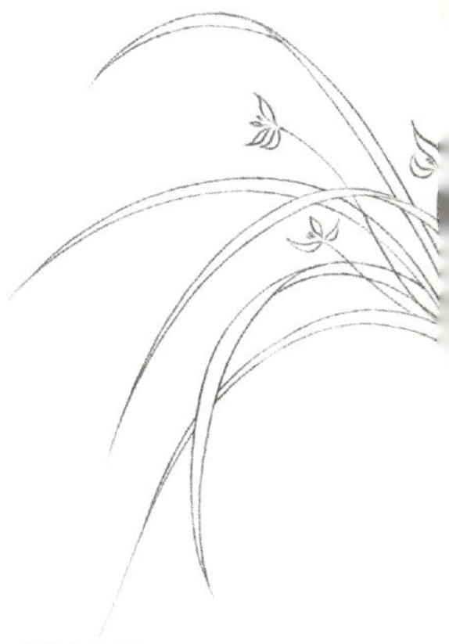

绘前提要

幽兰静静伫立在庭院中，内蕴芳香之气，等待清风的吹拂。描绘兰花时，运用不同浓度的深浅变化来展现叶片的翻折结构，只用内敛深沉的一种颜色也能表现出它端庄隽秀的姿态、典雅质朴的气质。

扫码看线稿

绘画过程

本蓝

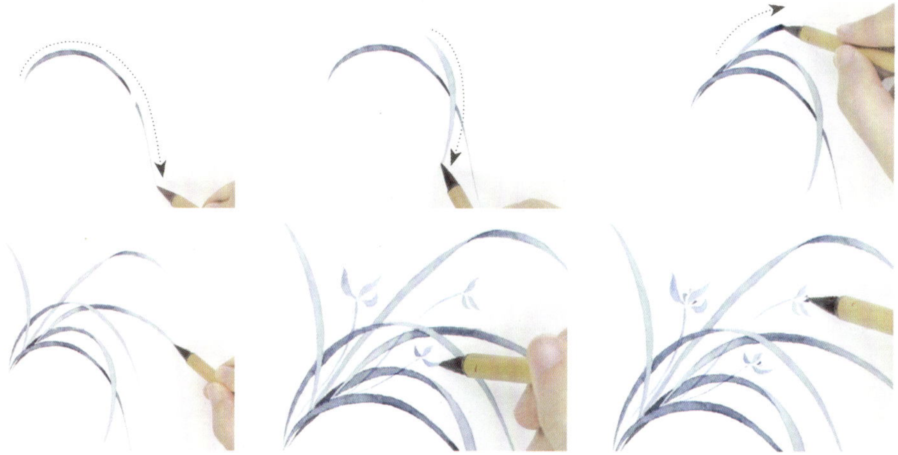

01	02	03
04	05	06

01~04　用本蓝色平涂兰花叶，后方的叶片颜色较深；前方叶片加入更多水分调和浅色，画至末端时加清水过渡。

05~06　用笔尖勾勒平涂浅色的花朵，最后用较深的本蓝色在花朵中央点出花蕊。

二月春风似剪刀。

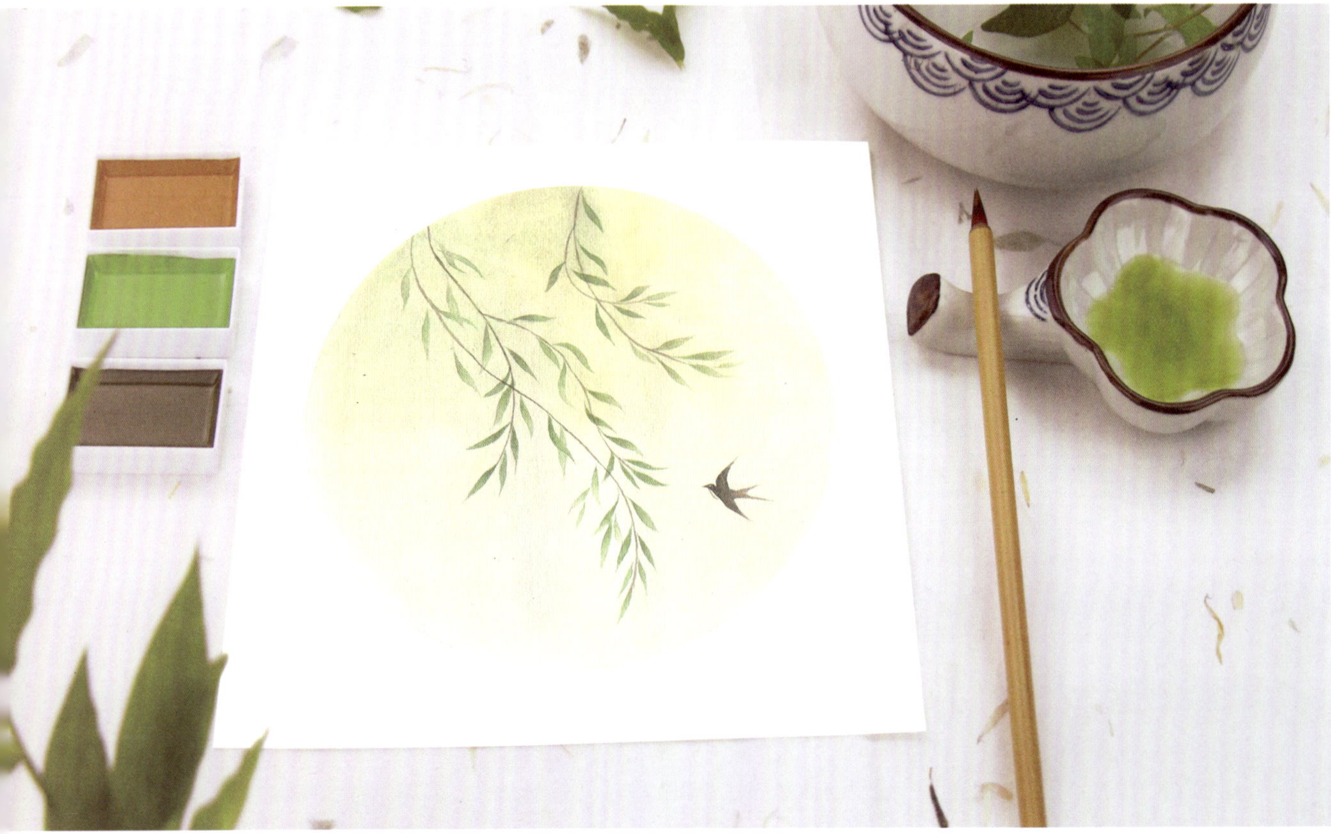

《咏柳》 [唐] 贺知章

碧玉妆成一树高，万条垂下绿丝绦。
不知细叶谁裁出，二月春风似剪刀。

黄土　若叶　莺茶绿　青草　岱赭　本蓝

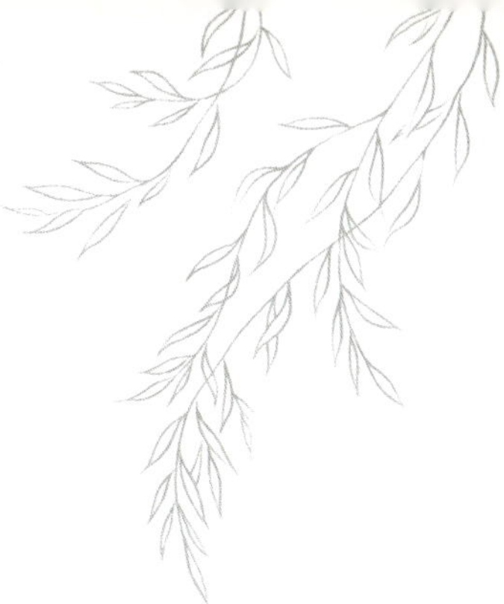

绘前提要

杨柳曼长披拂的枝条随风摇动丝丝下垂，仿佛美人婷婷袅袅的风姿。婉约柔美的枝条与纤细的叶子，正是春景的写照，掌握了杨柳的特点便能轻松地画出其曼妙的姿态。

扫码看线稿

绘画过程

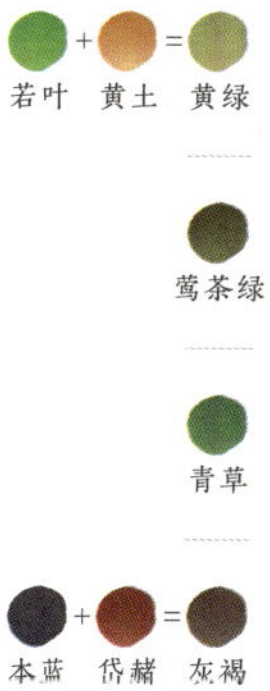

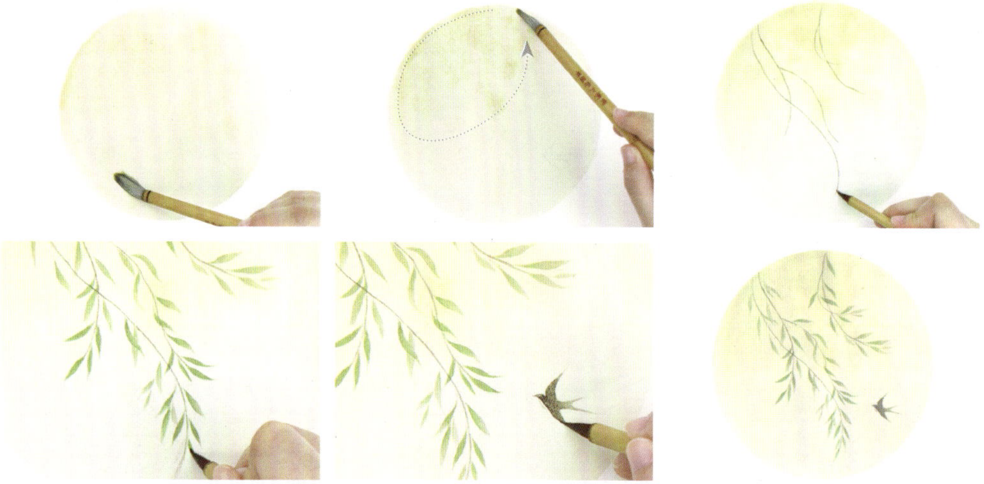

01	02	03
04	05	06

01~02　在画面圆形内铺一层水分较多的淡黄绿色，左上方处可叠加多次，让颜色稍深。

03~04　用莺茶绿描绘枝条，再用青草色绘制姿态各异的柳叶。描绘下方叶片时加重力道，让颜色有深浅变化。

05~06　最后在杨柳右下方平涂描绘出一只燕子，作品便完成了。

暗香浮动月黄昏。

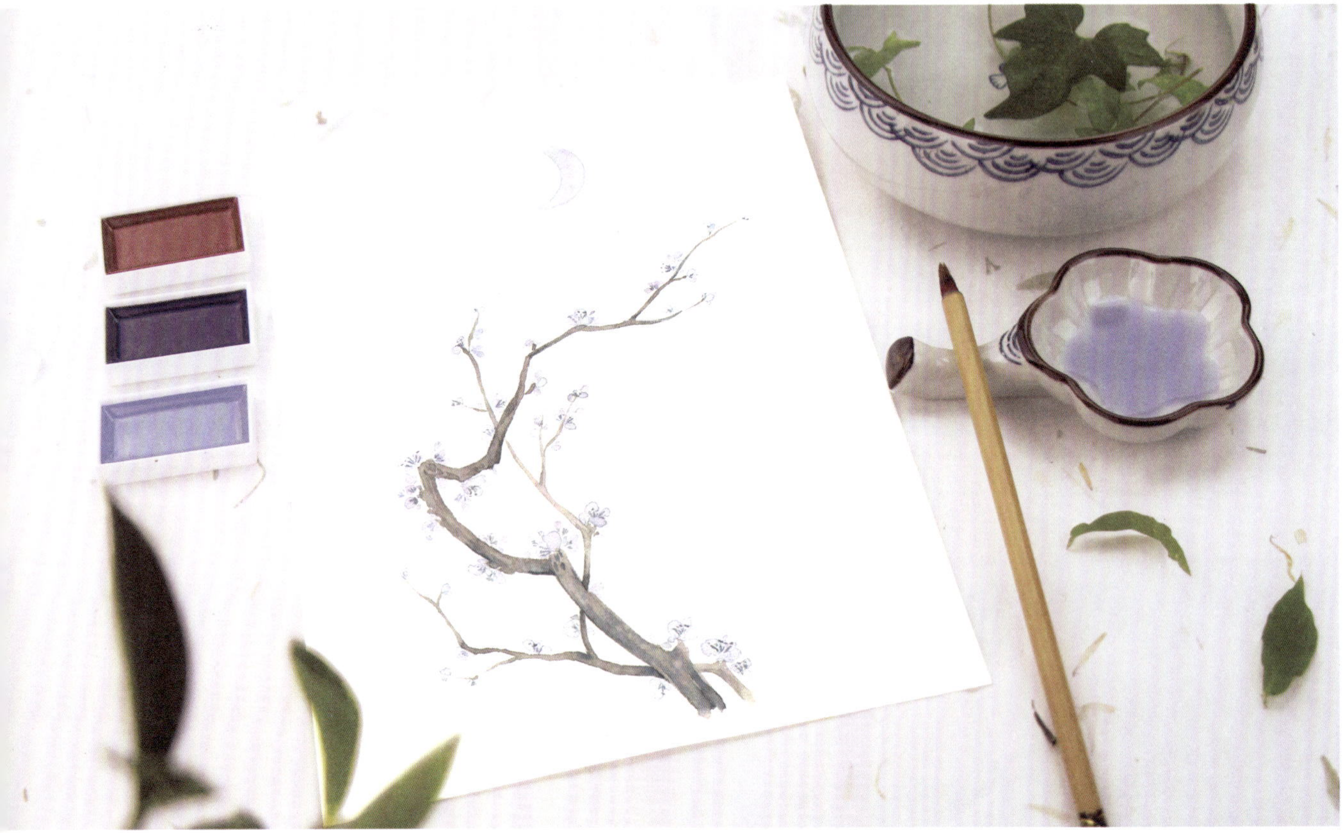

《山园小梅·其一》节选　[北宋] 林逋

众芳摇落独暄妍，占尽风情向小园。
疏影横斜水清浅，暗香浮动月黄昏。

岱赭　本蓝　浅葱　白群

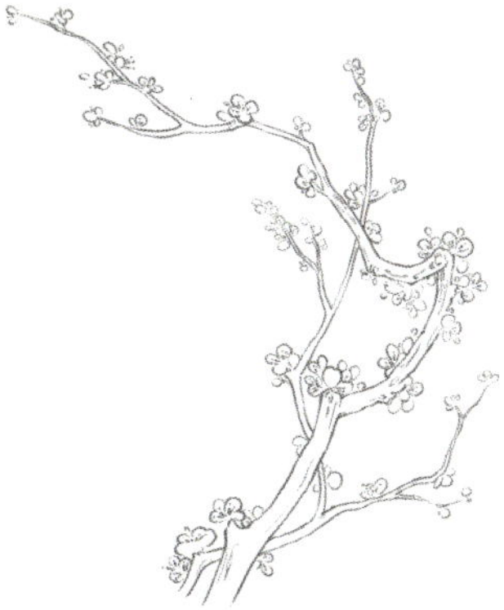

绘前提要

冰清玉洁的白梅独自盛开，蜿蜒曲折的树枝上点缀着淡淡的花朵，与夜空的皎皎明月相互辉映，仿佛能闻到一股淡淡的清香。在这般迷人的夜晚中，绘制一株清幽高洁的白梅吧。

扫码看线稿

绘画过程

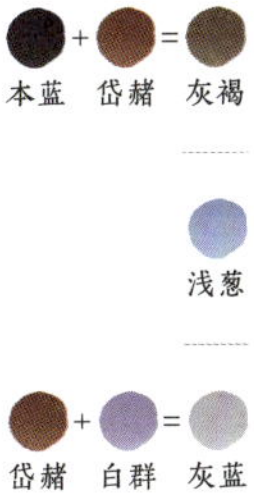

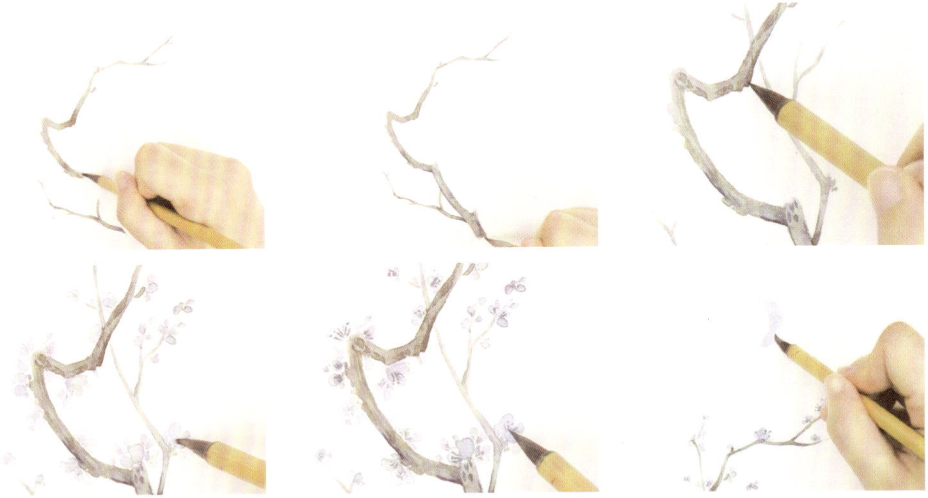

01	02	03
04	05	06

01~03　从上至下画出枝干，趁湿加入浅葱色的渐变，颜色干后在枝节处叠涂略深的灰褐色的纹路。

04~05　用笔尖在树枝四周点染浅灰蓝色的梅花，接着用稍深的灰蓝色点出梅花花蕊。

06　最后用与梅花相同的浅灰蓝色在画面上方涂出月亮的形状。

霓裳片片晚妆新。

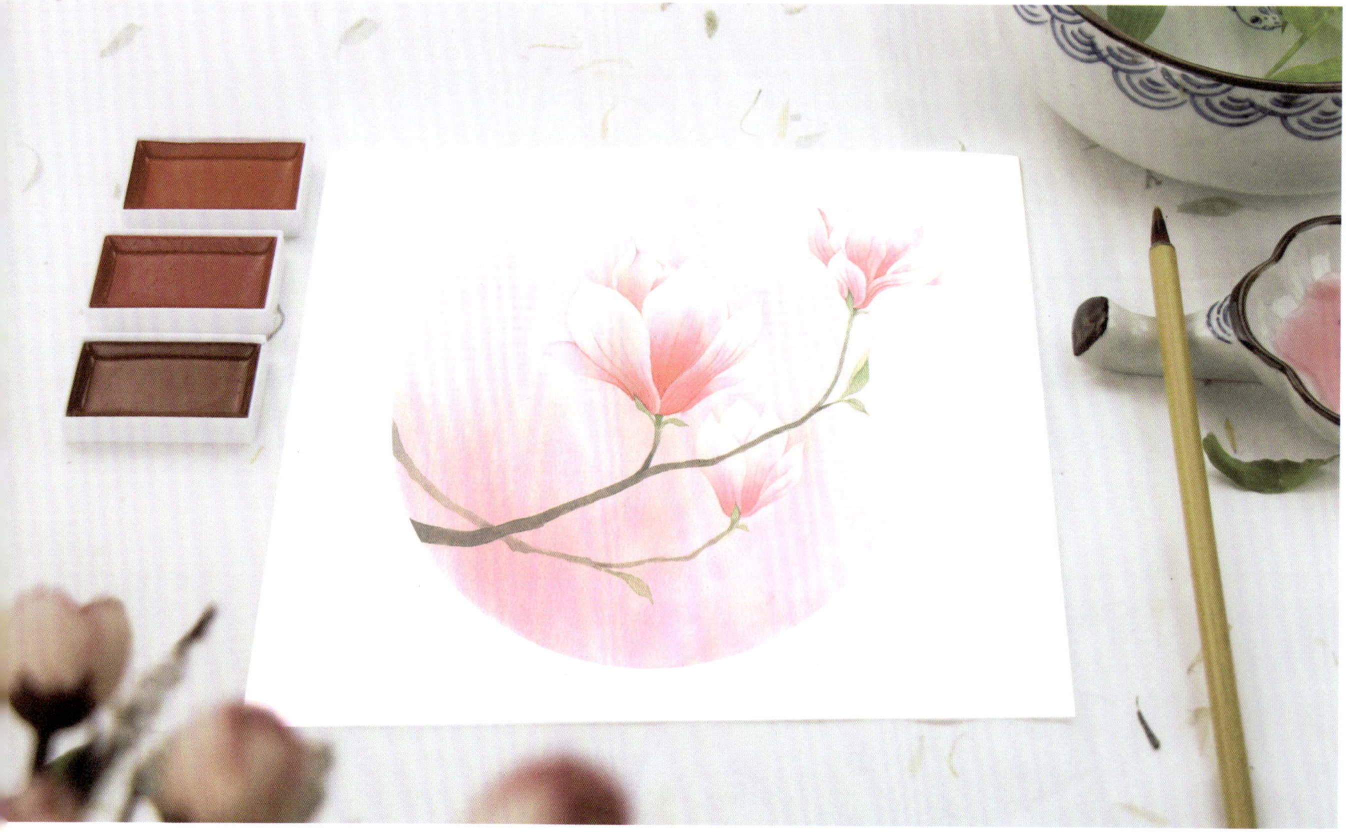

《玉兰》 [明] 睦石

霓裳片片晚妆新，束素亭亭玉殿春。
已向丹霞生浅晕，故将清露作芳尘。

红 红梅 青草 岱赭 本蓝

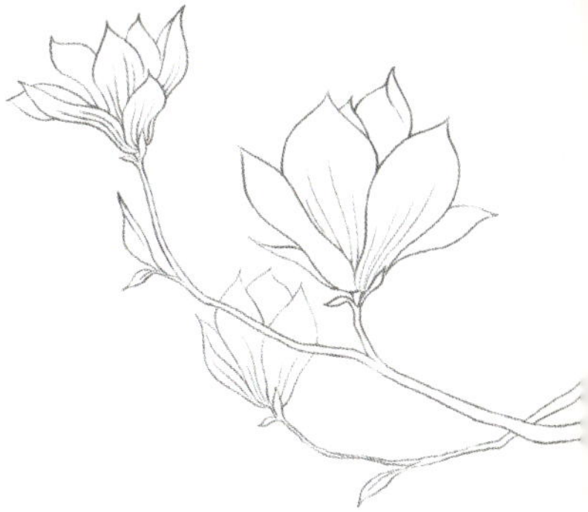

绘前提要

玉兰花的外形像极了莲花，盛开时花瓣层层叠叠绽放，让人神往。在描绘玉兰花的花瓣时，耐心地运用画笔晕染出由深至浅的渐变，层次分明的感觉便跃然纸上。

扫码看线稿

绘画过程

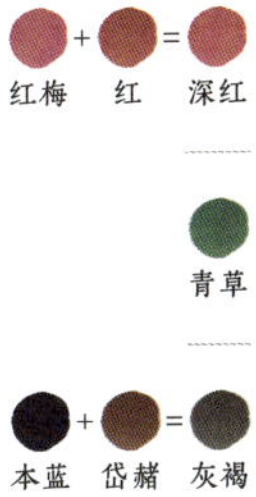

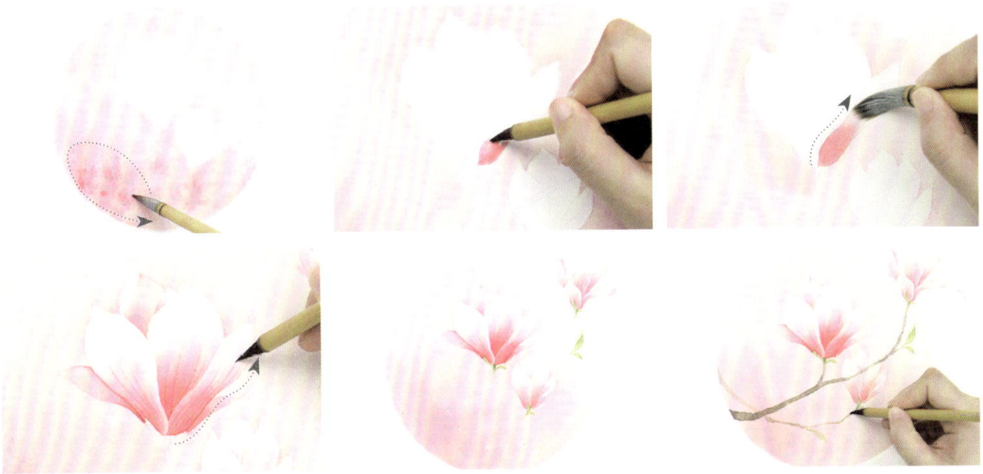

01	02	03
04	05	06

01　避开花朵在背景铺设深红底色，左下方画笔可多停留片刻，加入更多的颜色，形成自然渐变。

02~04　底色干后用同样的颜色涂出玉兰花根部，随后用清水笔向花尖晕染。花瓣底色晕染后，用笔尖勾勒出花朵的纹理细丝。

05~06　用同样的方式描绘余下的花朵，并且用浅浅的青草色描绘叶子。最后用灰褐色简单平涂枝干。

东风夜放花千树。

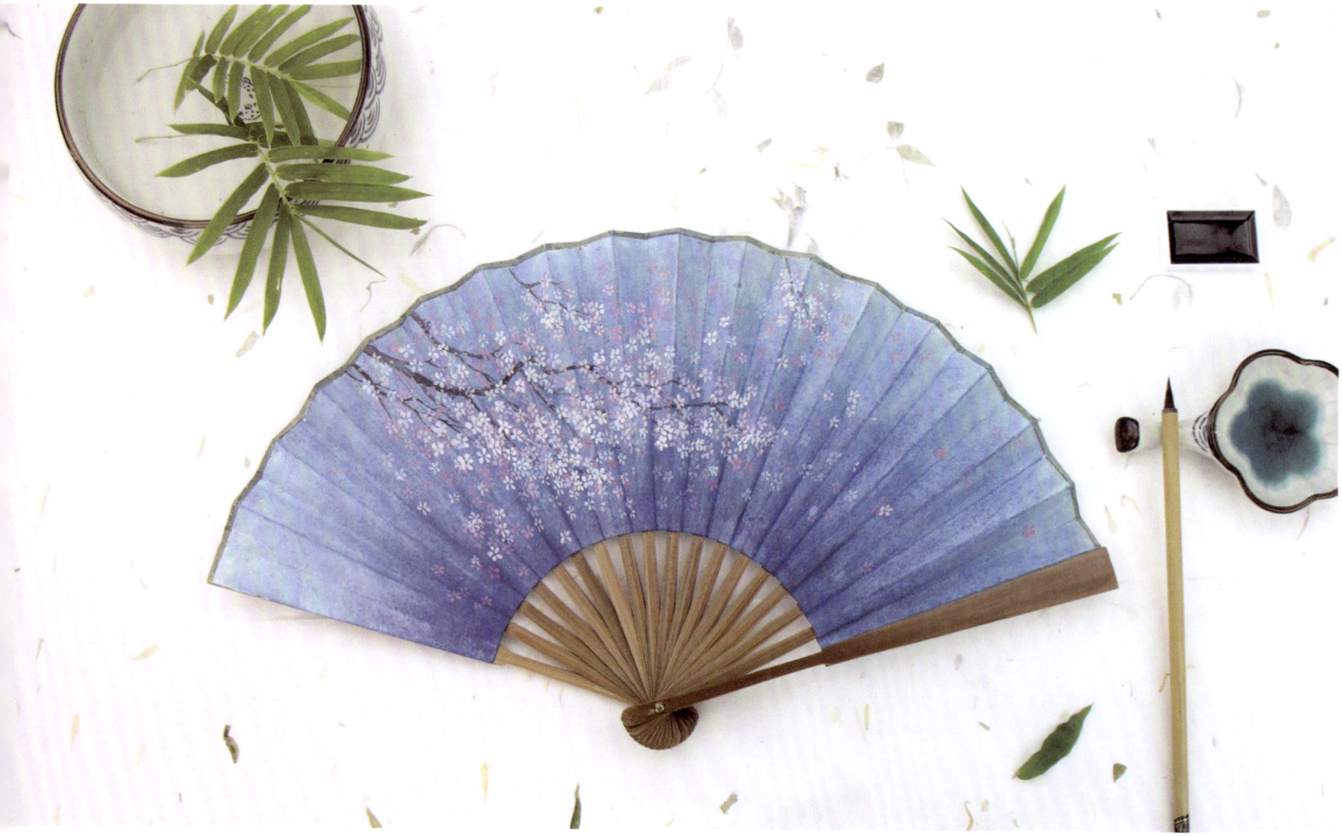

《青玉案·元夕》节选　[南宋] 辛弃疾

东风夜放花千树。
更吹落、星如雨。

浅葱　群青　红　胡粉

绘前提要

盛开的花树落英缤纷，形成美丽的花瓣雨，绘制这样的画面时需要耐心，由粉色一层一层点染变为白色，在时间的流淌中绽放出令人目眩神迷的美景。

绘画过程

扫码看线稿

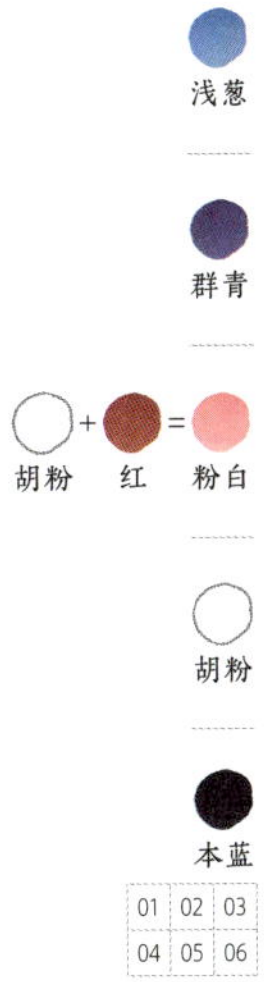

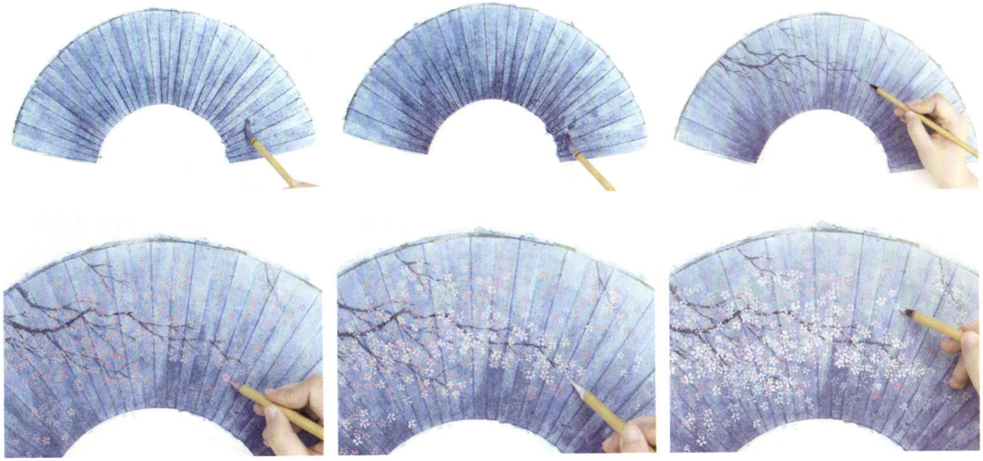

01~02　调和较多浅葱色，在折扇熟宣面用大白云毛笔压下笔肚侧锋大面积铺设背景，随后快速用群青色加深扇面下方。

03　待扇面干后，用狼毫小笔蘸取较深的本蓝色平涂描绘树枝。

04~06　用小笔笔尖均匀地点染一片粉白色小花，接着在粉白色中加入更多的胡粉使颜色加白，层层点染第三、四层后，可用胡粉在树枝周围增加一些白色小花。

南风知我意。

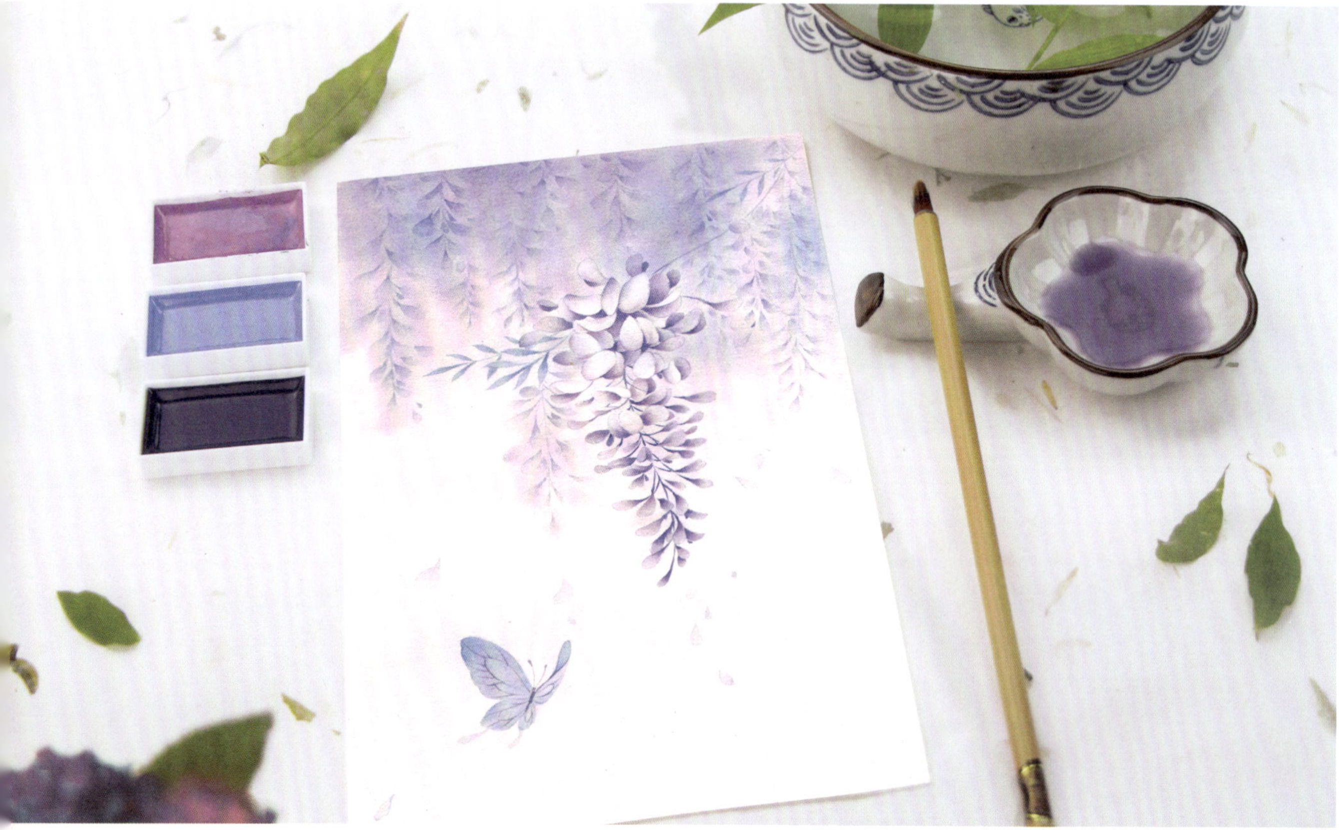

《西洲曲》节选　[南北朝] 佚名

海水梦悠悠，君愁我亦愁。
南风知我意，吹梦到西洲。

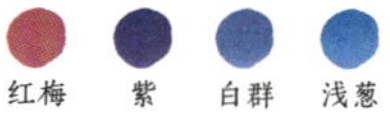

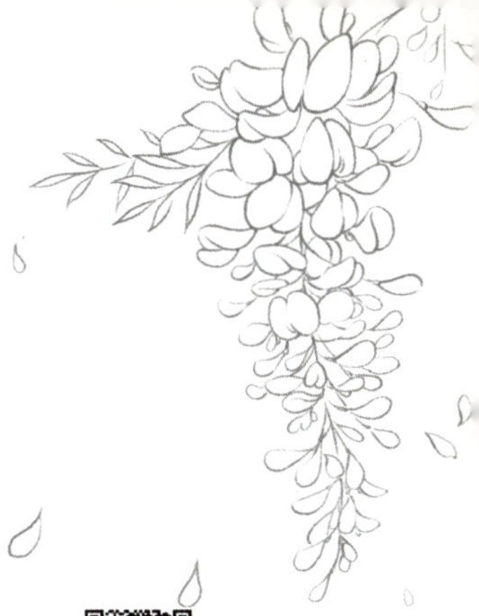

绘前提要

紫藤花花朵繁密，串串花序垂挂于枝叶间，瘦长的荚果迎风摇曳。我们可将一串紫藤花作为最主要的描绘对象，在背景中点缀模糊的花串衬托对比出前方花朵的精致。

扫码看线稿

绘画过程

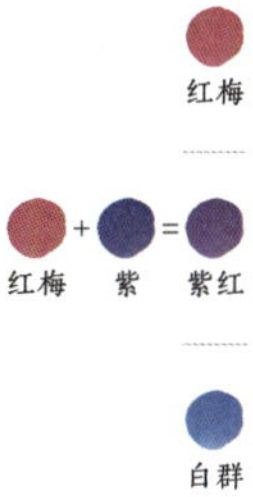

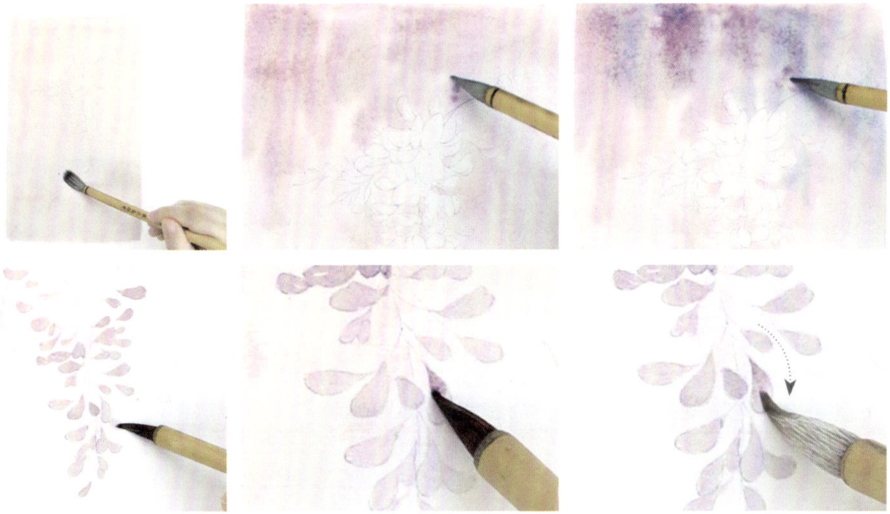

01	02	03
04	05	06

01~03　在画面范围内铺一层浅红梅色，随后趁湿在上方花串处点染紫红与白群色，注意避开前方紫藤花。

04~06　等背景干后，用紫红色平涂前方的紫藤花串，底色干后在根部涂一半较深的紫红色，随后用清水笔过渡边缘，形成花朵的渐变。

紫红

紫

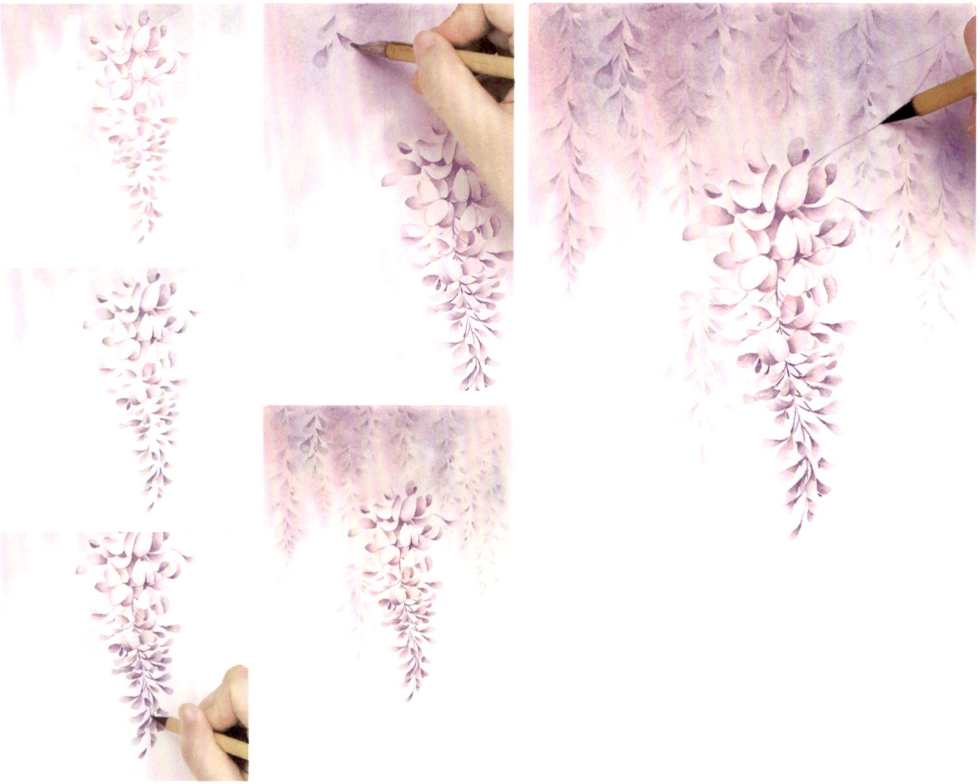

07 10 12
08
09 11

07~09　整体紫红色的渐变绘制完后，再用较深的紫色同样叠加晕染一次，令花朵暗部更加明显。最后用紫色勾勒花茎，最主要的一串紫藤花就绘制完毕了。

10~12　花朵后方的紫藤花可用同样的晕染方式简略地描绘出几串花朵，不用太过细致，整体衬托出前方的花朵即可，最后用之前的深紫色勾勒花朵右上方的花茎。

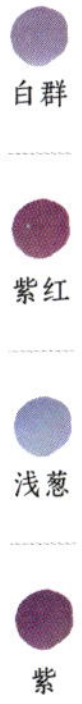

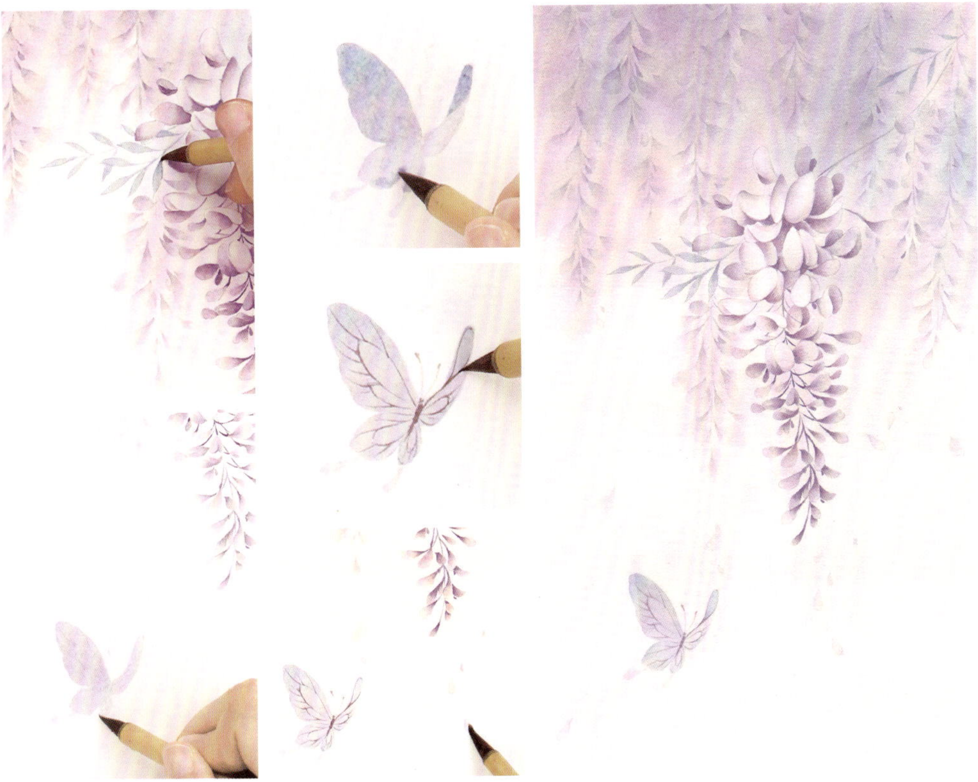

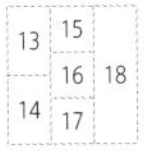

13　用白群色平涂小叶子，笔尖可在叶子根部停留久一些，以便得到较深的暗部。

14~16　继续用紫红色平涂蝴蝶底色，趁湿加入一些浅葱色渐变。底色干后，用深紫色勾勒翅膀的纹理。

17~18　平涂绘制周围散落的一些花瓣，便完成了画面整体的描绘。

梨花一枝春带雨。

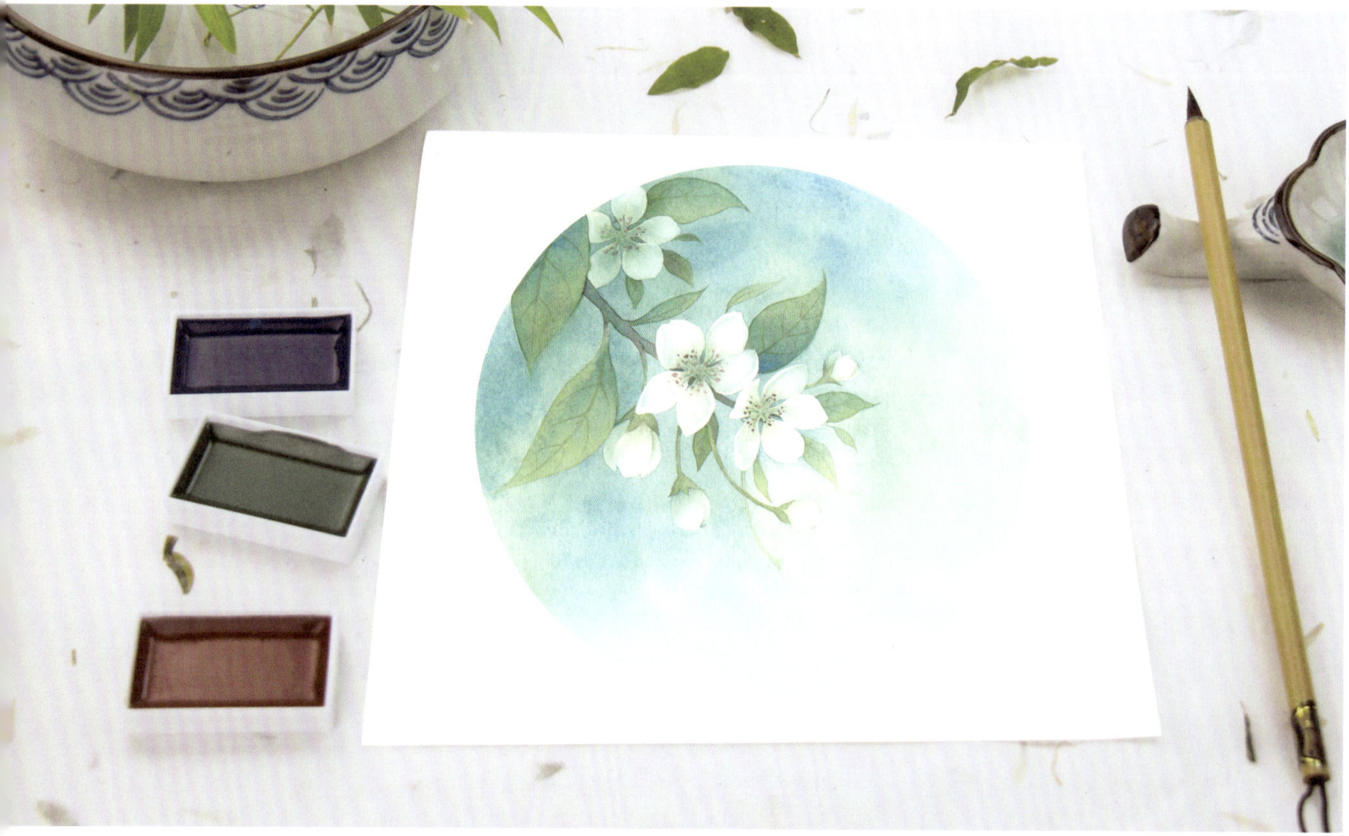

《长恨歌》 [唐]白居易

风吹仙袂飘飘举，犹似霓裳羽衣舞。
玉容寂寞泪阑干，梨花一枝春带雨。

浅葱 青草 辰砂 岱赭

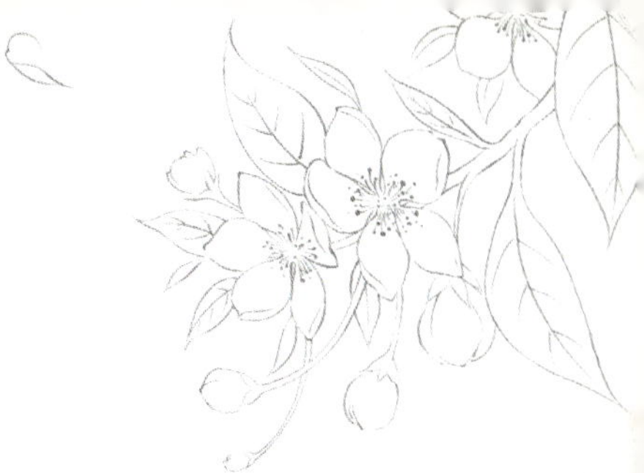

绘前提要

梨花清雅洁白，在作画时我们的颜色种类可以运用得少一些，让画面的色调简洁统一。整幅作品采用先铺设背景后刻画细节的画法，层层叠叠向前描绘，井然有序。

扫码看线稿

绘画过程

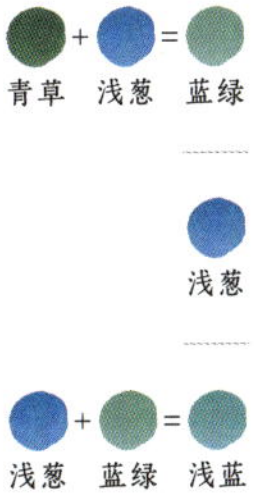

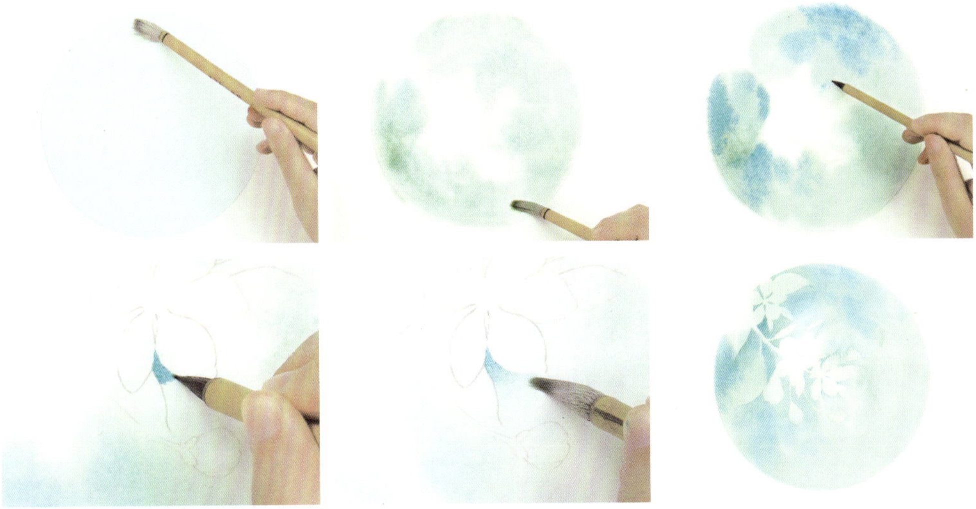

01	02	03
04	05	06

01~03　用清水笔在线稿圆圈内铺水，趁纸面湿润时在背景处先后点染蓝绿色与浅葱色，注意避开花朵的位置。

04~06　等待背景干透后，紧贴花朵线稿边缘填涂背景，并用清水笔衔接颜色边缘，绘制出与背景融合的渐变。

浅蓝 = 蓝绿 + 浅葱

青草

辰砂

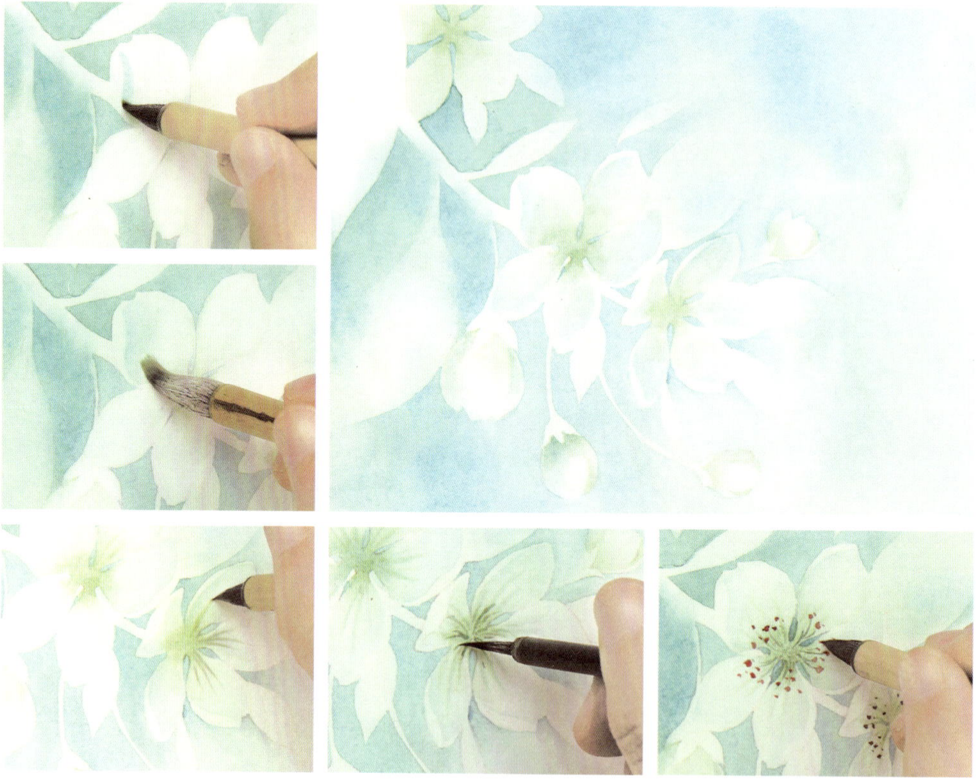

07 08 09 10 11 12

07~09　用浅蓝色涂在花瓣内部，然后用清水笔向内晕染渐变。在底色晕染完毕后，趁湿将青草色点染在花朵中心，自然晕染出花蕊的底色。

10~12　待花瓣底色干后，用笔尖描绘出浅青草色的花丝。然后用勾线笔蘸取较深的青草色再继续画出稍短的深色花丝，最后在花丝周围用辰砂色点一圈花药。

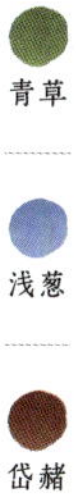

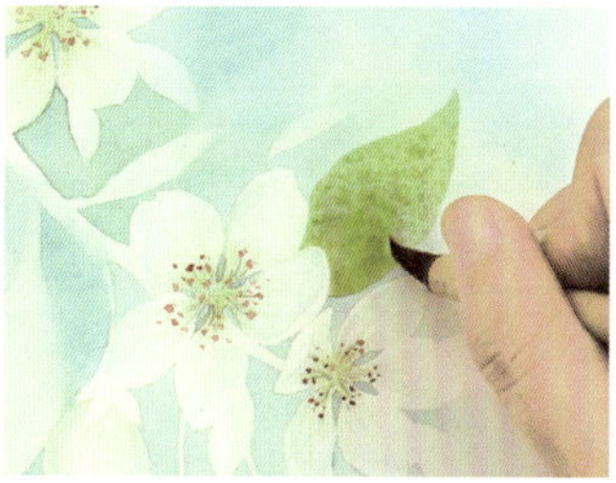
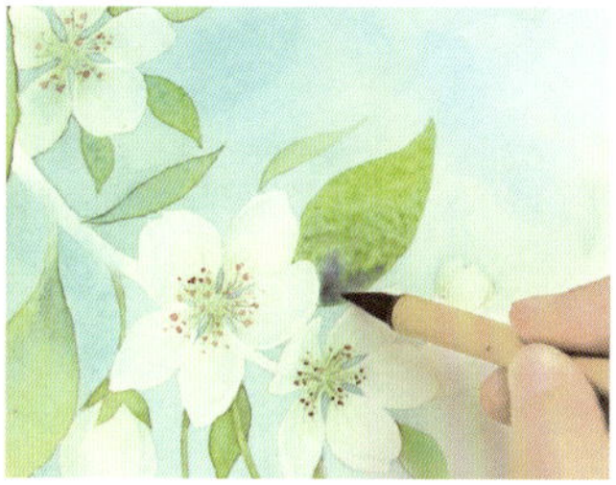
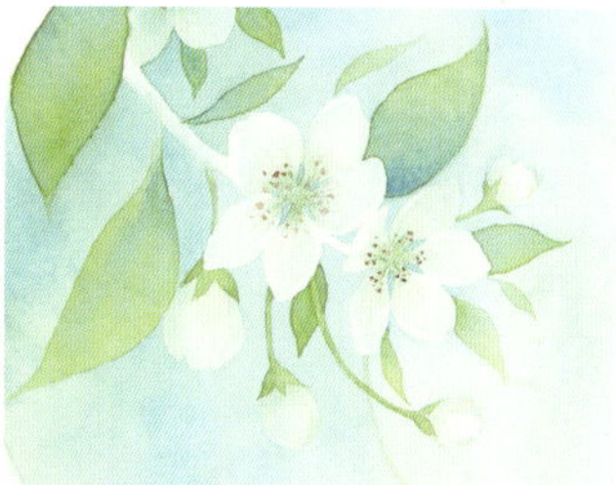
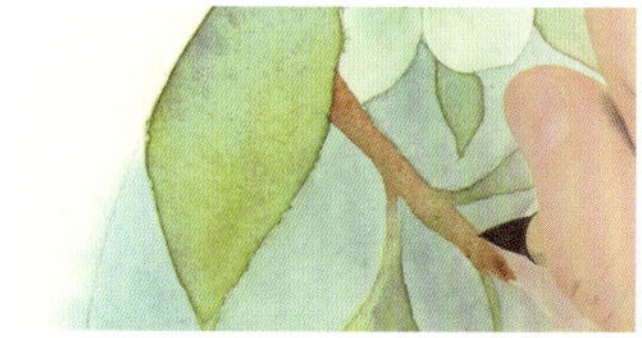
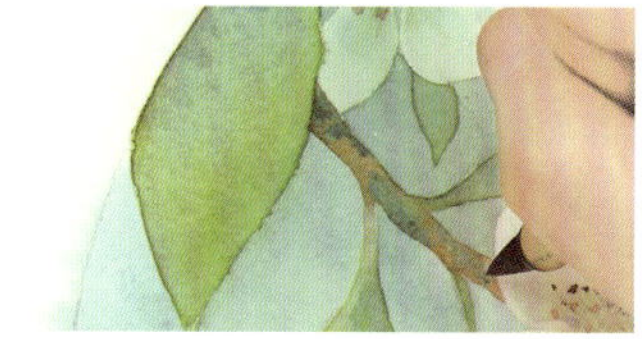
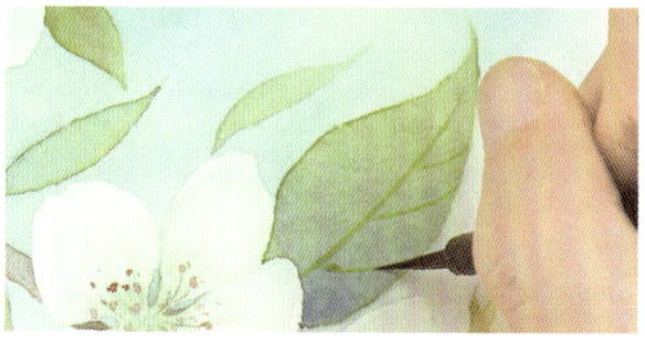
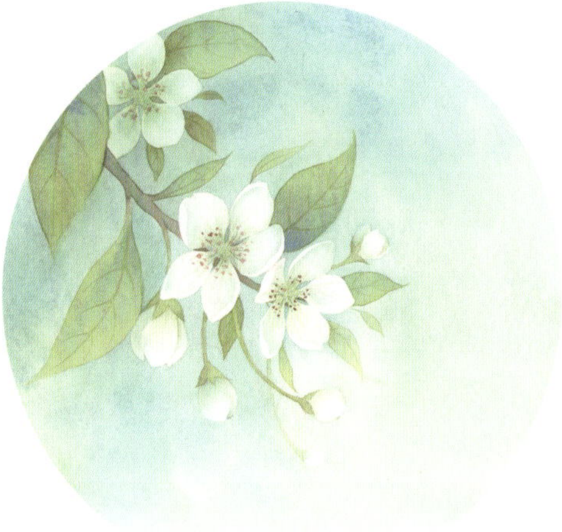

13	14	15
16	19	
17		
18		

13~15　用青草色描绘叶片，在叶片根部加少许浅葱色，让叶片的颜色丰富起来，与背景呼应。

16~19　用笔尖蘸取岱赭色轻轻平涂枝干的底色，同样趁湿加入一点浅葱色。待叶片颜色干透后，用勾线笔慢慢勾勒出纤细的叶脉，这幅画便完成了。

一一风荷举

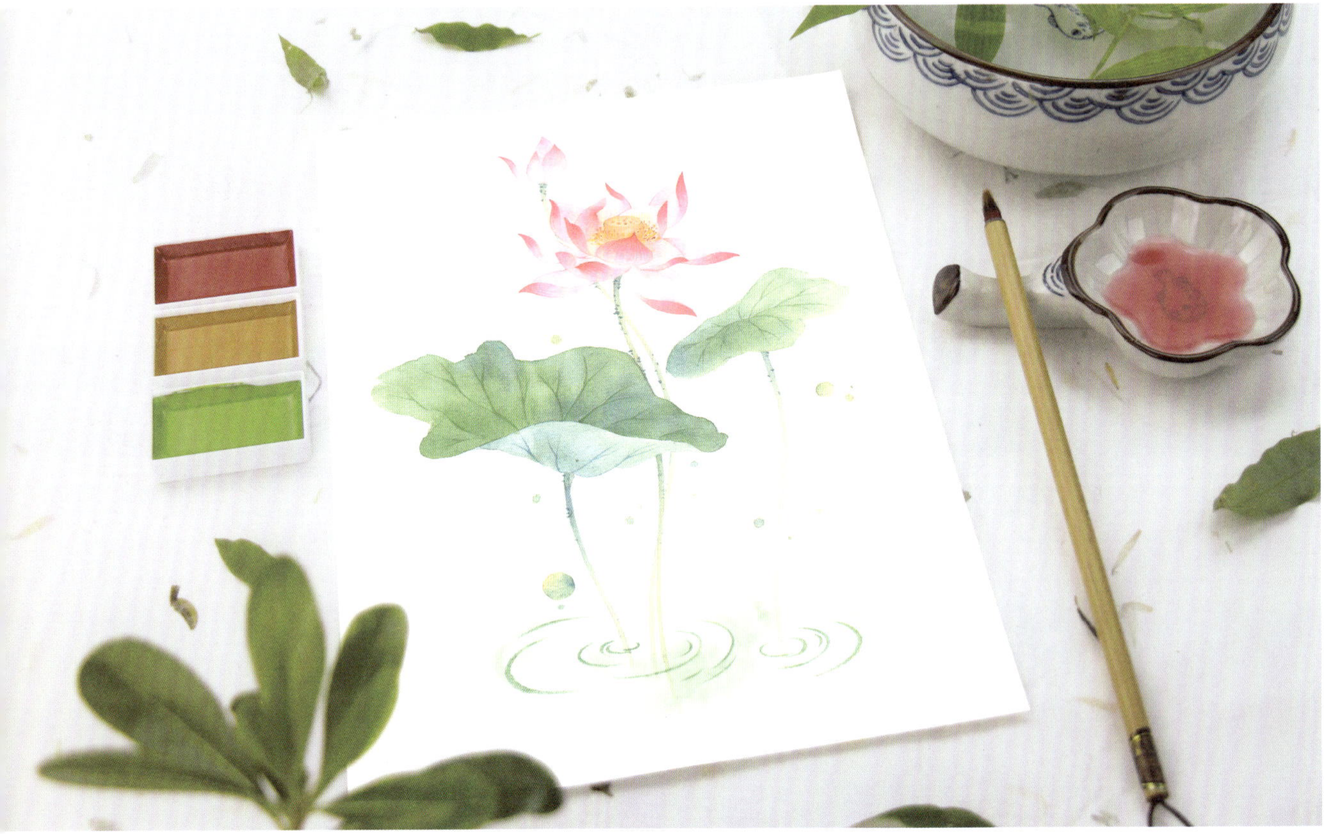

《苏幕遮·燎沉香》节选　［北宋］周邦彦

叶上初阳干宿雨、
水面清圆，一一风荷举。

红梅　黄土　红　岱赭　鲜光黄　若叶　群绿　青草

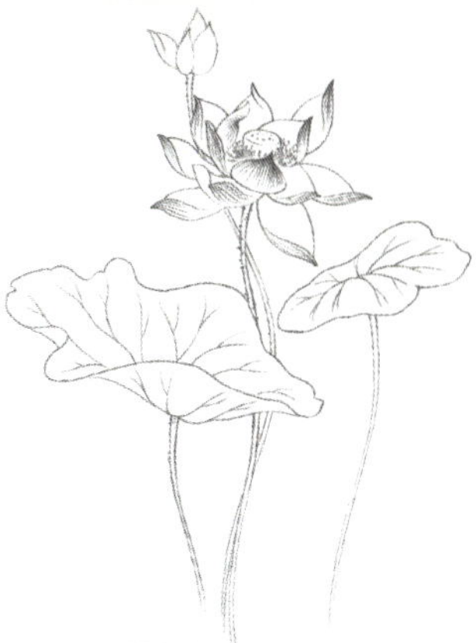

绘前提要

清晨的阳光投射在荷叶上，粉嫩的荷花在春风中摇曳，丰姿绰约。翩然舞动的荷花宛如红衣绿裙的江南女子，在描绘时，荷花花瓣上的红丝纹理乃是画龙点睛之笔。

扫码看线稿

绘画过程

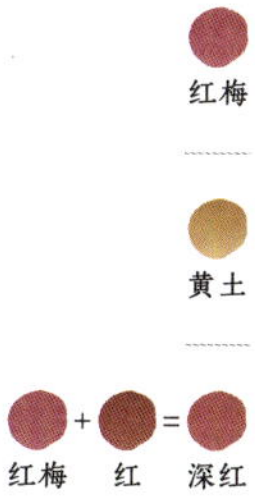

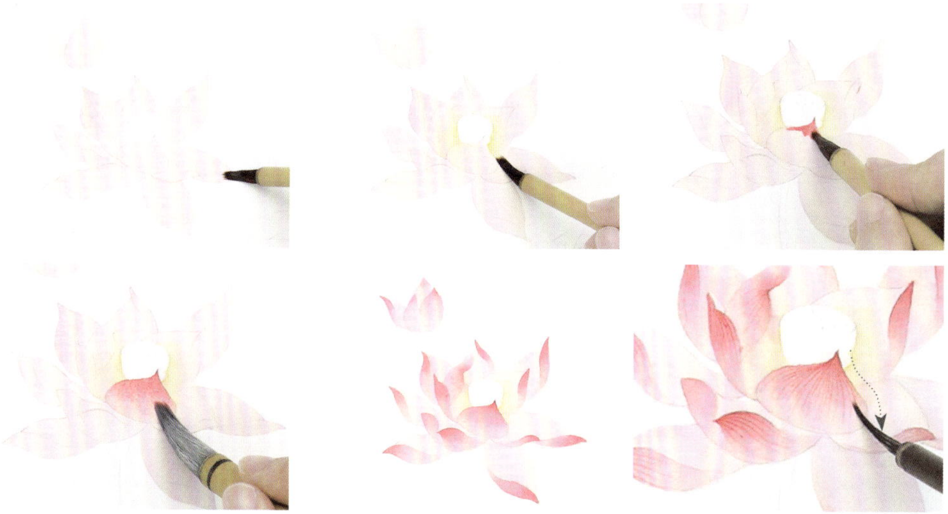

01	02	03
04	05	06

01~02　在红梅色中加入大量清水，轻轻平涂花瓣作为底色，趁湿在莲心周围点染少许淡淡的黄土色。

03~06　用深红色点染花瓣尖端，随即用清水笔向下晕染过渡，用这样的方式将荷花的花瓣画好。花瓣干后用勾线笔蘸取深红色勾勒纹理，从花瓣尖向下运笔时力道由重到轻，这样纹理更自然。

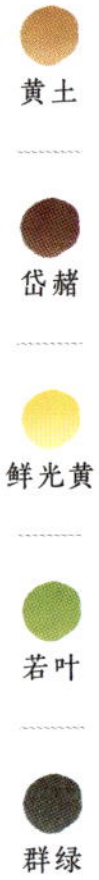

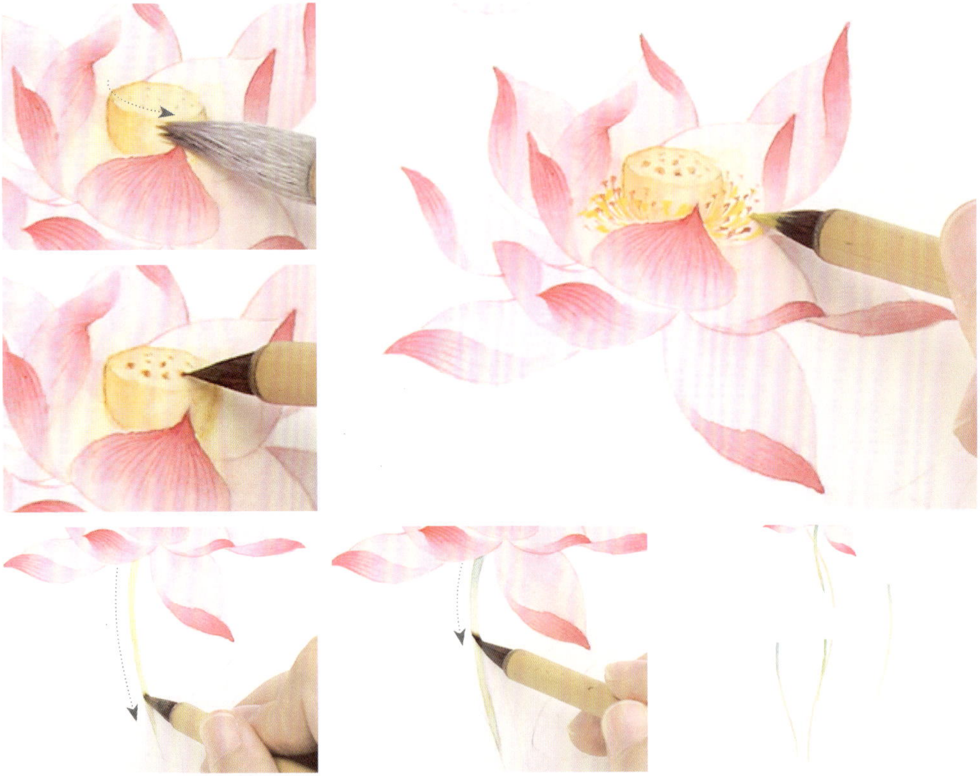

07 08 09 10 11 12

07~09　用相同的晕染方式绘制黄土色的莲蓬，侧面叠加一层略深的黄土色增加立体感，再用笔尖在莲蓬上点八九个岱赭色的小点作为莲孔。最后用鲜光黄与岱赭在莲蓬周围勾勒一圈细密的花丝。

10~12　在荷花下方用若叶色打底平涂一部分花茎，趁湿在根部增加一些群绿色。用这样的方式描绘剩下的花茎，荷叶与花苞的茎可稍浅些，以突出前方的荷花茎。

群绿

青草

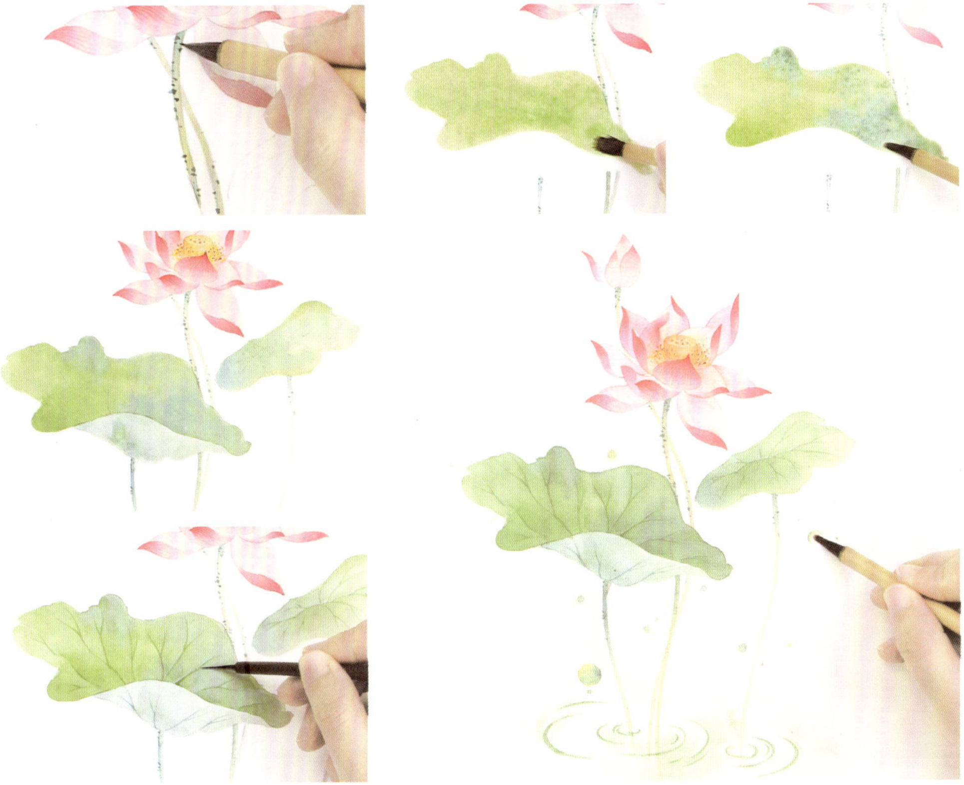

13 14 15
16 18
17

13　用群绿色轻点在花茎上作为小刺，靠近根部的小刺细密一些。

14~17　用青草色平涂荷叶，加以群绿色晕染，再用稍浅的颜色同样绘制荷叶背面。荷叶干后在叶片上勾勒青草色与群绿色的叶脉。

18　最后在荷花的周围随意点染一些圆形水滴和涟漪，丰富整体画面。

云想衣裳花想容。

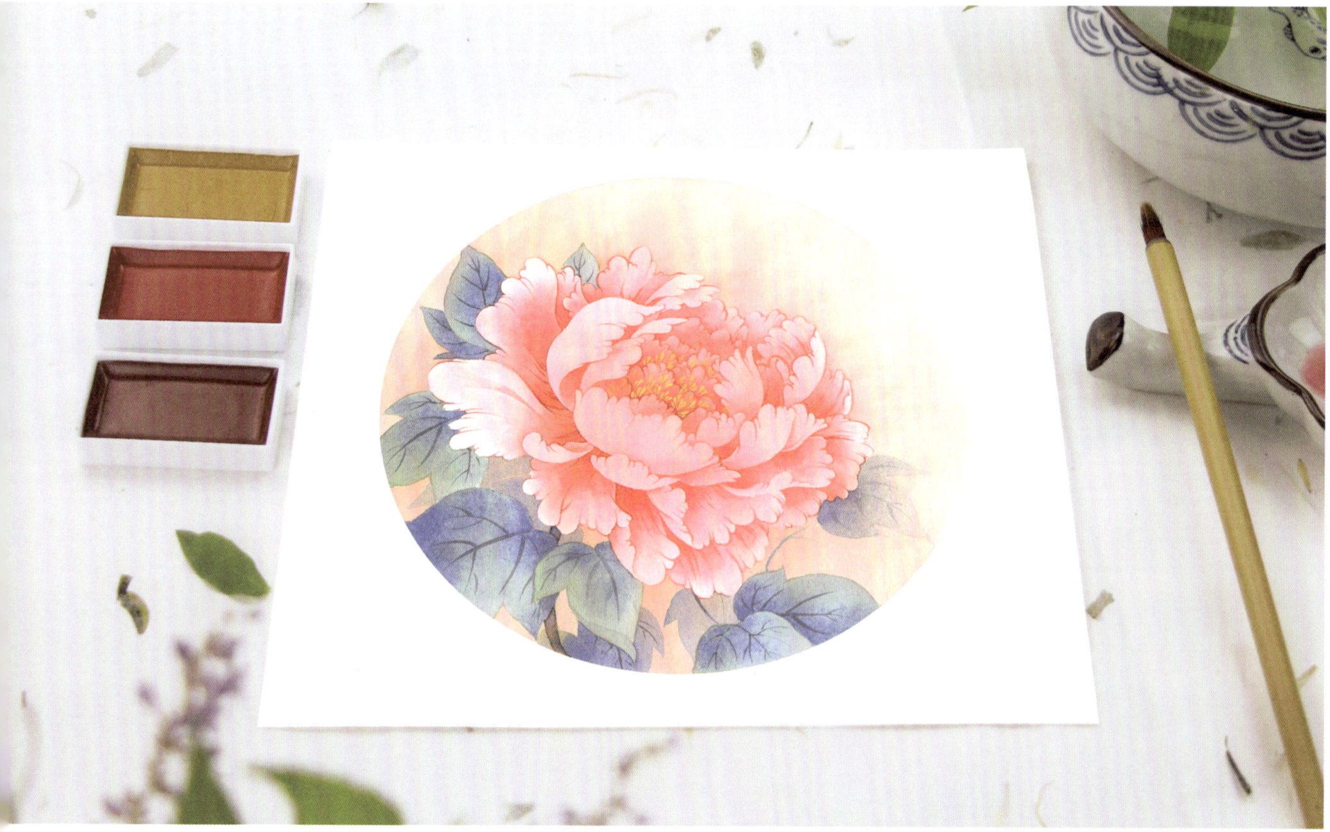

《清平调·其一》　[唐] 李白

云想衣裳花想容，春风拂槛露华浓。
若非群玉山头见，会向瑶台月下逢。

金黄土　红　红梅　鲜光黄　岱赭　群青　青草

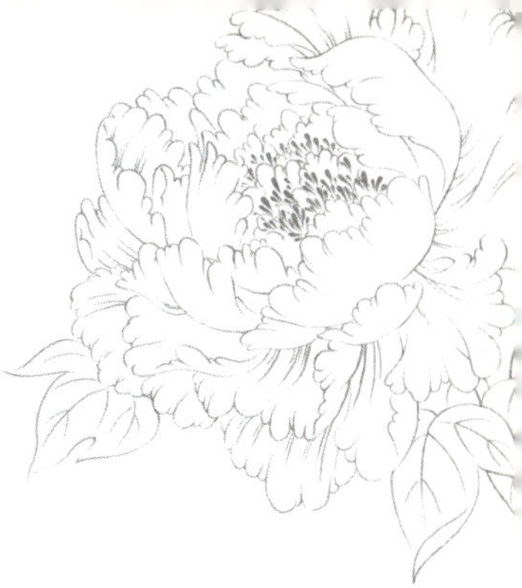

绘前提要

雍容华贵的牡丹是艺术中被永恒描绘的经典，其高贵的花姿让人为之倾倒，花朵重瓣层叠，花蕊娇艳富丽，周围辅以绿叶衬托，更显得艳而不俗，国色天香。

扫码看线稿

绘画过程

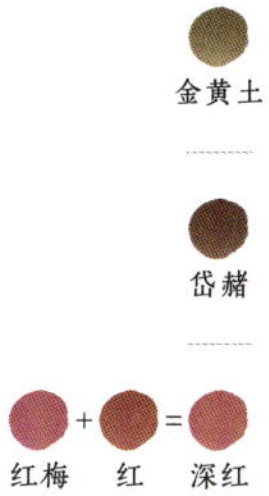

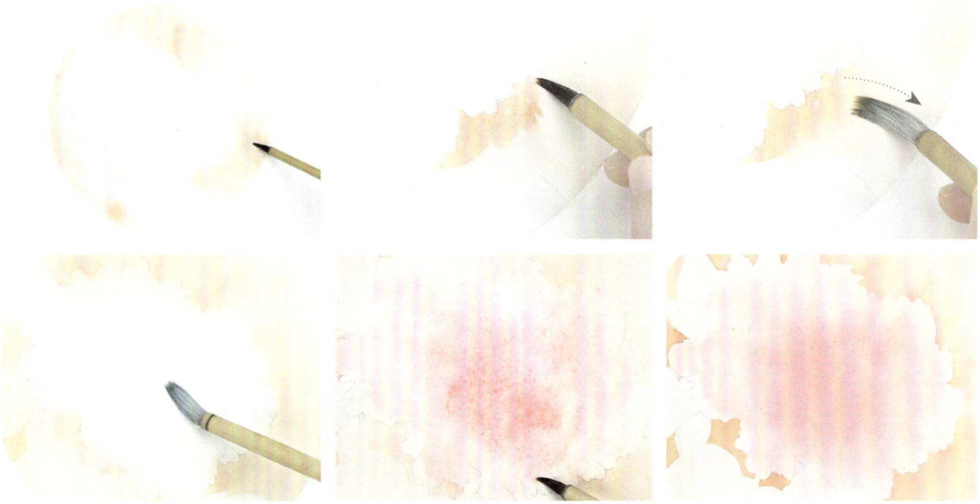

01 02 03
04 05 06

01~03　在背景中铺设一层淡淡的金黄土色，靠近花朵的位置用清水笔过渡。背景干后，继续用略深些的岱赭晕染花朵边缘的背景。

04~06　纸面干透后，在花朵上轻刷一层清水，用深红色加入大量水在其中点染晕色，花心处颜色略浓一些。

深红

鲜光黄

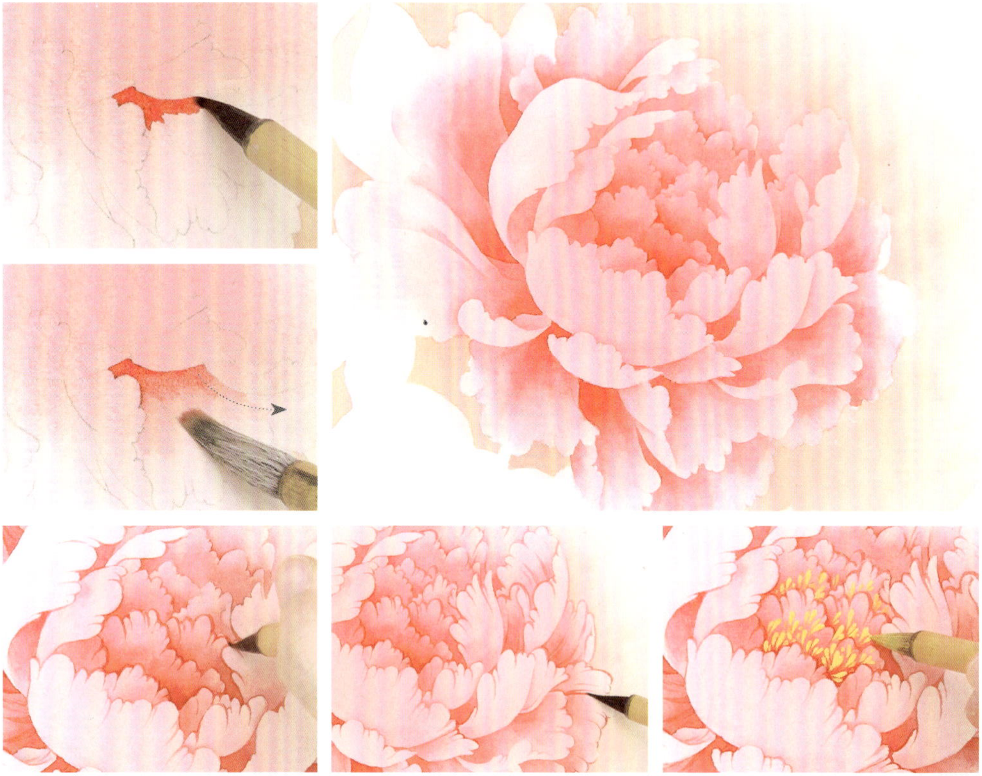

07 | 09
08 |
10 | 11 | 12

07~09　花朵干后继续用同样的颜色描绘花瓣的褶皱层次，先用深红色笔涂花心处，再用清水笔向外过渡至渐变。花心最内的位置，颜色可多晕染一两遍。

10~12　接下来开始为花瓣勾形，用笔尖慢慢勾勒边缘的弧线，每根线条的中间较粗、两头纤细。最后在花心用鲜光黄直接点涂花蕊，花蕊的形状可以简化为雨滴状的小点。

岱赭

群青

青草

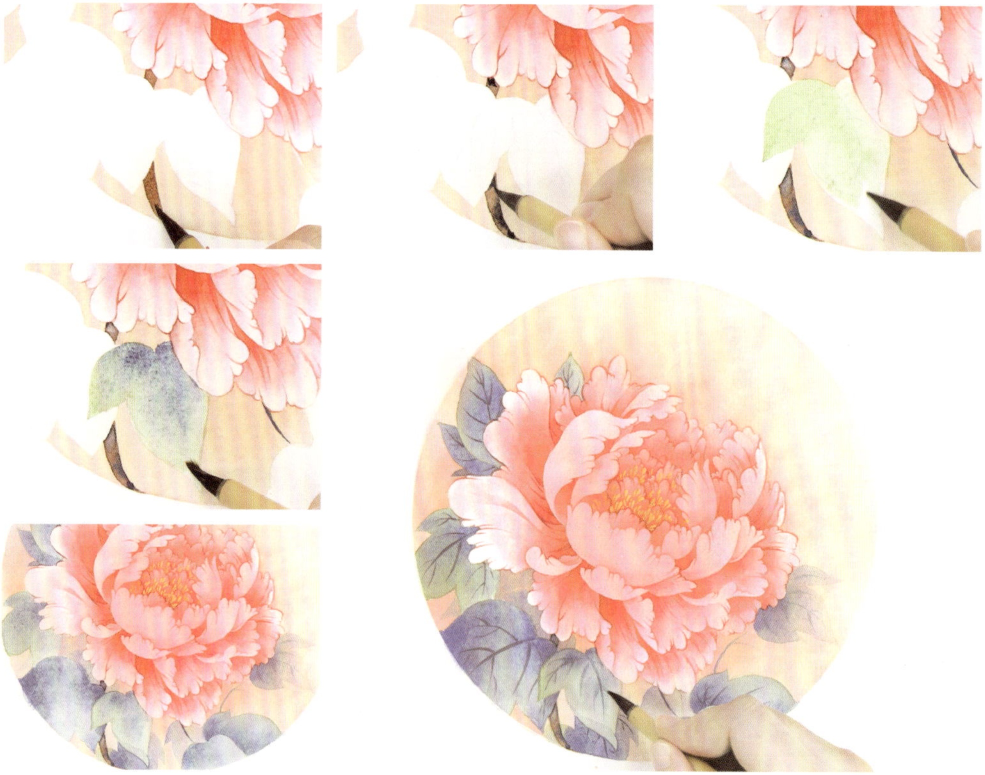

13	14	15
16	18	
17		

13~14　将浓重的岱赭色直接平涂在花茎，趁湿加入群青色融合渐变。

15~18　叶片先用淡淡的青草色做底，同样趁湿加群青色晕染，在一片叶子干后继续描绘剩下的叶子。当纸面干后，在叶片中用群青色直接勾勒叶脉的细节，这幅画便描绘完成。

人面桃花相映红。

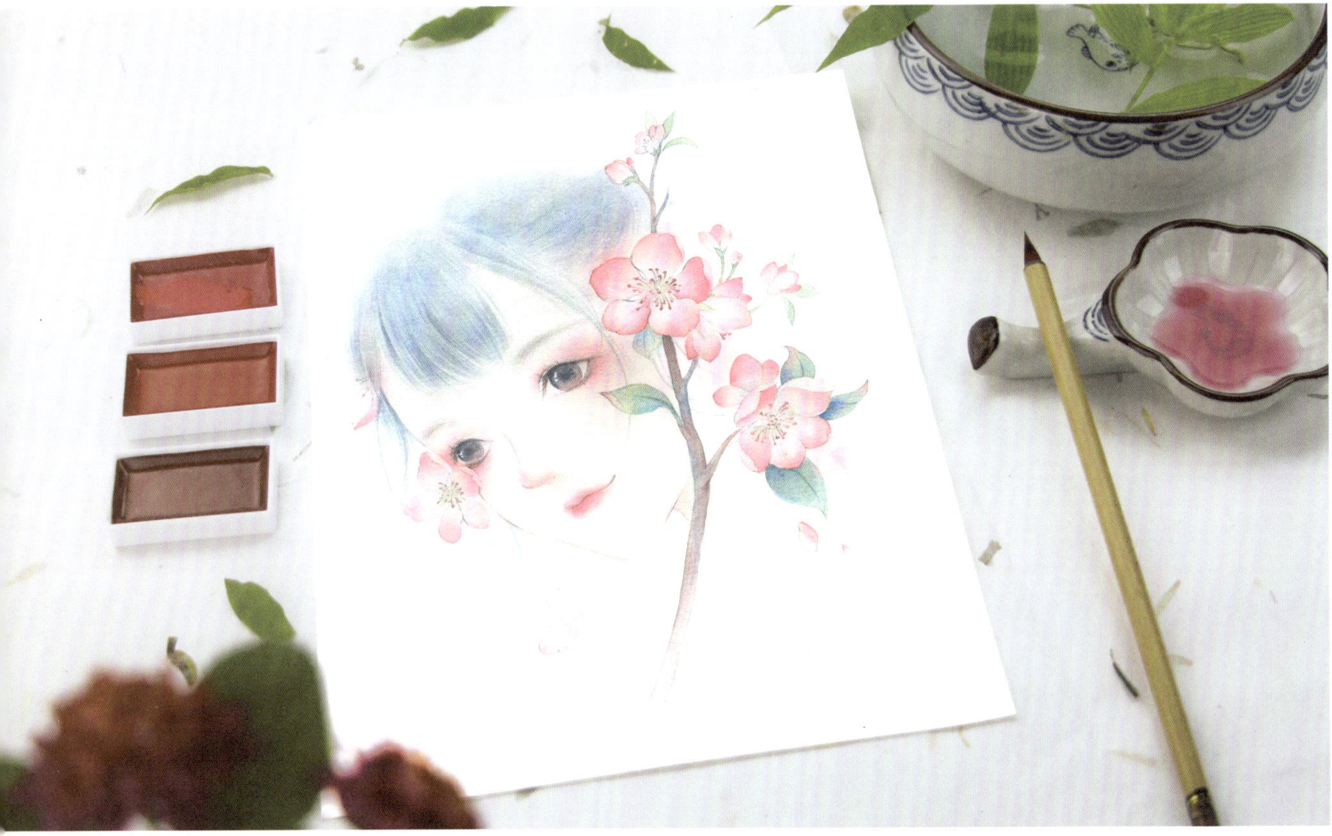

《题都城南庄》　[唐] 崔护

去年今日此门中，人面桃花相映红。
人面不知何处去，桃花依旧笑春风。

岱赭　黄土　燕脂　辰砂　红梅　本蓝　青草　若叶　栗皮茶　浅葱

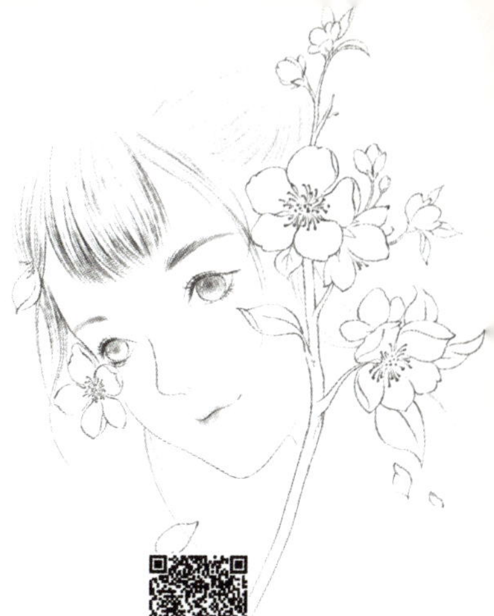

绘前提要

春风中的桃花是何等的明媚，佳人在桃花的映照下愈发美丽，而桃花也在佳人容颜的衬托下显得更加娇艳动人，两相辉映渲染出一幅动人的美景，令人如痴如醉。

扫码看线稿

绘画过程

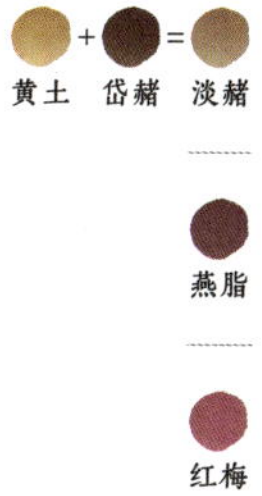

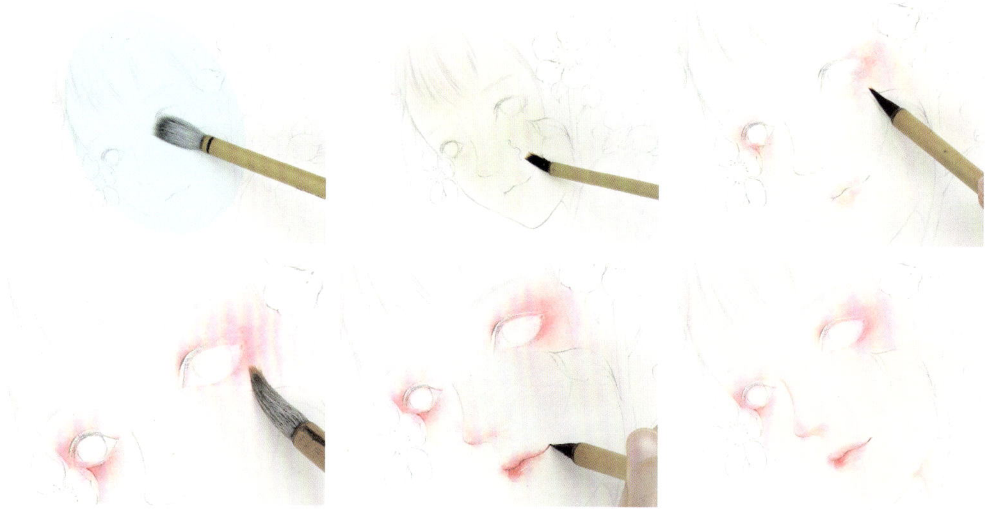

01	02	03
04	05	06

01~02　在画纸上轻轻铺设一层清水，随即用淡赭色涂抹脸部区域。

03~06　趁湿在眼角与嘴唇的部位点染一些燕脂色。纸面干后，用较深的红梅色加深人物眼部与嘴唇，深入刻画暗部的唇缝与鼻底，注意留出嘴唇的高光，使人物更加灵动。

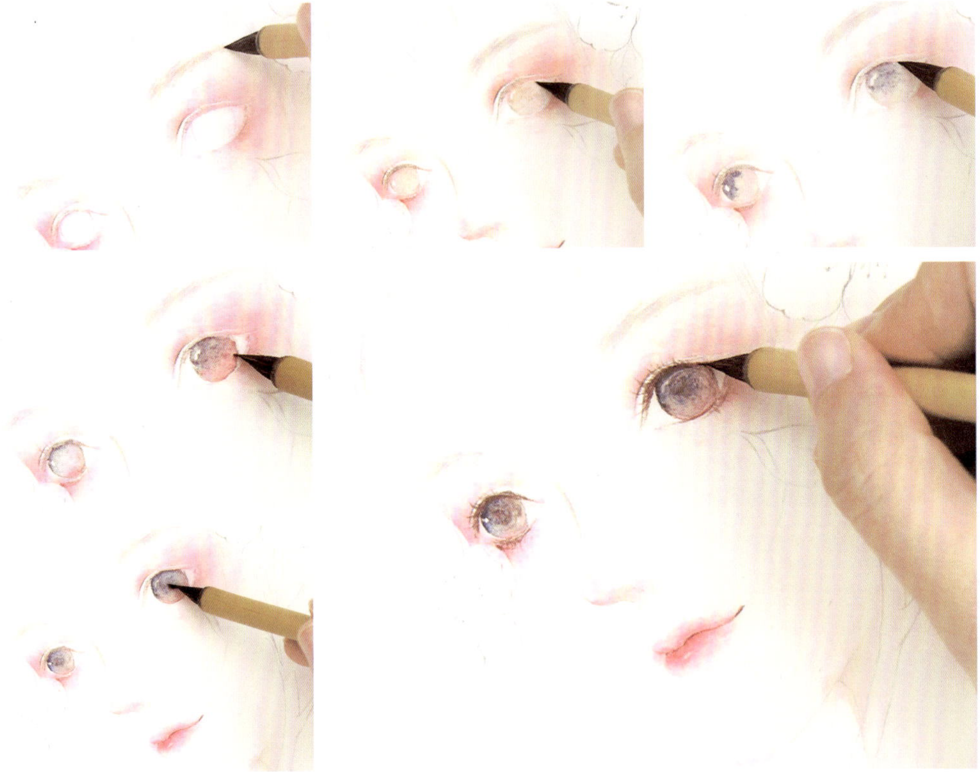

07 08 09
10 12
11

07　用淡淡的岱赭色绘制眉毛，再用笔尖刻画几笔深处的眉毛线条，边缘与眉尾下笔稍轻些，令眉毛的边缘柔和过渡。

08~12　将浅色辰砂作为眼珠底色，趁湿加入本蓝与燕脂色在眼珠中晕染。颜色稍干后，在眼珠中心继续增加本蓝深色作为瞳孔。最后用笔尖勾勒眼线与睫毛，这里依旧使用岱赭色。

本蓝

红梅

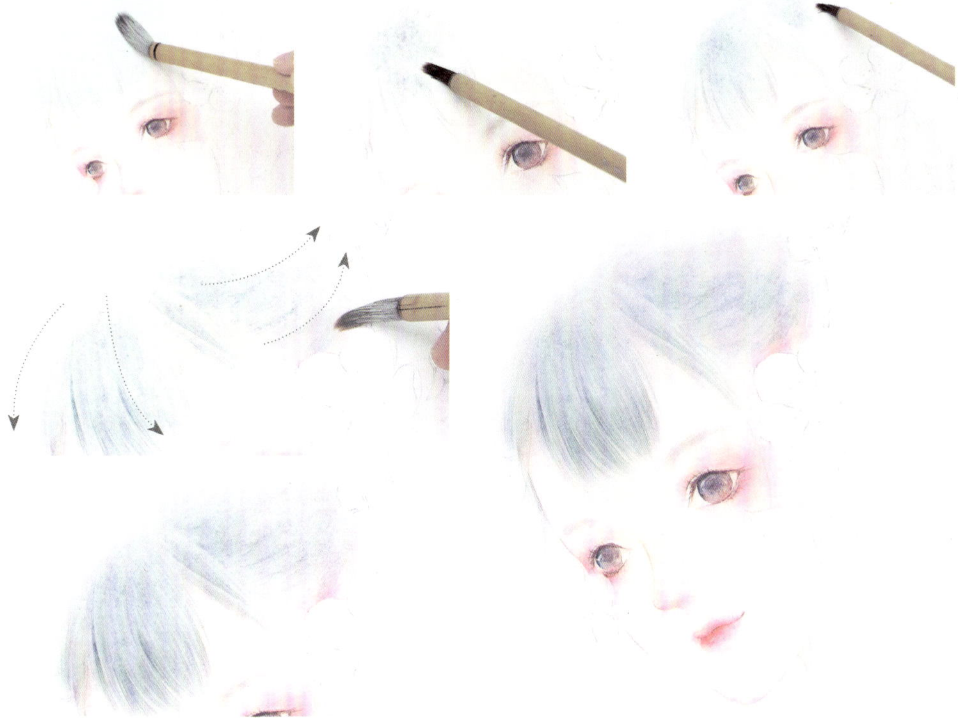

13 14 15
16 18
17

13~15　在头发处先铺一层清水，接着加入本蓝色打底，靠近头发的边缘位置颜色可少些。

16~18　头发底色干后，用画笔轻轻增加头发的细节，发尾用清水笔柔和过渡出去。发丝不必太过细致，在刘海处重点勾勒几根即可，花朵附近可以晕染少量红梅色。

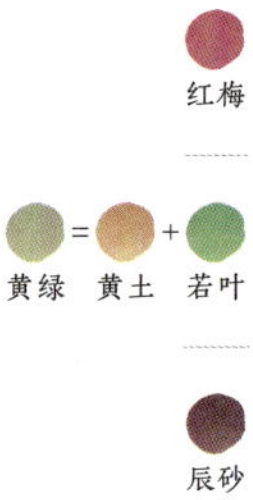

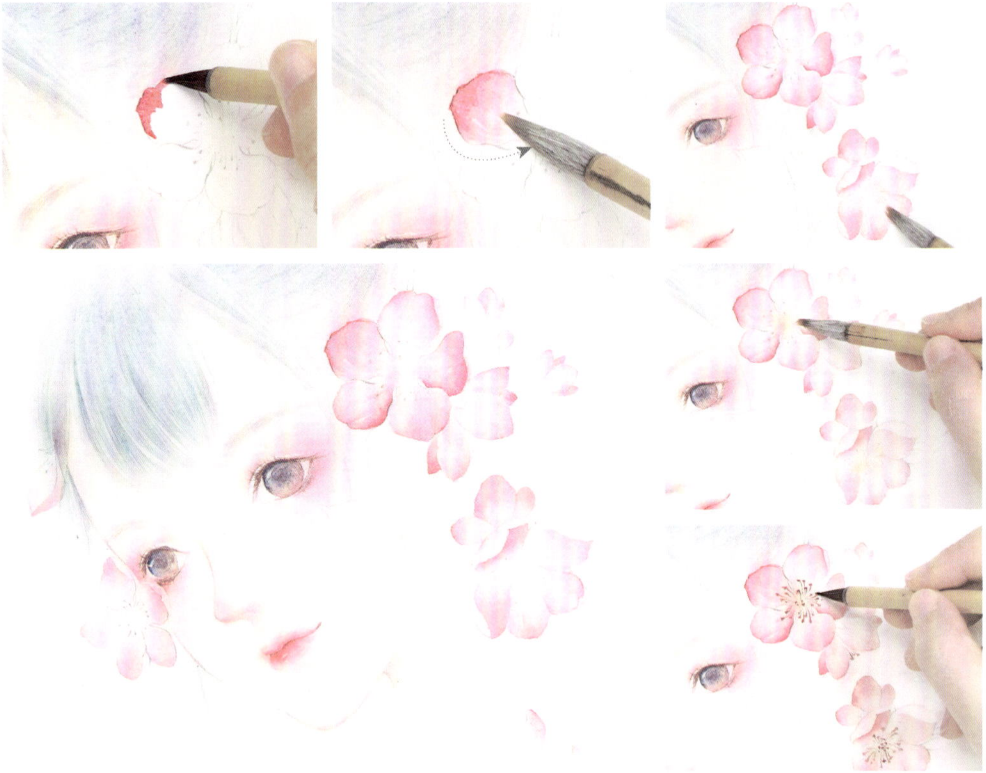

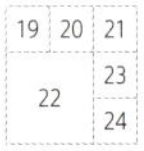

19~22　用画笔蘸取红梅色涂在桃花花瓣的边缘，而后用清水笔向内过渡，通过这样的方式描绘剩下的花瓣。眼睛旁的大桃花颜色较深，其余桃花颜色较浅。

23~24　在桃花中心点染淡淡的黄绿色，边缘同样用清水笔柔和过渡。干后用辰砂色勾勒出花蕊的细节。

栗皮茶

若叶

浅葱

本蓝

红梅

青草

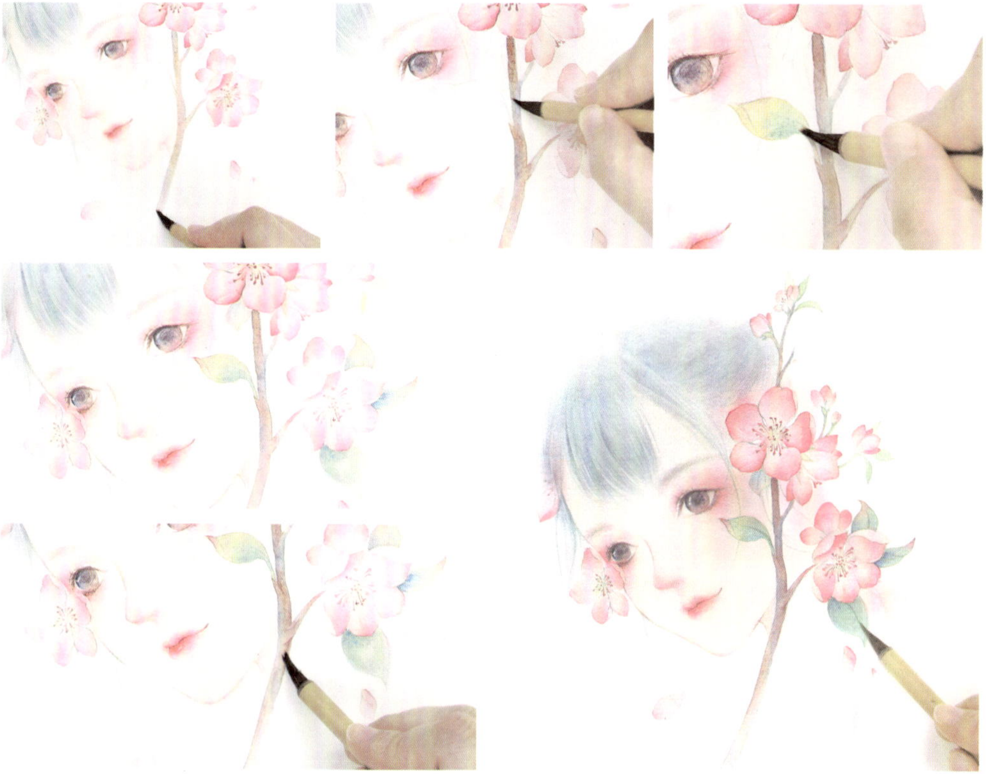

25 26 27
28 30
29

25~26　将栗皮茶色作为花枝底色，尾部用清水过渡虚化。再在花枝中加入一些本蓝色晕染，丰富画面。

27~28　用若叶色平涂叶片，趁湿在根部点染浅葱色，同时在叶片尖端加入红梅色与人物桃花相呼应，通过这样的方式描绘叶子。

29~30　最后在花枝上增加一些枝干纹理，用青草色在叶片中勾勒叶脉，将一些细节添加完善即可。

鸟鸣涧

唐·王维

人闲桂花落。夜静春山空。月出惊山鸟。时鸣春涧中。

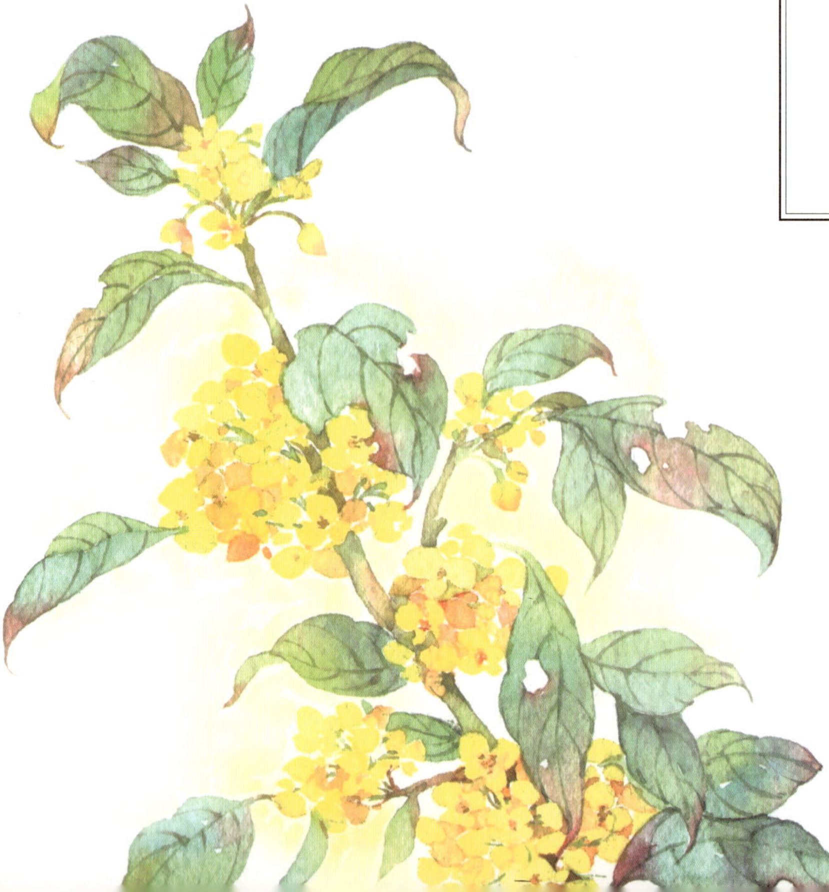

少年游

北宋 · 周邦彦

南都石黛扫晴山。衣薄耐朝寒。一夕东风。海棠花谢。楼上卷帘看。

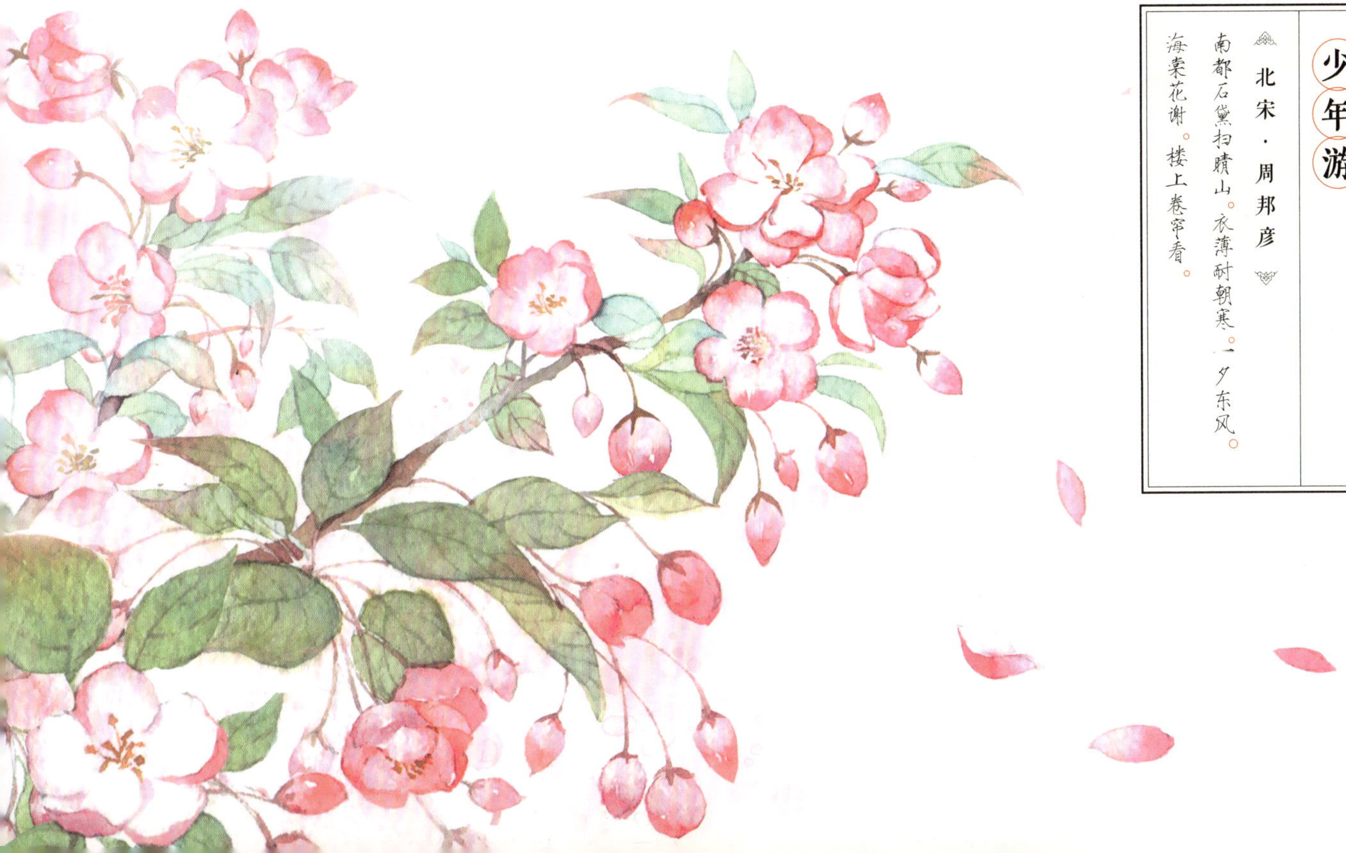

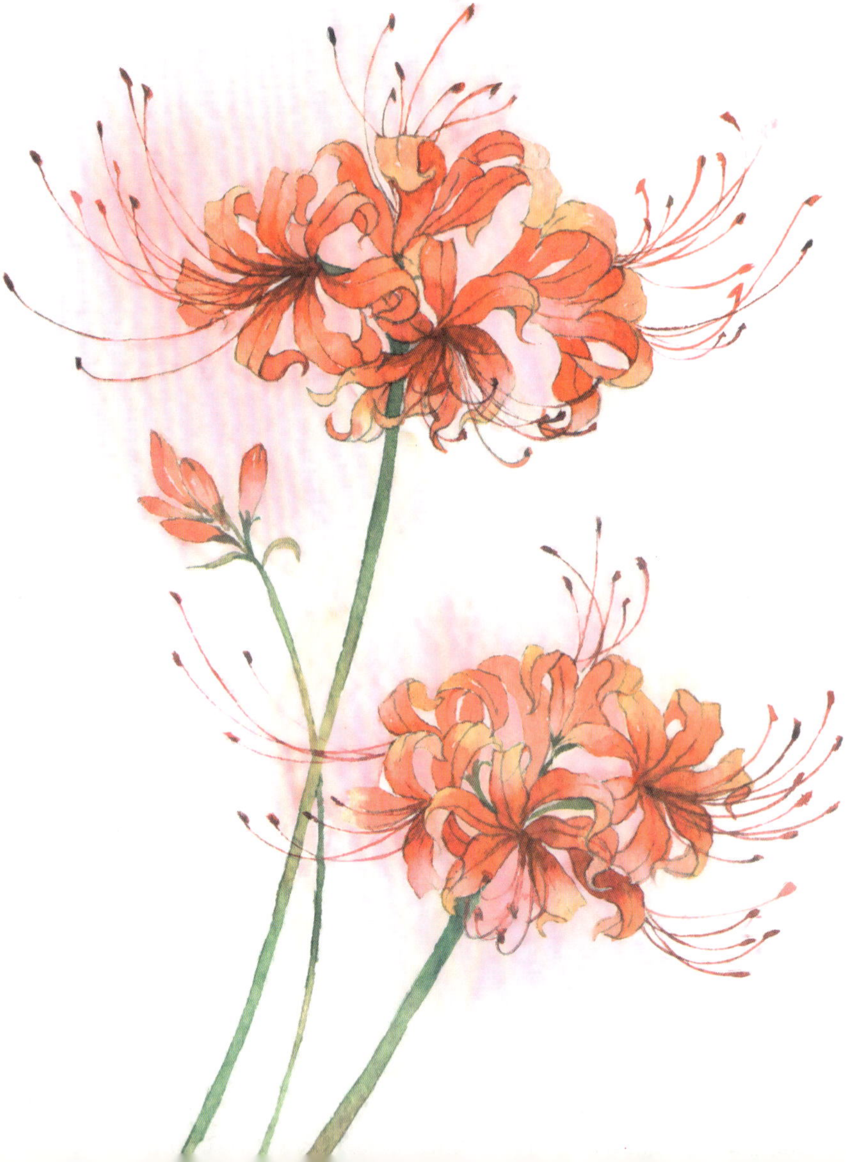

江城子·乙卯正月二十日夜记梦

北宋·苏轼

十年生死两茫茫。不思量。自难忘。千里孤坟。无处话凄凉。

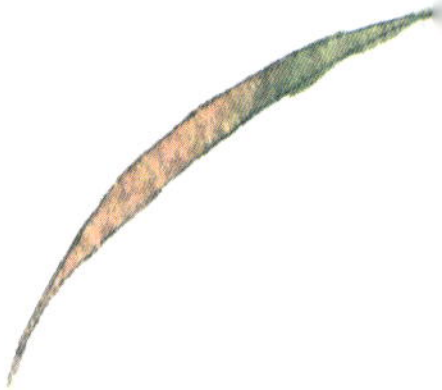

饮酒·其五

魏晋·陶渊明

采菊东篱下。悠然见南山。山气日夕佳。
飞鸟相与还。

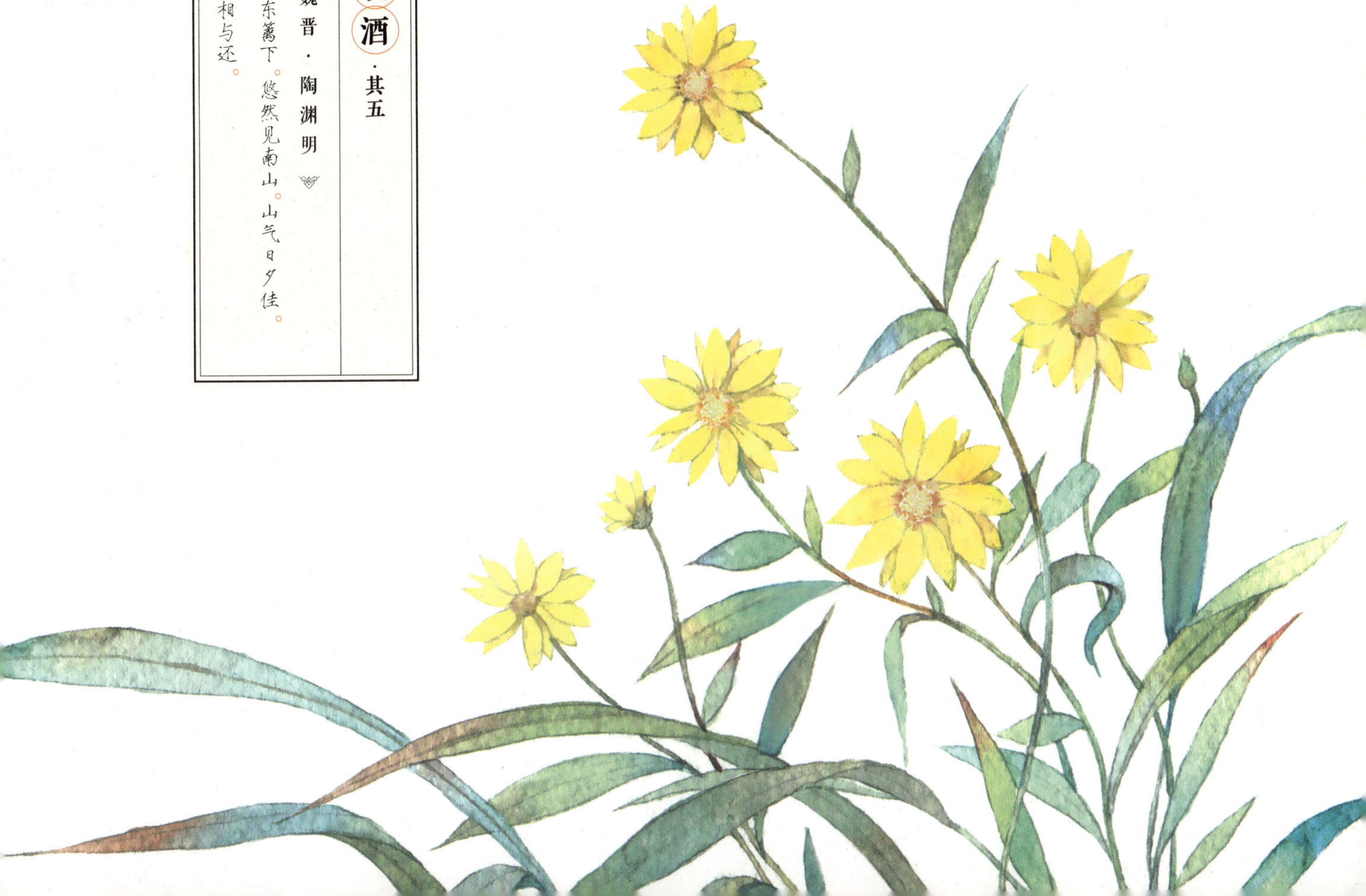

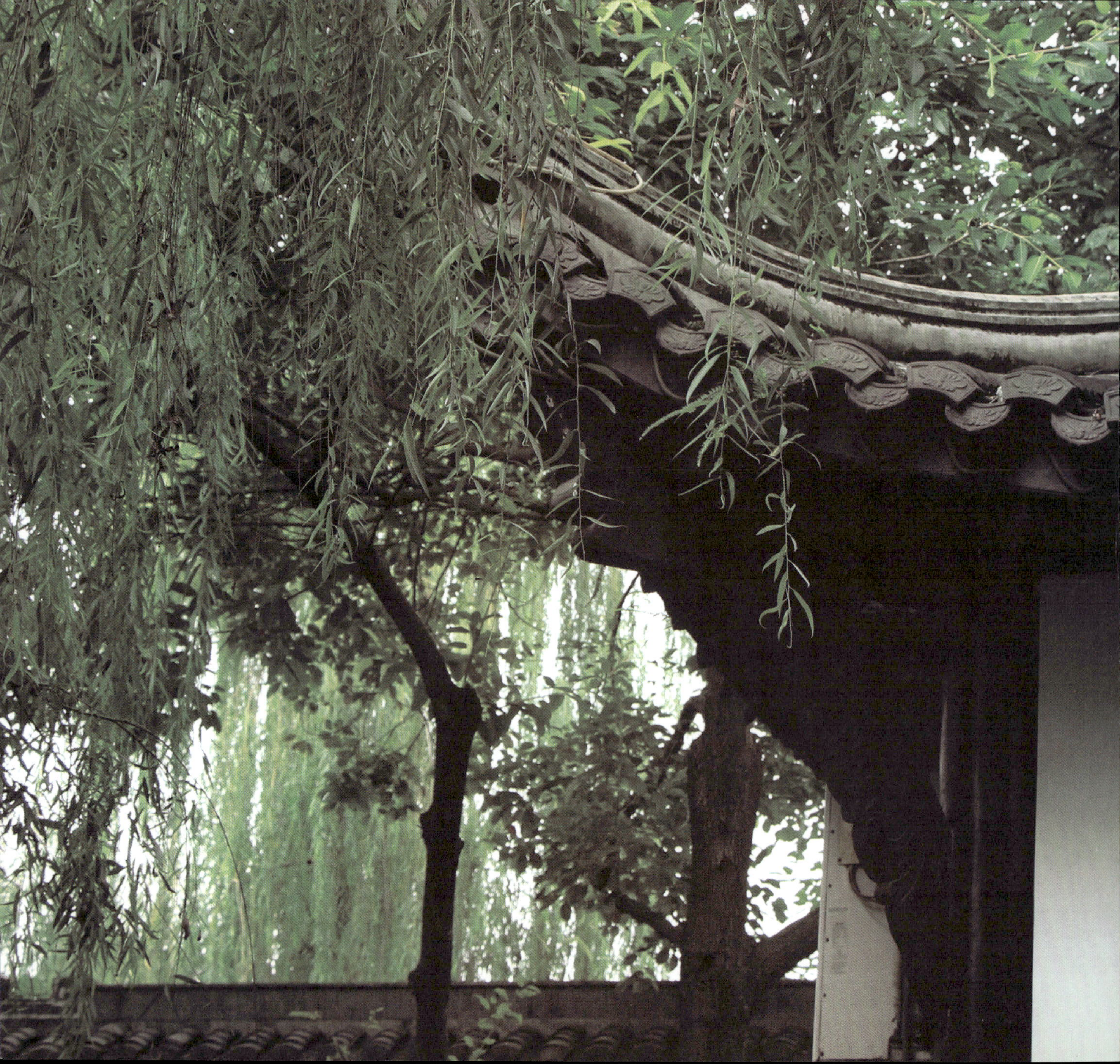

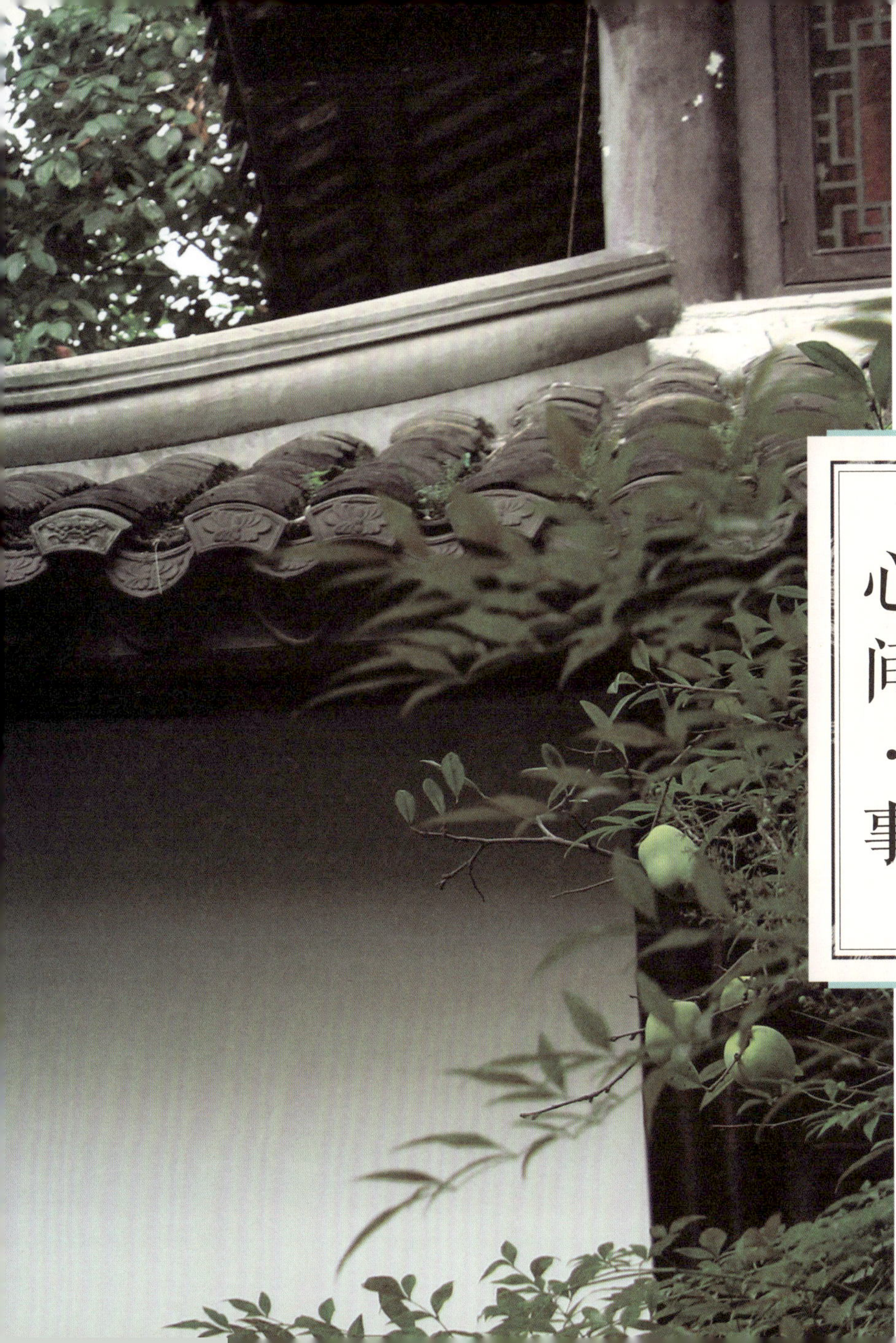

心间·事

玲珑骰子安红豆

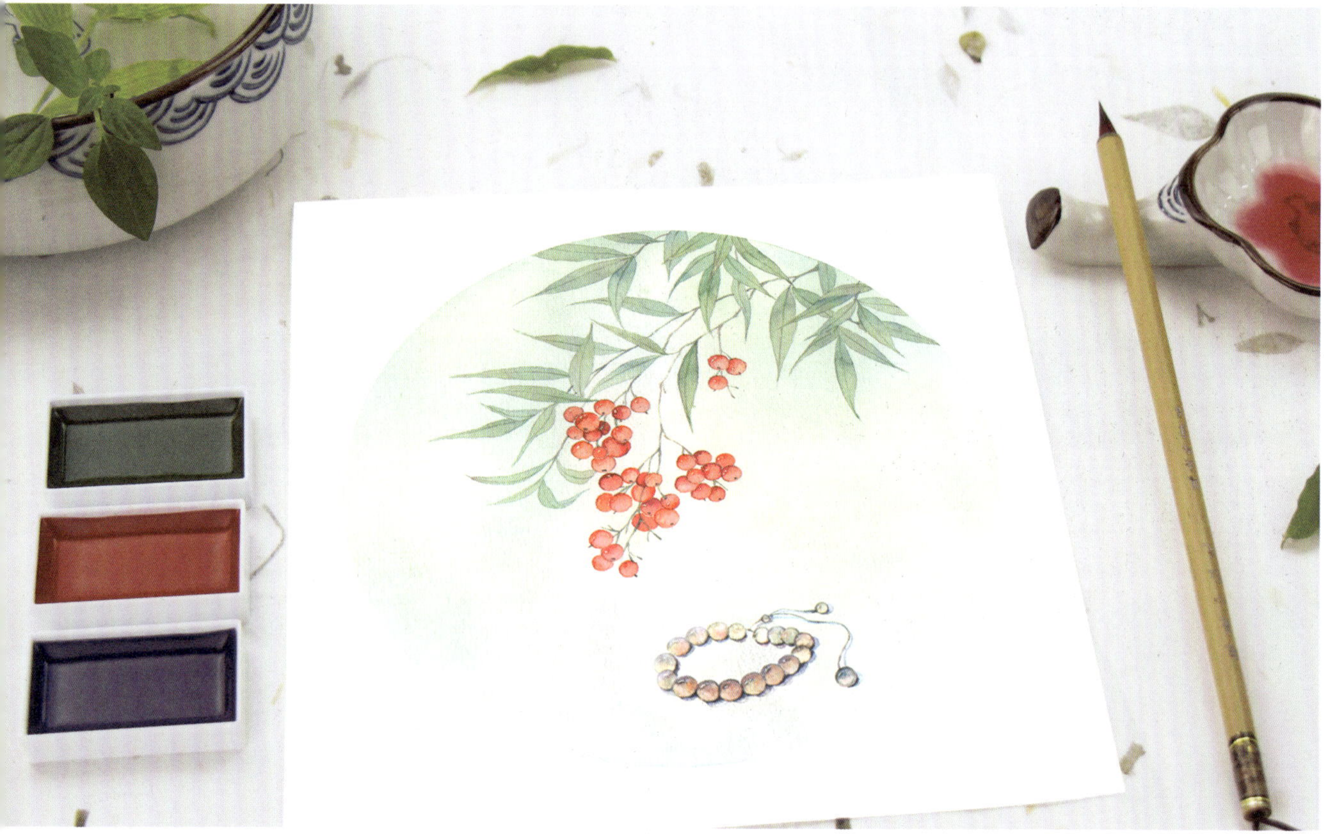

《南歌子词二首》节选　［唐］温庭筠

井底点灯深烛伊，共郎长行莫围棋。
玲珑骰子安红豆，入骨相思知不知。

浅葱　青草　莺茶绿　岱赭　红　上朱　黄土　群青

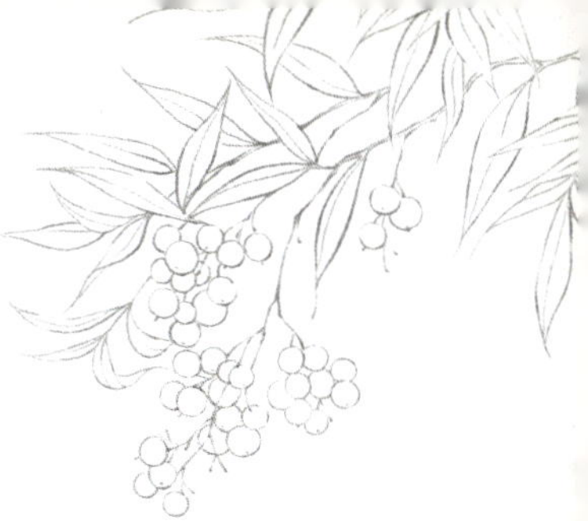

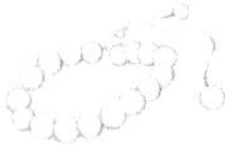

绘前提要

红豆压枝垂下，寄托了满满的相思之情，画面淡雅清丽，充满浓郁的自然气息。在作画时果实运用的颜色种类较少，让画面显得更加简单纯粹，透明材质的珠串注意要留出高光，这样才能有晶莹剔透的感觉。

扫码看线稿

绘画过程

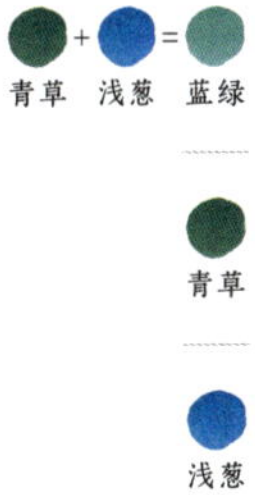

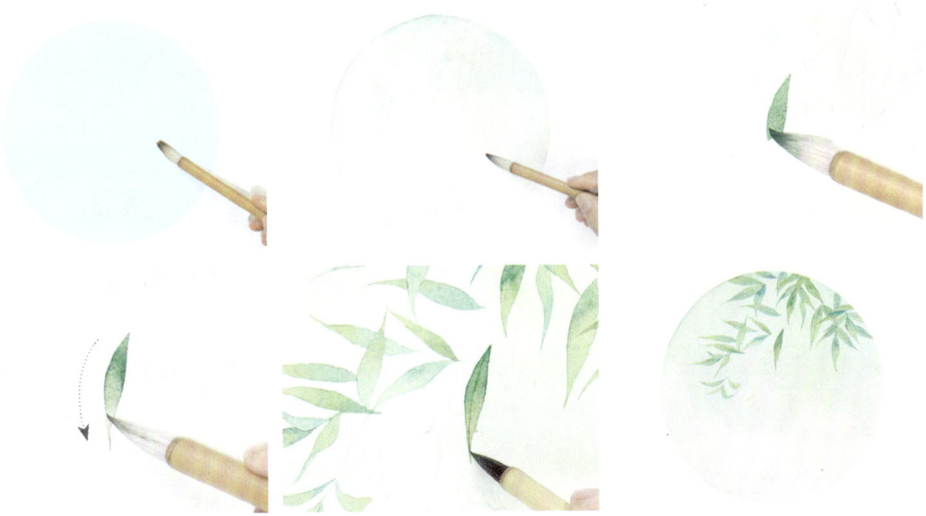

01	02	03
04	05	06

01~02　用清水笔在线稿上铺水，趁纸面湿润时在背景处点染蓝绿色。

03~06　待背景干透后，用青草色描绘叶片，并用清水笔晕染。后面的叶子稍微加点浅葱色，增加颜色深浅的变化，接着画完所有叶片，待颜色干透后勾勒出叶脉。

莺茶绿

红

上朱

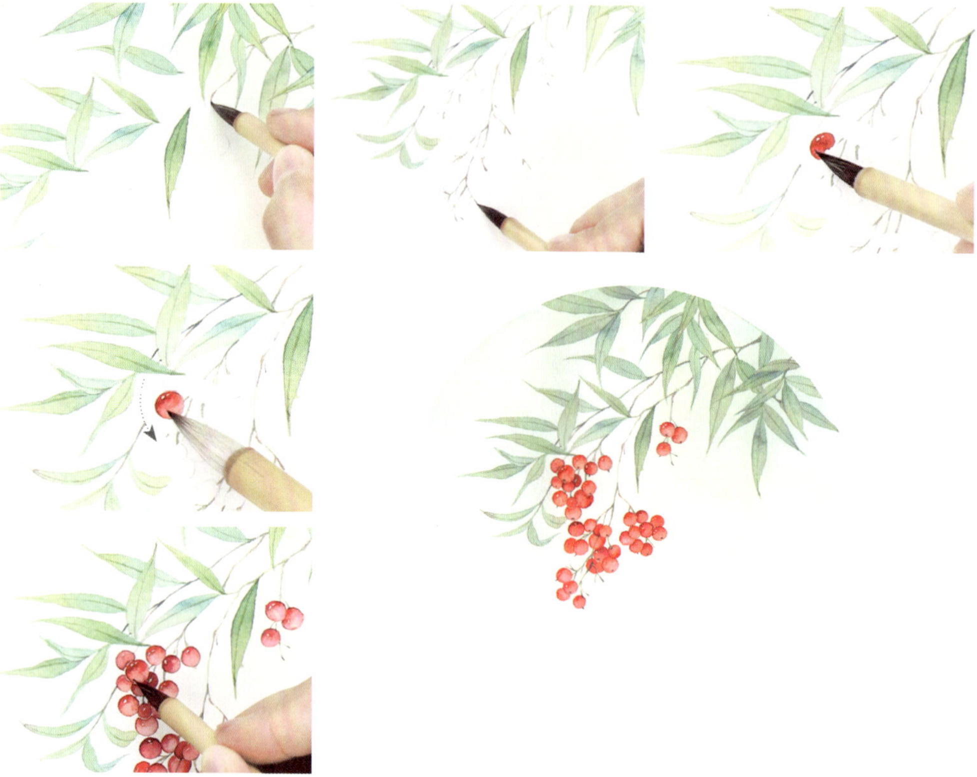

07 08 09
10 12
11

07~08　用笔尖蘸取莺茶绿色，轻轻勾勒出枝干的形态，再顺着枝干连贯地描绘出连接果子的枝末。

09~12　用笔尖蘸取较深的红色平涂在果子上，留出高光，趁湿加水调和上朱色自然晕染出果子的渐变。紧挨着的果子用深红色绘制，待果子底色干后，蘸取莺茶绿色描绘出果蒂。

岱赭

黄土

群青

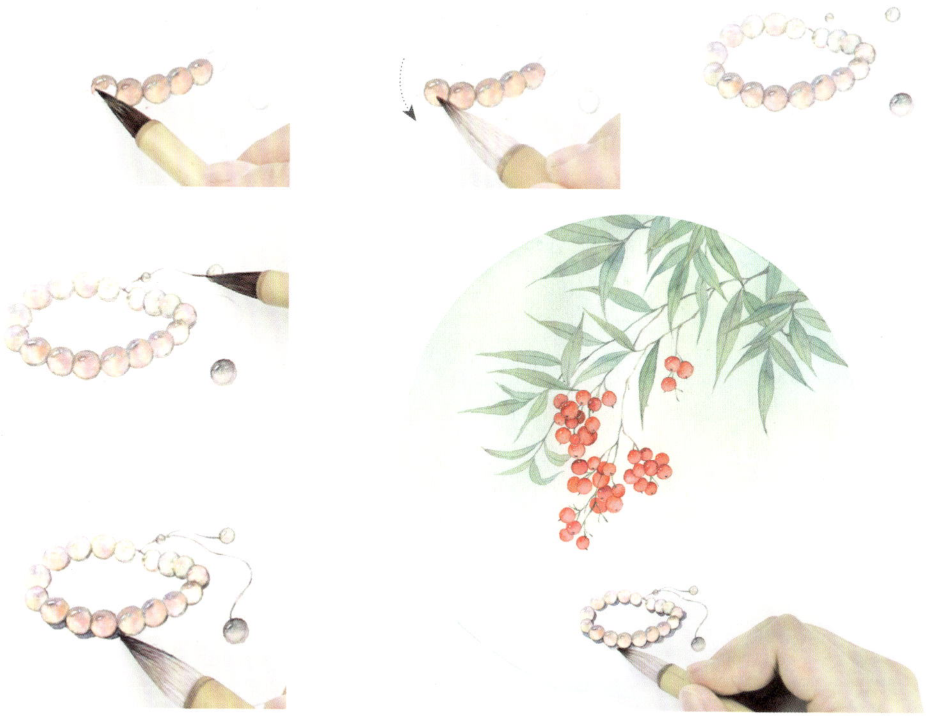

13 14 15
16 18
17

13~15　用笔尖蘸取浅岱赭色平涂在串珠的顶部，在高光处蘸取少量浅群青色丰富珠子的颜色，趁湿加入浅黄土色自然晕染出珠子的渐变。靠后的珠子整体保持较浅的颜色，表现出通透感。

16~18　用笔尖蘸取较浓的岱赭色勾勒出串绳的形态，然后加入群青色描绘出手串的投影，并用清水笔向外晕染渐变，后面的投影整体保持较浅的颜色，这幅作品便完成了。

花间一壶酒

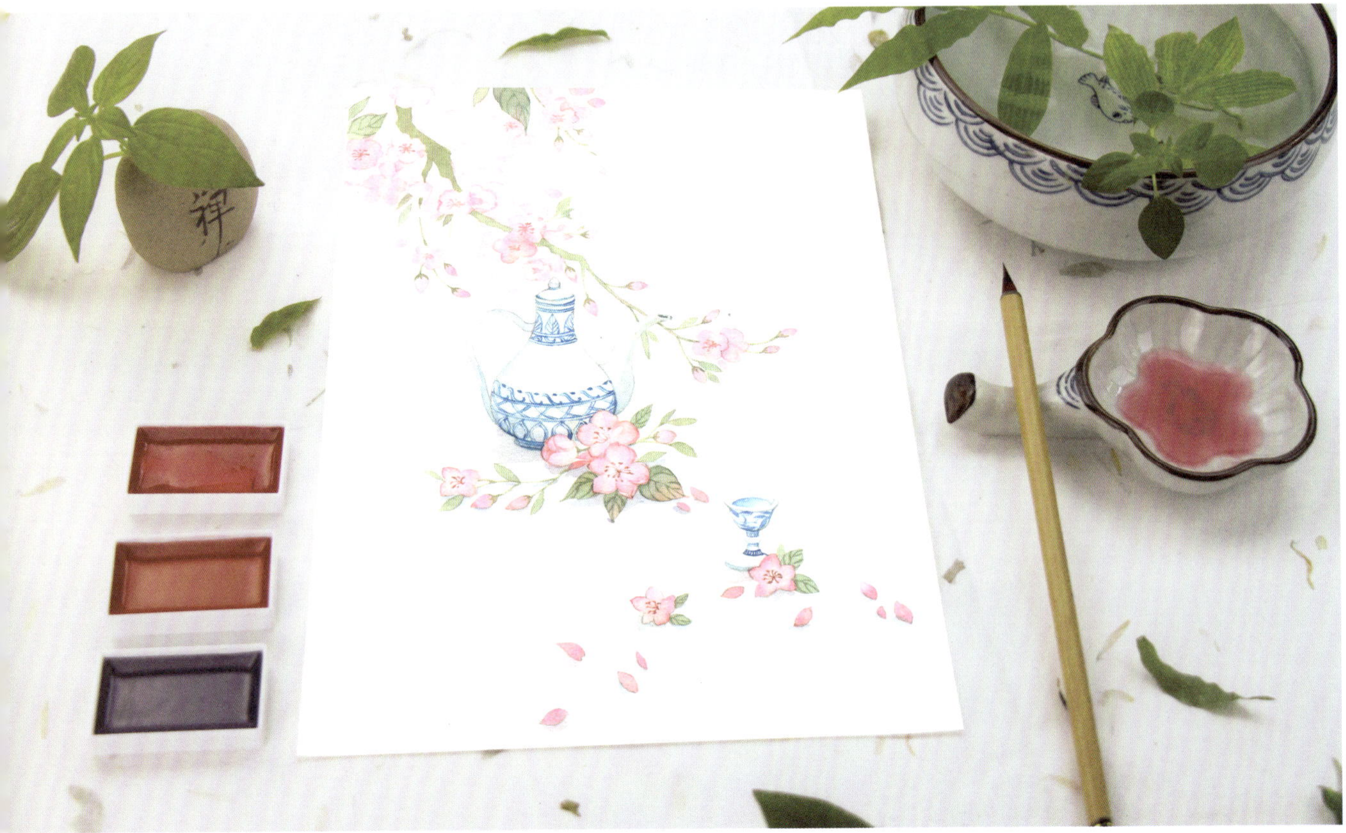

《月下独酌四首·其一》节选　[唐] 李白

花间一壶酒，独酌无相亲。
举杯邀明月，对影成三人。

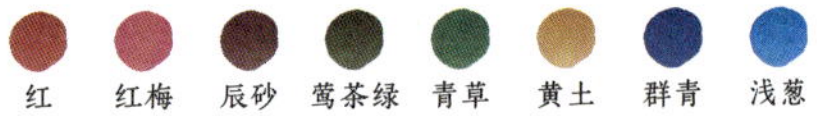

绘前提要

一壶美酒摆在花丛间，独自畅饮，以月为友，岂不快哉。在这样悠闲豁达的氛围中，采用前实后虚的画法，在作画时要注意酒壶酒杯的形体关系和花簇前后层次感的变化。

扫码看线稿

绘画过程

红

红梅

辰砂

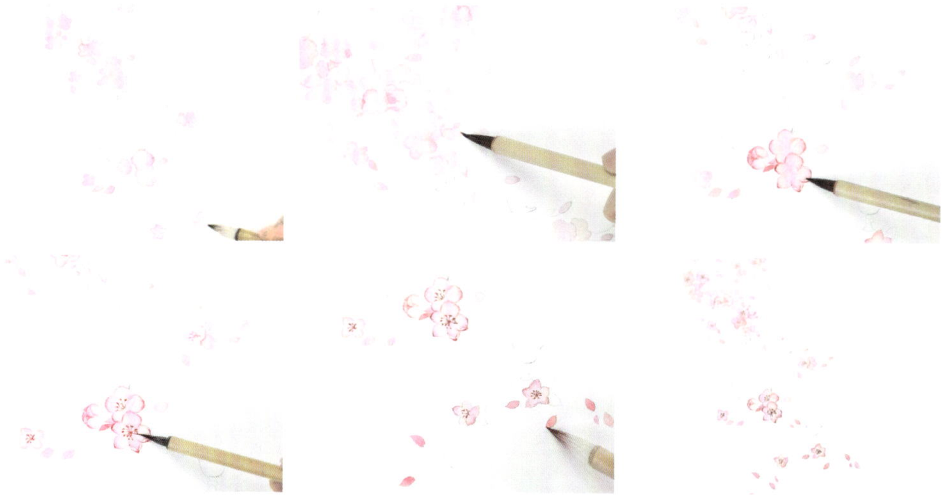

01	02	03
04	05	06

01~02　用浅红色平涂第一层的花朵，待颜色干后用浅红梅色铺出背景的花簇。

03~04　用红色对酒壶边花朵进行刻画，趁湿用深红梅色点缀花尖。接着用勾线笔蘸取深辰砂色勾勒出花丝和花药。

05~06　然后总体地用较深的红色描绘出散落的花瓣。

莺茶绿

青草

黄土

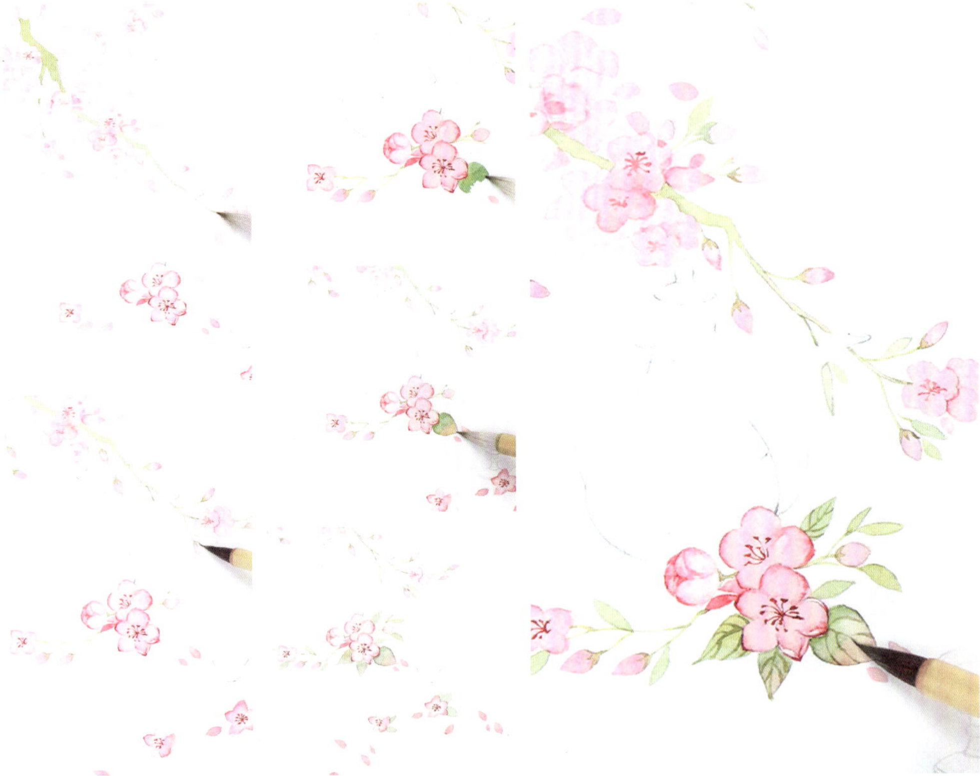

07 09 10 12 08 11

07~08 用笔尖蘸取浅莺茶绿色轻轻平涂枝干的底色，顺着枝干描绘出花托的细节。

09~12 用浅青草色描绘完背景叶片后，接着用青草色铺出前景叶片，趁湿在叶尖加入少许黄土色，让叶片富有变化。待叶片颜色干透后，用勾线笔蘸取深莺茶绿色勾勒出叶脉。然后以同样的方法对整个画面的叶片进行绘制。

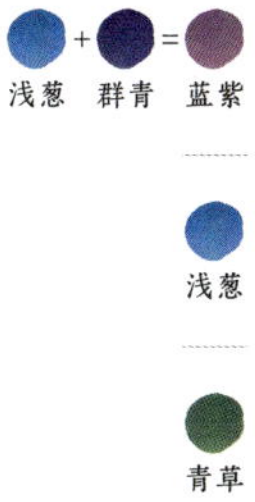

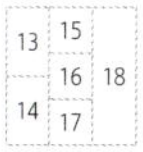

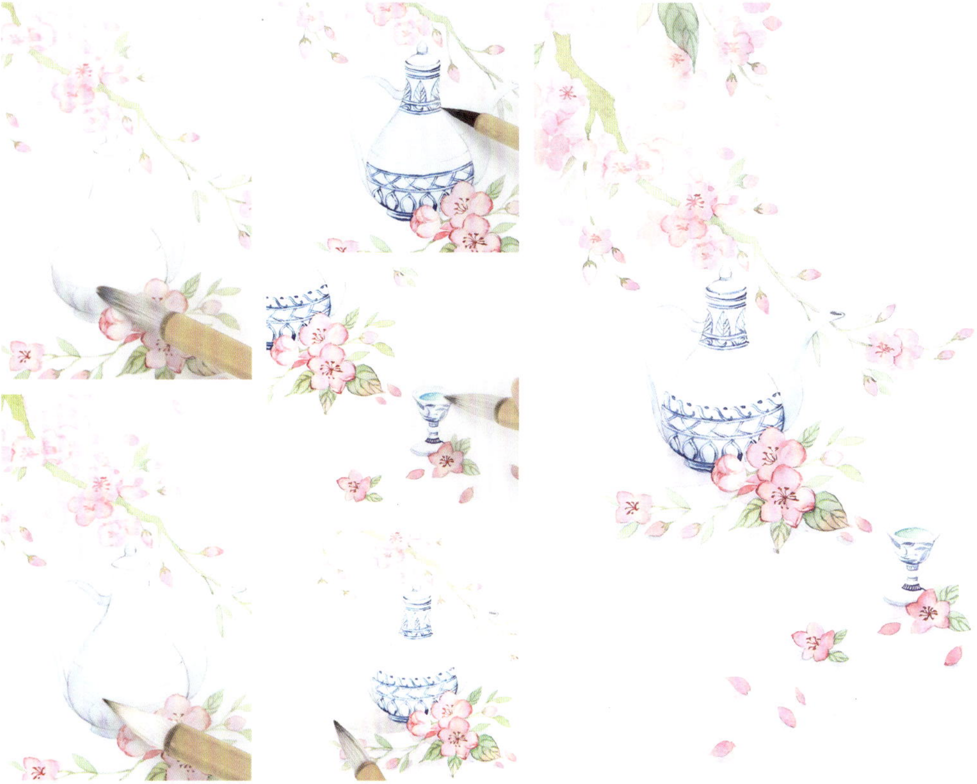

13~15　用浅蓝紫色大面积铺出酒壶的明暗关系，趁湿用清水笔过渡颜色边缘，让酒壶的形体关系显得自然。待酒壶底色干后，用勾线笔蘸取较深的浅葱色勾出酒壶的花纹。

16~18　以同样的方法画完酒杯，用浅青草色涂出酒的颜色并用清水笔衔接颜色边缘。接着用浅蓝紫色铺出酒壶的投影，趁湿用清水笔晕染渐变，最后铺出花丛的投影即可。

人生若只如初见。

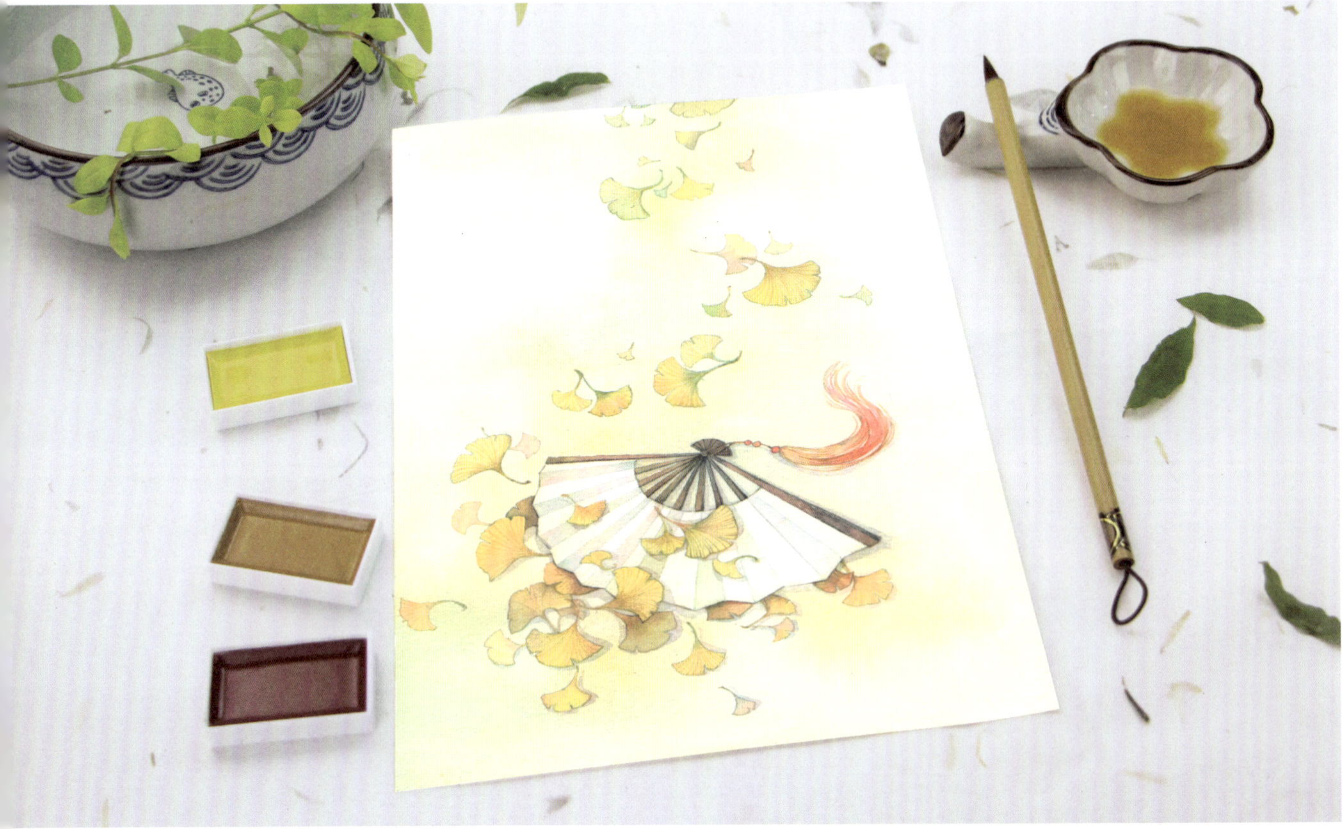

《木兰花·拟古决绝词柬友》节选　[清] 纳兰性德

人生若只如初见，何事秋风悲画扇。
等闲变却故人心，却道故人心易变。

鲜光黄　若叶　黄土　浅葱　岱赭　莺茶绿　红

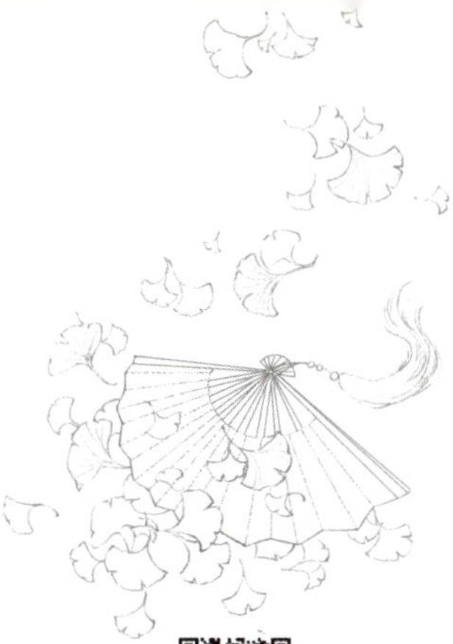

扫码看线稿

绘前提要

秋风袭来，枯黄的银杏叶随风落在扇子上，渲染出哀怨凄婉的氛围。作画时采用先铺设背景后刻画细节的画法，由深到浅地描绘，层次丰富。绘制时注意叶片的虚实处理、扇子的透视关系和扇面的变化。

绘画过程

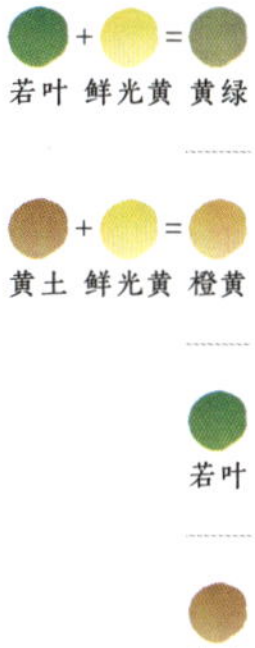

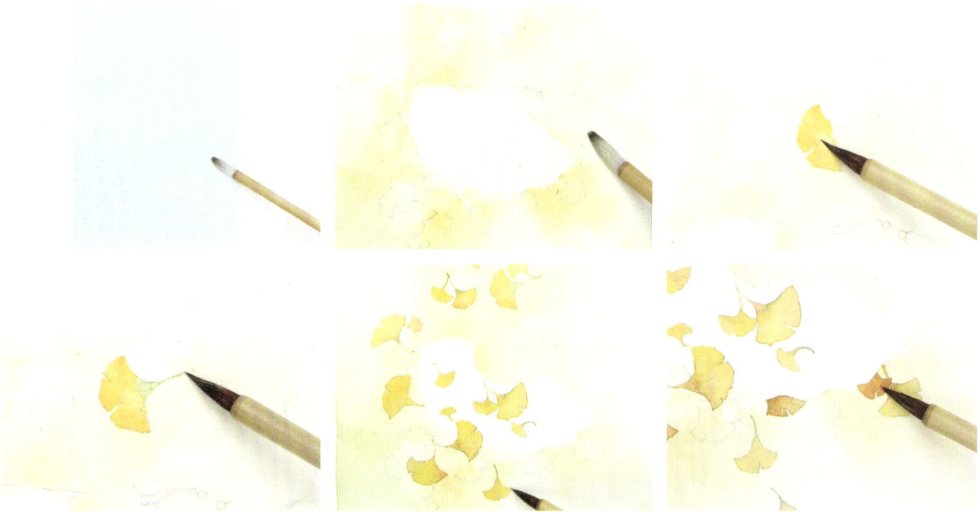

01	02	03
04	05	06

01~02　用清水笔在线稿上铺一层水，趁湿在背景处晕染黄绿色，注意扇面上要留白。

03~06　背景干后，用橙黄色从上往下平涂第一层的叶片，趁湿加浅若叶色丰富叶片颜色，接着用黄土色平铺扇面底层叶片，形成一种由下到上渐渐变浅的虚实变化。

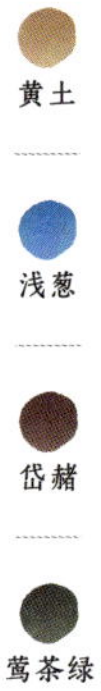

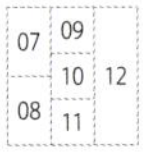

07~08　用勾线笔蘸取黄土色勾勒出细细的叶脉，然后用很浅的浅葱色平涂扇子的折面，在黄色叶片周围的扇面可以增加少许黄土色，丰富扇子折面的颜色。

09~12　用黄土色平铺扇骨，趁湿加浅岱赭色向后晕染渐变，丰富扇骨的颜色变化。接着用小笔蘸取莺茶绿平涂扇骨侧面，用笔尖描绘出扇面的边缘，增强体积感。

红

黄土

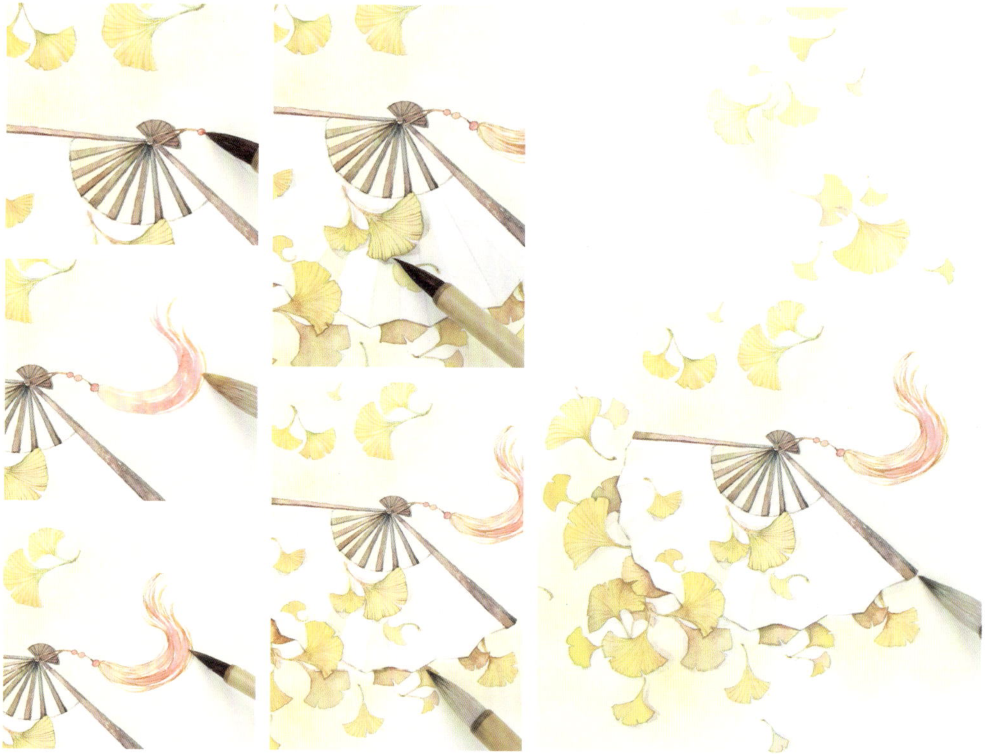

13 16 18
14 17
15

13　用笔尖蘸取黄土色描出穗绳，顺着绳子画出珠子的形状。

14~15　用浅黄土色平涂扇穗，适当留白，表现出透气感。趁湿用浅红色画出穗子暗部和末端的颜色，待底色干后，用小笔蘸取黄土色一根根地描出暗部和末端的穗绳。

16~18　用较浅的黄土色加浅红色调和画出扇面叶子的投影，然后蘸取较深的黄土色画出扇底叶子的投影，这幅作品就完成了。

青青子衿，悠悠我心。

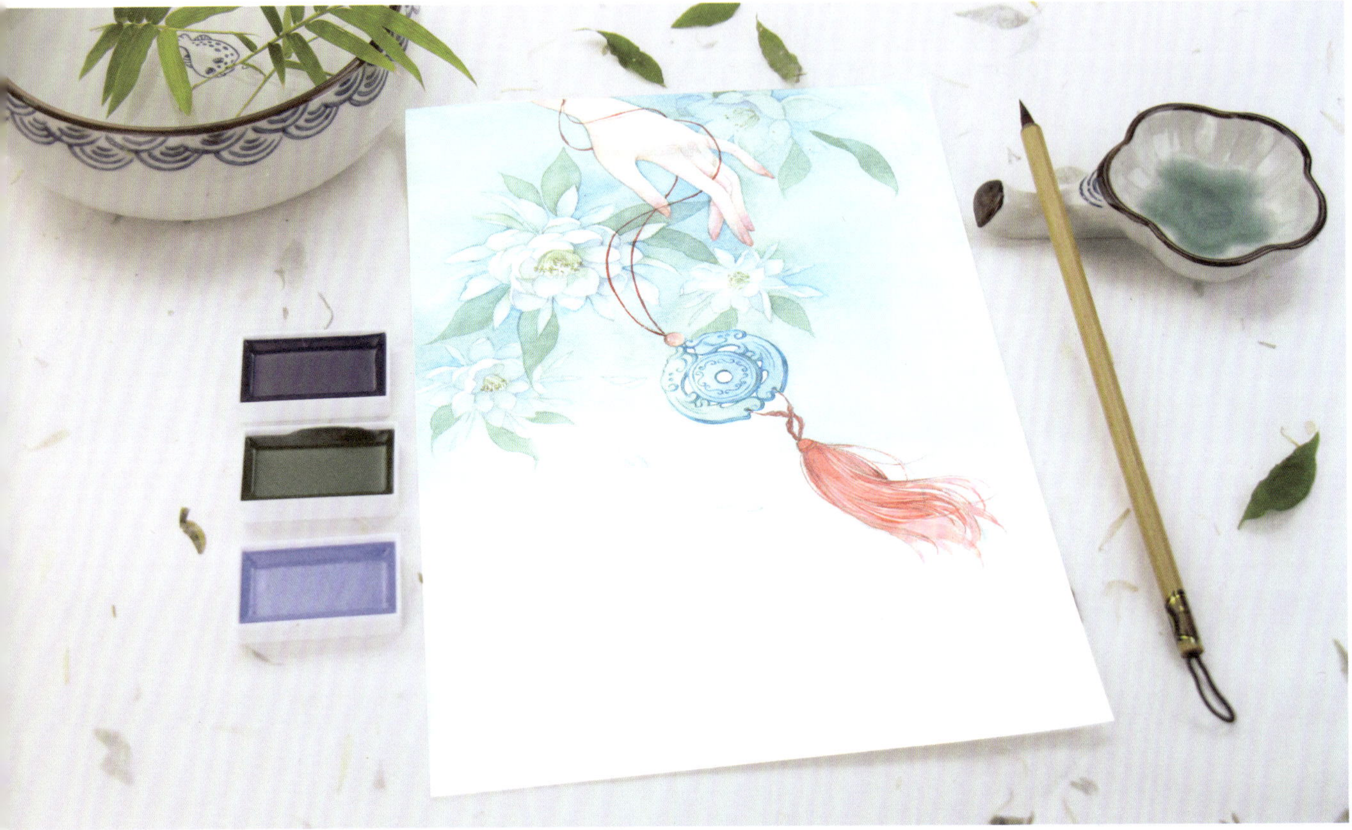

《短歌行》节选　[东汉] 曹操

青青子衿，悠悠我心。
但为君故，沉吟至今。

青草　浅葱　若叶　白群　金黄土　红　群青　辰砂

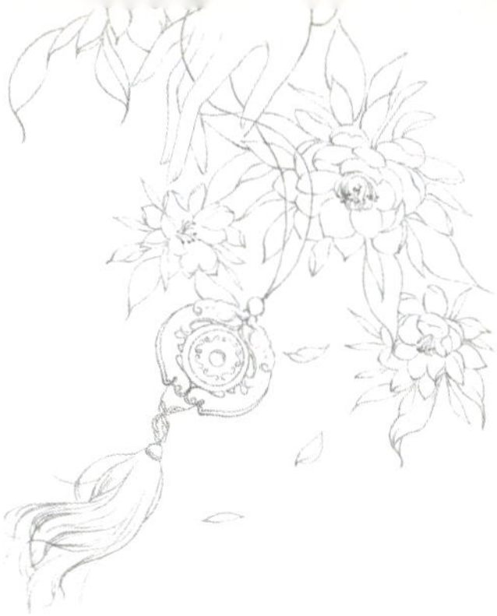

绘前提要

在纯白的花朵围绕下，纤细的手悬挂着玉佩，清丽的画面熔铸在浓郁的抒情意境之中。画面中前后虚实的变化，背景花虚实的处理，手柔美形态的绘制，玉佩细节的处理和穗的质感表现是此幅作品的难点。

扫码看线稿

绘画过程

青草

浅葱

若叶

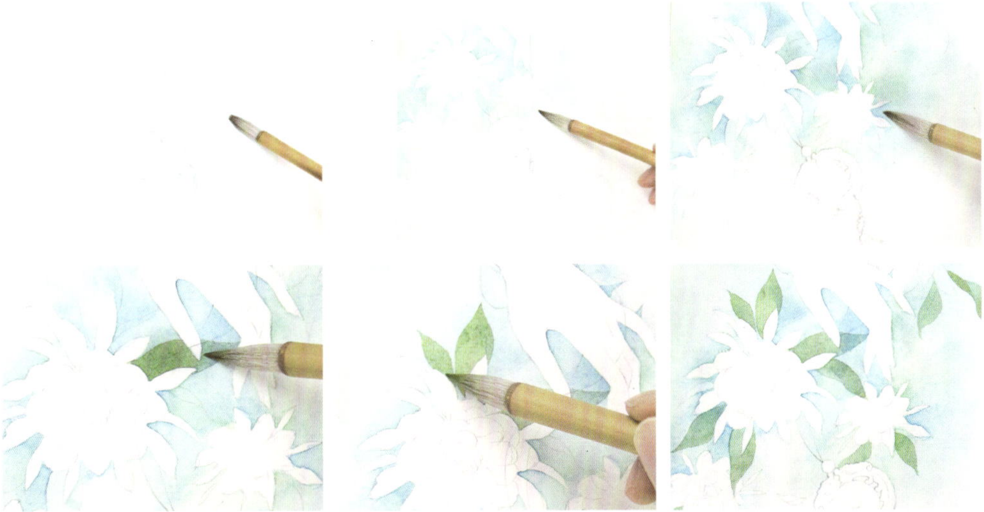

01	02	03
04	05	06

01~03　在线稿内铺一层水，趁湿在背景处点染青草色与浅葱色，围绕主体物的位置加深浅葱色。

04~06　待背景干透后，用深青草色平涂手边的叶片，然后加水调和出较浅的青草色平涂其他叶片。

白群

金黄土

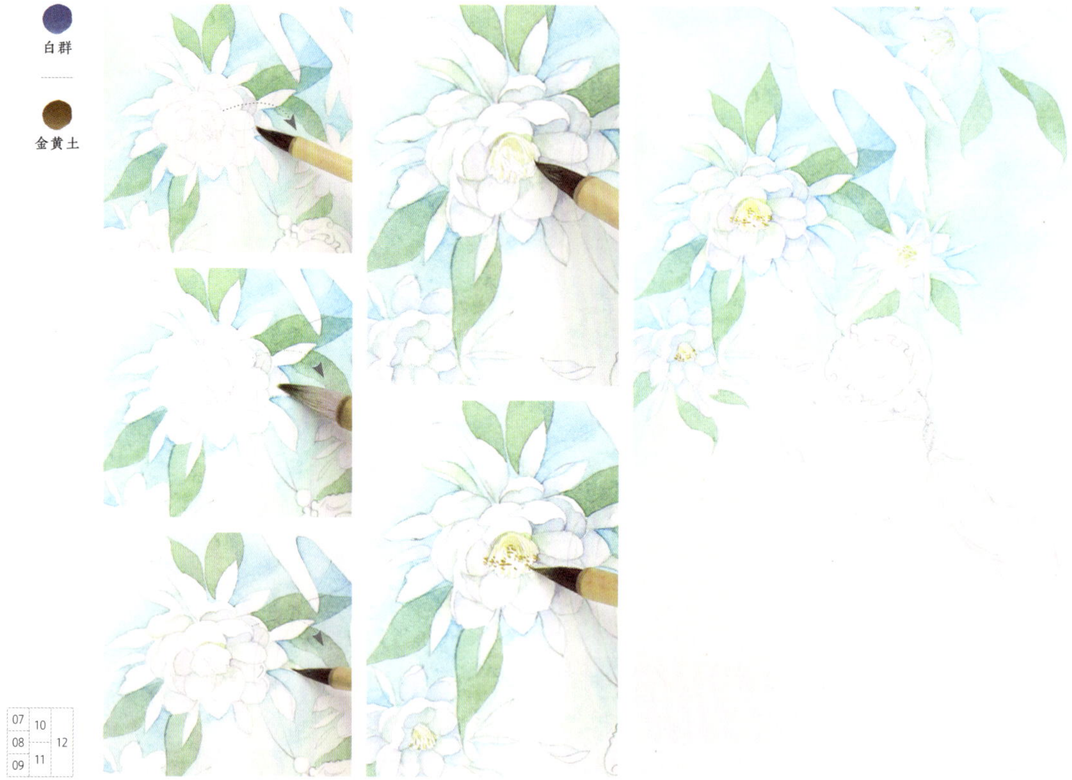

07~09　用浅白群色涂在花瓣内部，然后用清水笔向外晕染渐变。在花朵最外层的花瓣加点金黄土色，表现出枯黄的感觉。

10~12　待花瓣底色干透后，用笔尖蘸取金黄土色描绘出花丝，然后减少水量，调和出更浓郁的金黄土色点出花药。

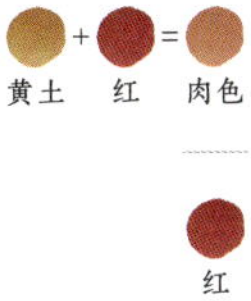

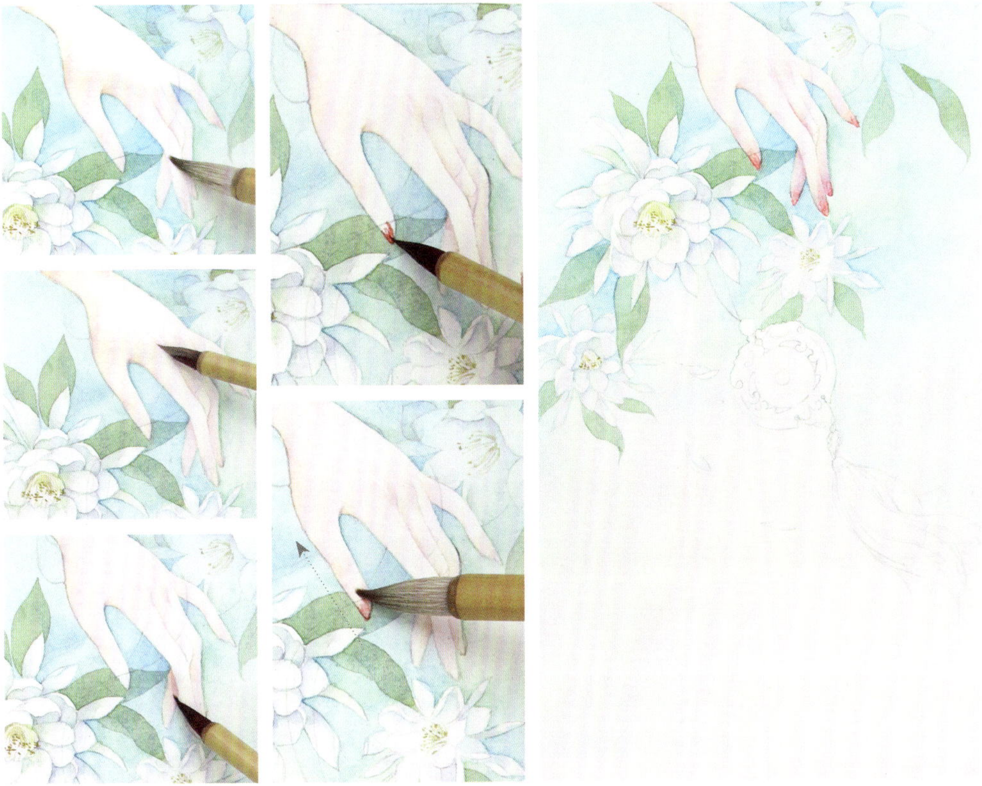

13~15　用肉色涂在手的内部，然后加水调和红色画出手的关节和手部的投影，投影不必画得很强烈，要体现出手部的柔美感。

16~18　待手部底色干后，用笔尖蘸取红色画出指尖的形态，接着用清水笔向上晕染渐变，注意指甲处保留一点高光。

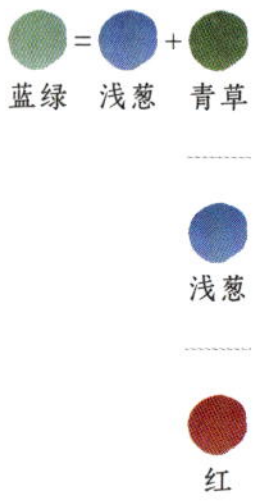

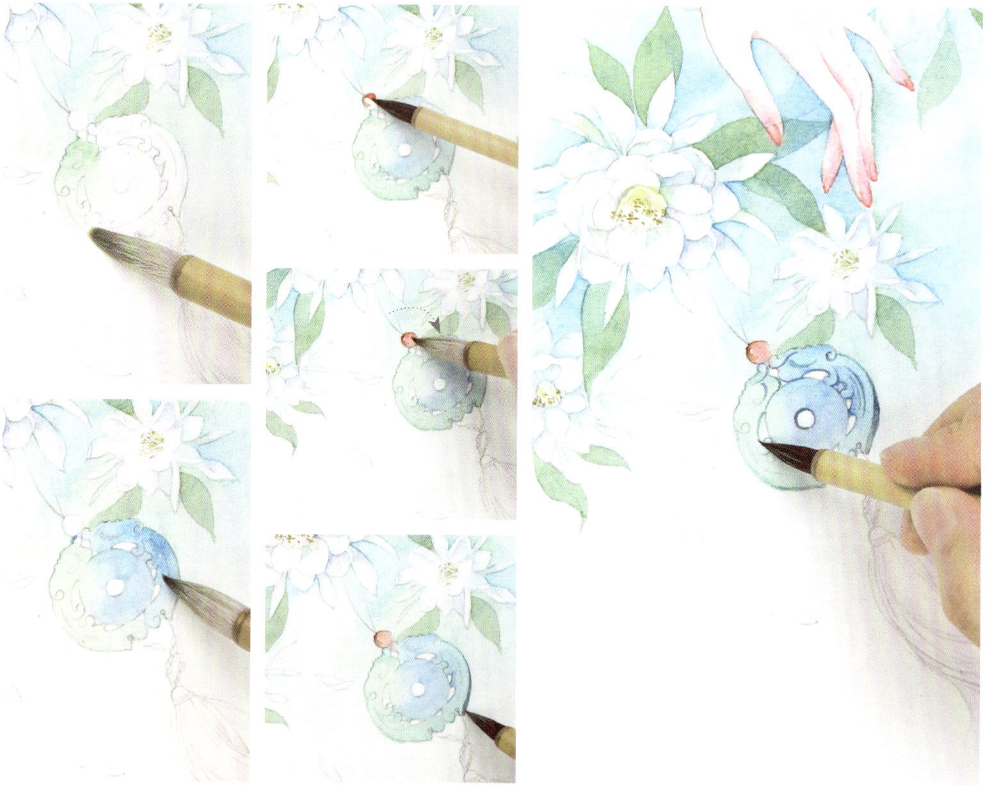

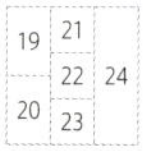

19~20　用蓝绿色涂在玉佩内部，画出一半后趁湿用浅葱色晕染渐变，让玉佩的颜色富有变化。

21~22　用笔尖蘸取红色平涂珠子顶部，然后用清水笔晕染，注意留出高光。

23~24　用笔尖蘸取浓郁的浅葱色刻画玉佩的暗部，增强玉佩的体积感，接着用同样的颜色刻画玉佩上精致的花纹。

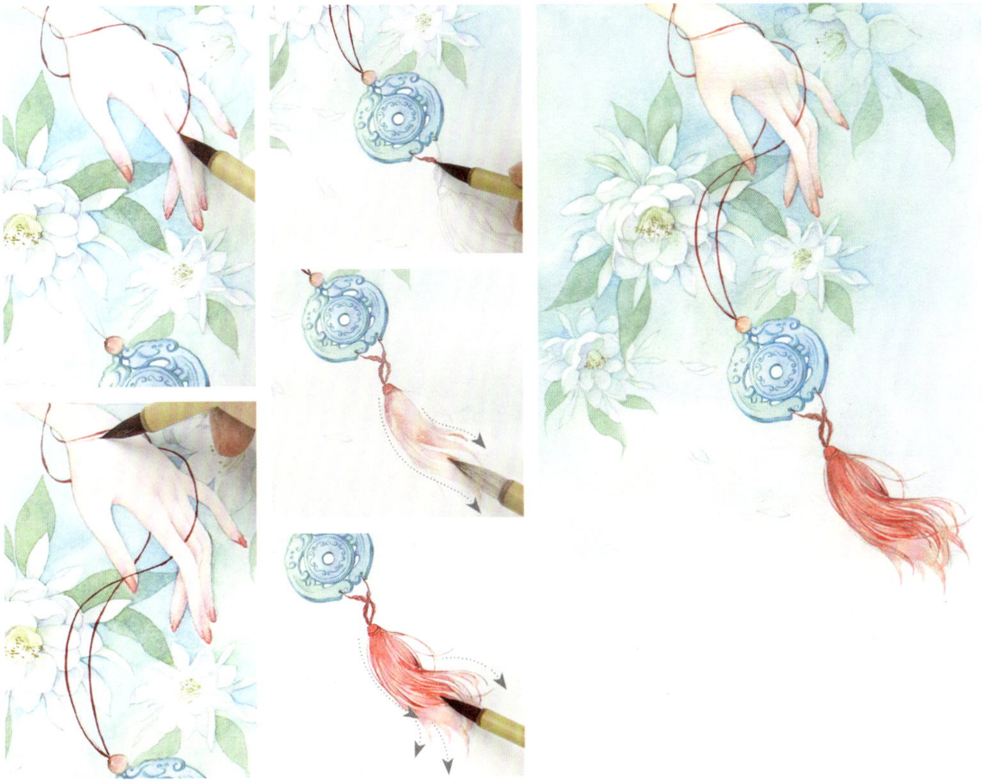

25~26　调和出浓一点的辰砂色，用笔尖蘸取辰砂色勾勒出绳子的形态，待底色干透后，用较淡的辰砂色画出绳子在手部的投影，两边衔接手部的地方要较重一点，中间部分较浅。

27~30　用较浓的辰砂色画出玉佩下方的穗绳，换大笔调出浅一些的红色给穗子铺底，转折处的颜色要稍微深点。最后用小笔蘸取辰砂色慢慢地勾勒出穗绳，这幅画就完成了。

云中谁寄锦书来

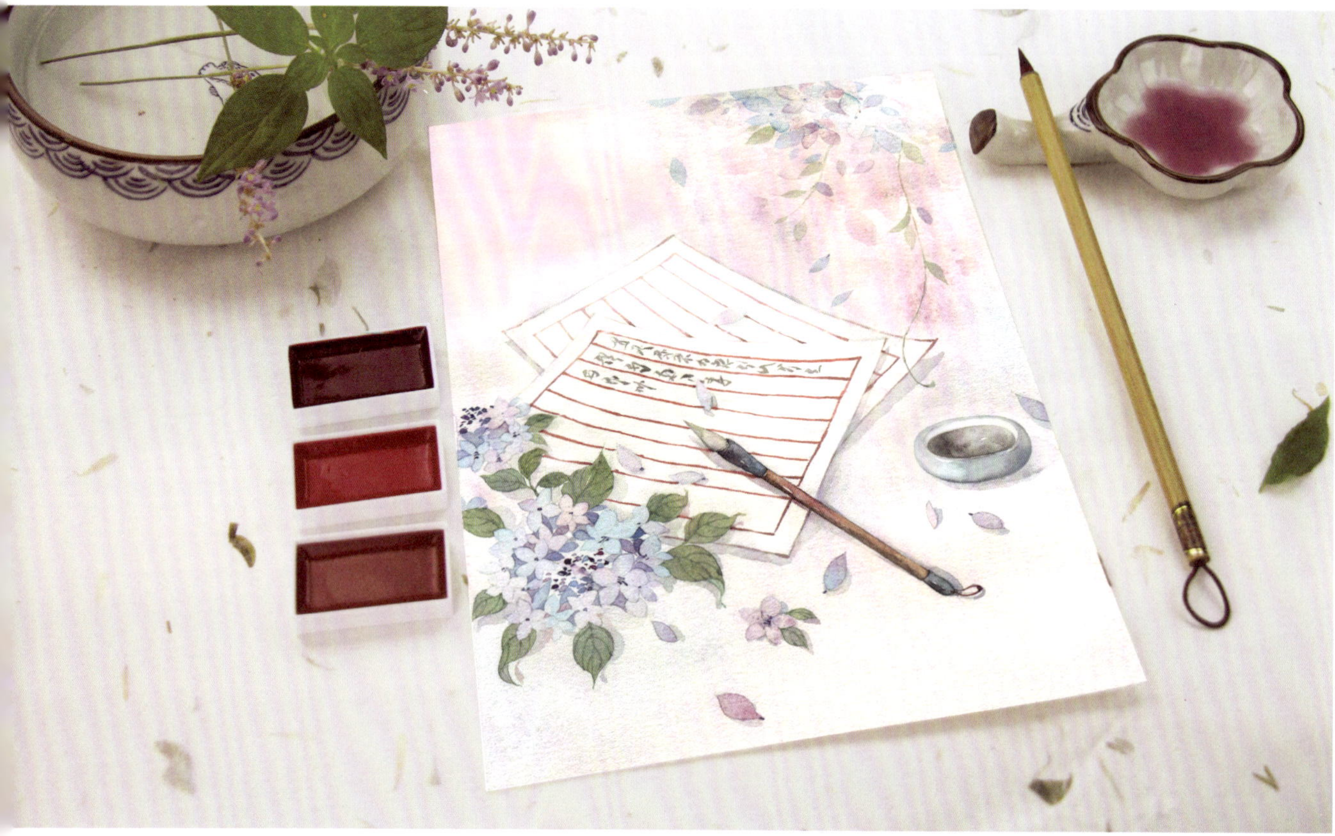

《一剪梅·红藕香残玉簟秋》节选　[宋] 李清照

云中谁寄锦书来，
雁字回时，月满西楼。

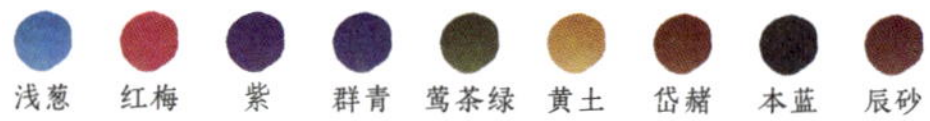

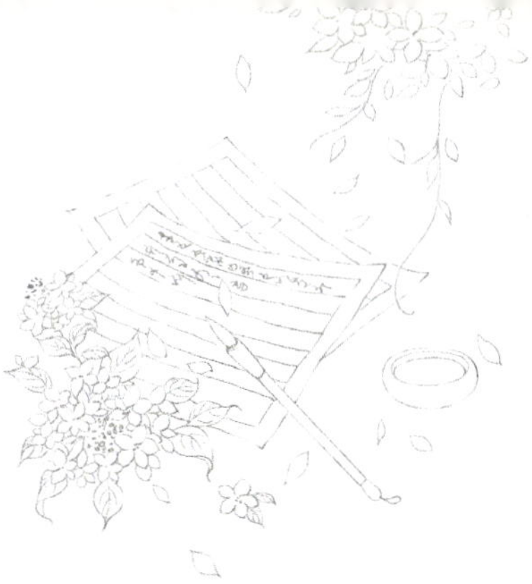

绘前提要

花开花落，不忍离别的深情寄托在散乱的书信中，整幅作品选用信笺、笔、砚台和绣球花作为画面的主体，在清秋季节烘托出词人相思心切的情怀。本幅作品的难点在于对主体物层次感的把握，可循序渐进层层往后描绘。

扫码看线稿

绘画过程

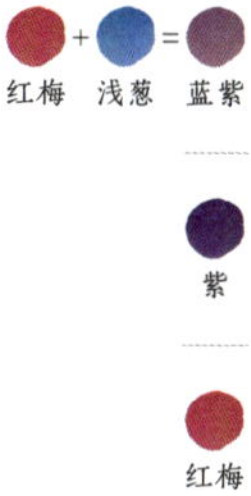

01	02	03
04	05	06

01~02　用清水笔给线稿铺水，趁湿点染蓝紫色，上半部分偏紫下半部分偏蓝，增加颜色的变化。

03~04　背景干透后，调和淡紫色给信纸边的花朵铺底，加少许红梅色调和画出丰富的花朵颜色。

05~06　用同样的方法画出右上角的花丛和散落的花瓣，颜色要稍浅一点，与前面的花束形成对比。

紫

群青

莺茶绿

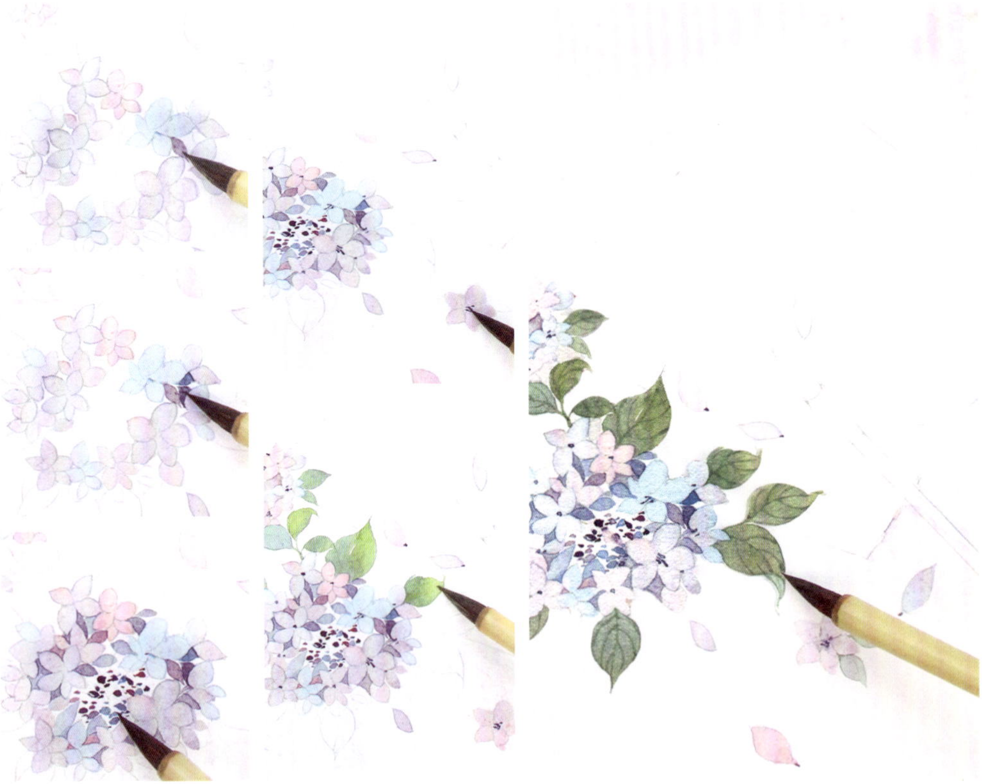

07 08 09 10 11 12

07~10　用紫色和群青色绘制花朵下的重色花瓣，再用笔尖先后蘸取紫色和群青色点缀花朵中心，丰富花朵的层次感。

11~12　接着用莺茶绿平铺叶片，趁湿加点浅群青色晕染，待叶片底色干后，用勾线笔蘸取较浓的莺茶绿色勾勒出叶脉。

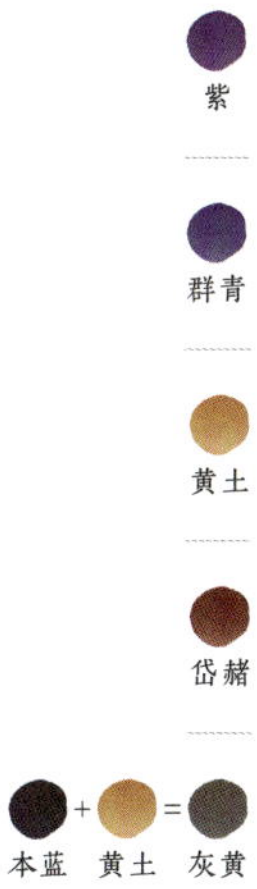

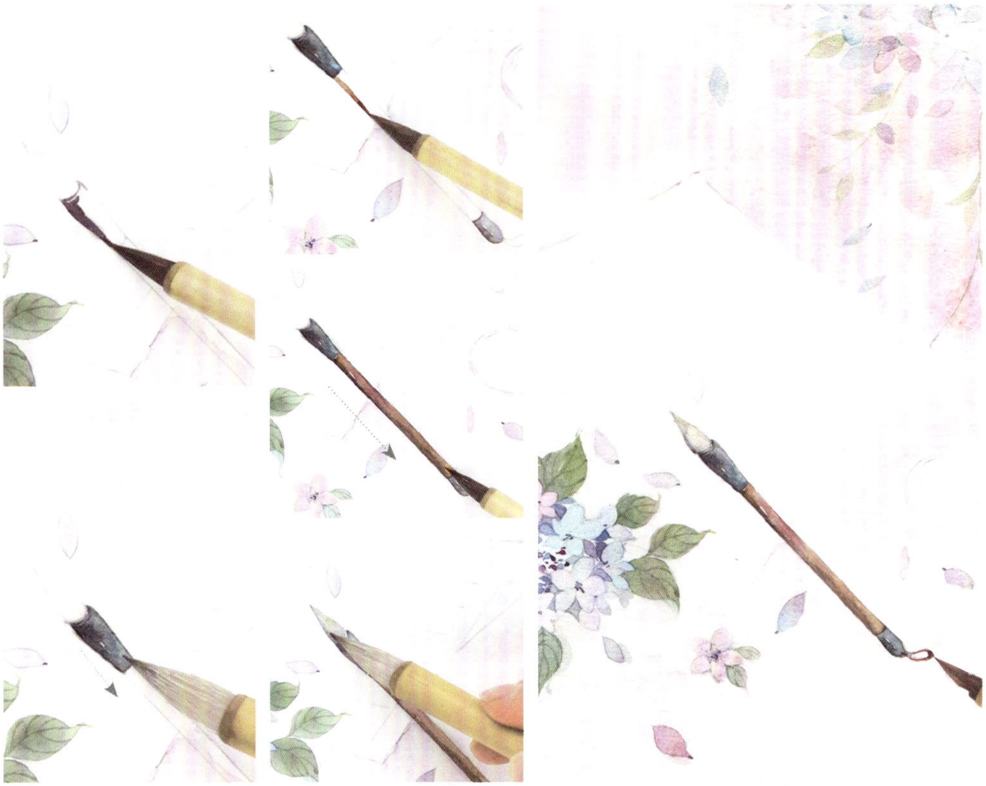

13~16　用紫色涂在笔杆深色部分，趁湿加入群青色晕染渐变。接着用黄土色绘制笔杆中段，趁湿加入岱赭色，自然晕染出笔杆的颜色。

17~18　接着调和少许灰黄色平涂笔头，注意颜色由深到浅的变化。然后用笔尖蘸取岱赭色勾勒出笔尾绳子的形状。

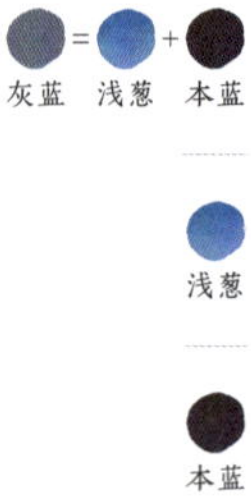

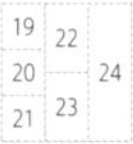

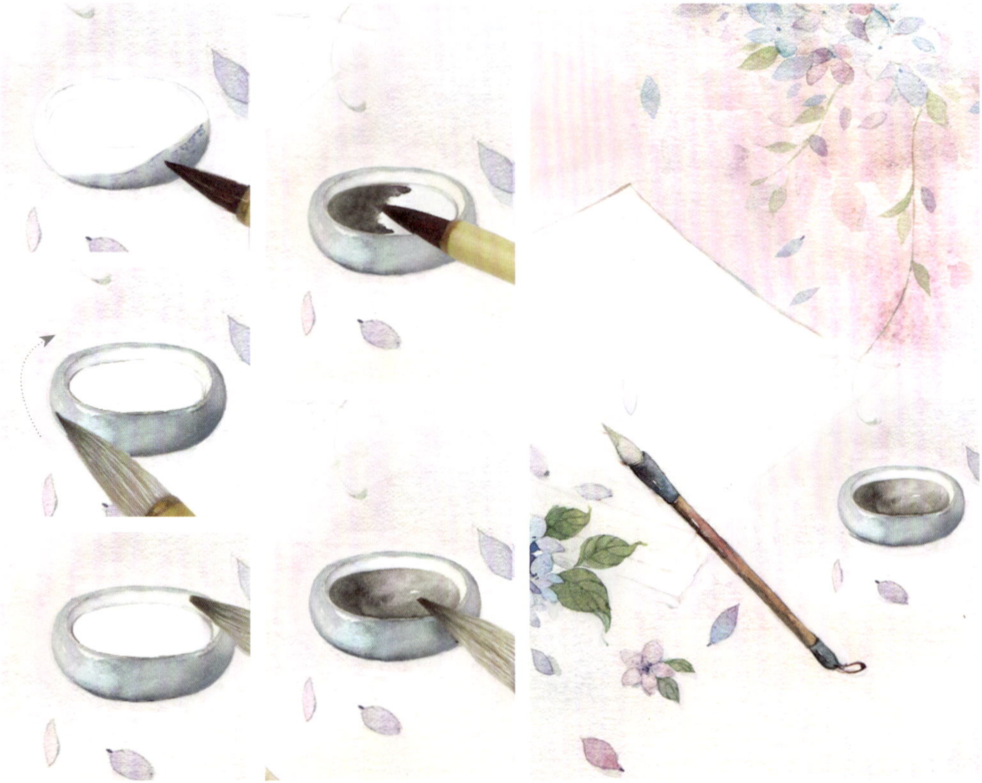

19~21　用浅灰蓝色涂在砚台外层，趁湿加水调和很淡的浅葱色向内晕染渐变。在底色晕染完毕后，用很淡的浅葱色铺设砚台内部的颜色。

22~24　待砚台底色干后，用深本蓝色平涂在砚台里面，并用清水笔晕染渐变。

紫

辰砂

本蓝

群青

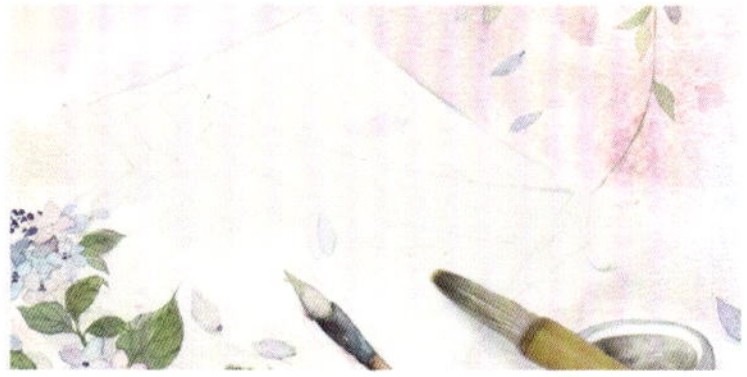

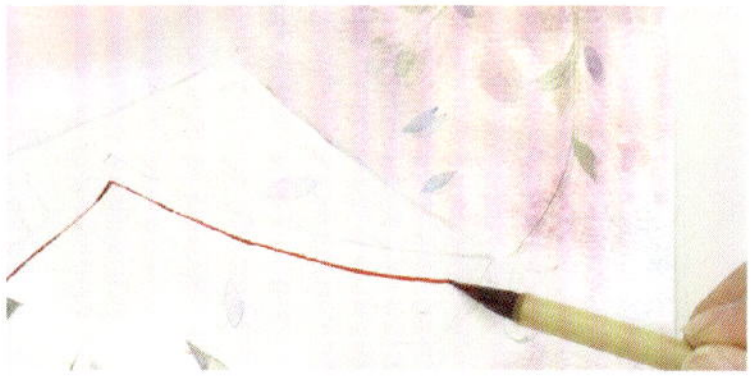

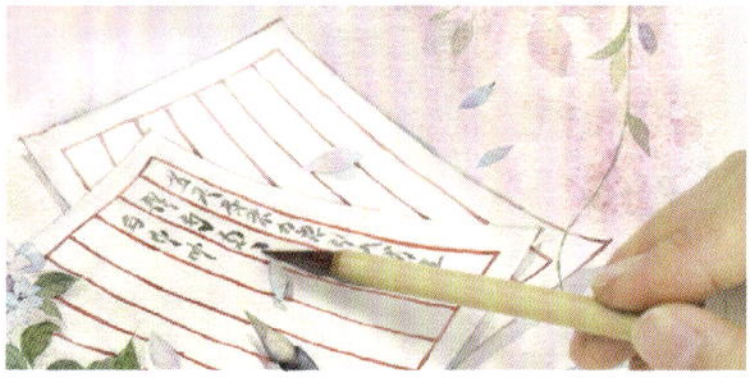

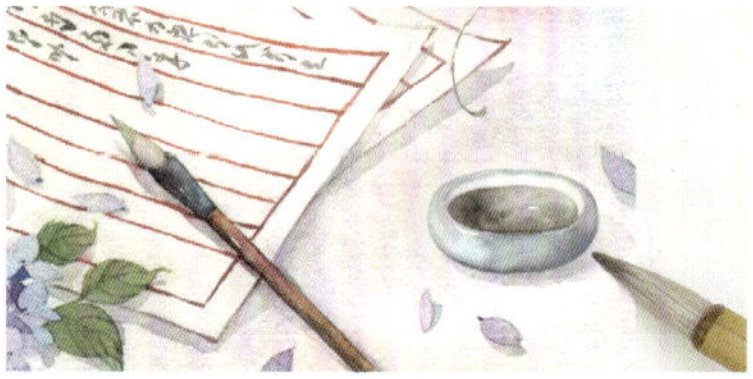

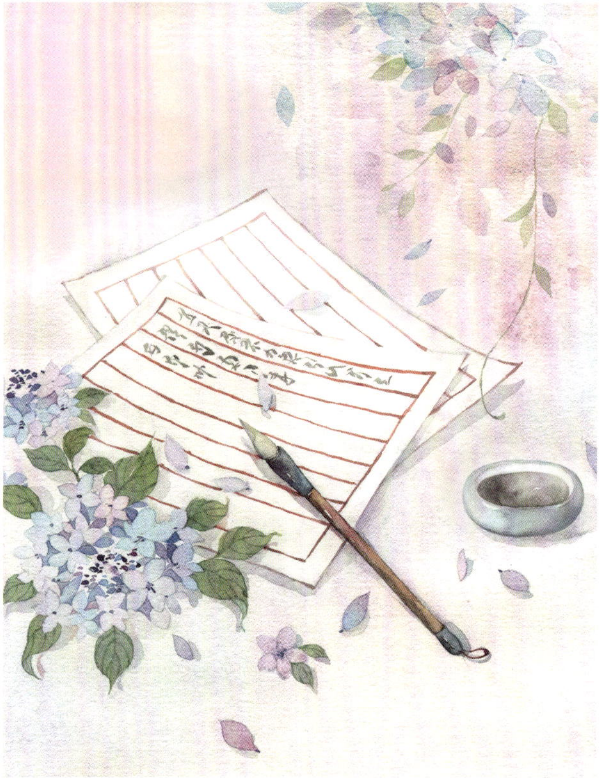

25 26 27 28 29

25~27　蘸取一点点紫色调和大量的水平涂在纸张内部，等底色干透后，用笔尖蘸取辰砂色细细地描出纸张上的边线。接着用本蓝色随意地写出纸上的字。

28~29　用大笔加水调和群青色，顺着纸张方向画出浅浅的投影，靠近物体的地方可以稍微深一点，接着完善画面中所有物体的投影，这样一幅画就完成了。

玉钗落处无声腻。

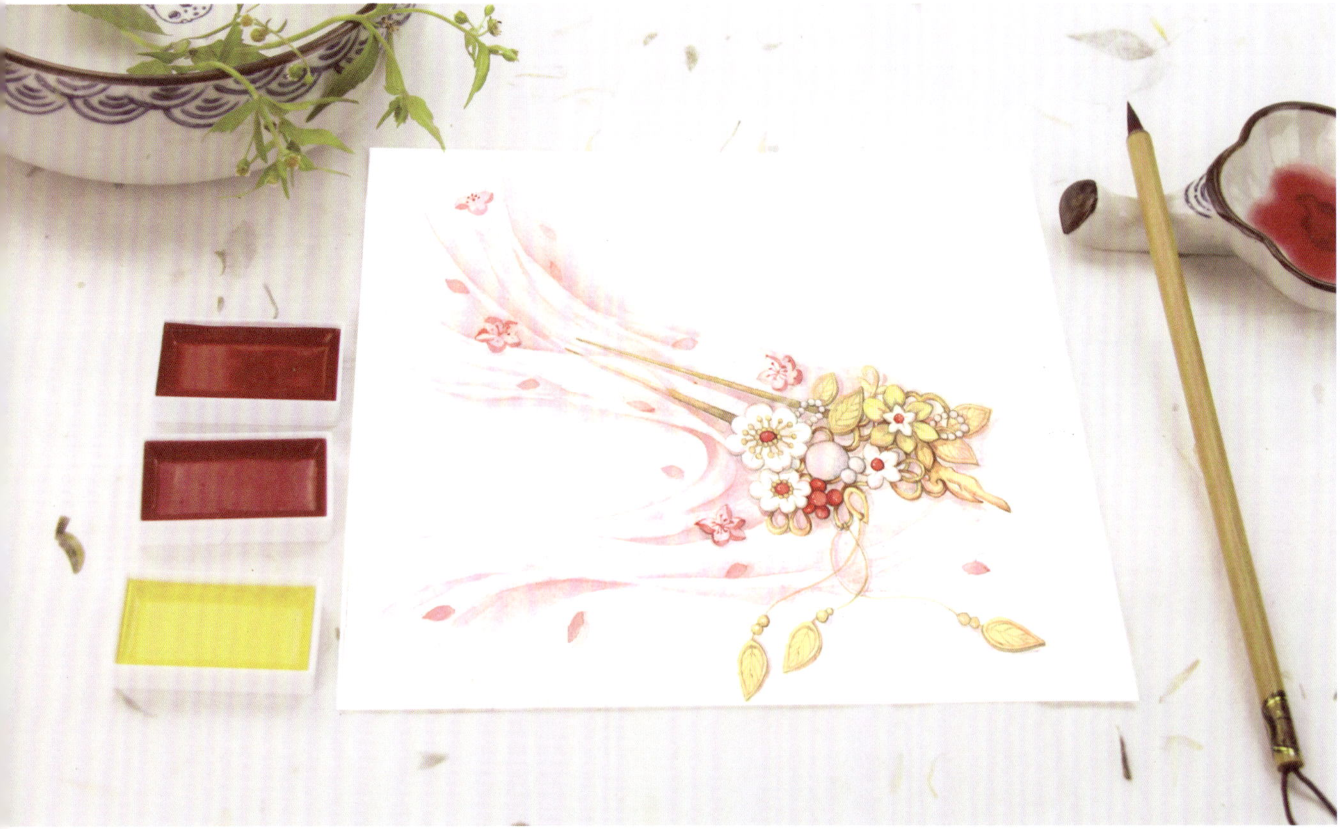

《美人梳头歌》节选　［唐］李贺

双鸾开镜秋水光，解鬟临镜立象床。
一编香丝云撒地，玉钗落处无声腻。

红　鲜光黄　黄土　莺茶绿　浅葱　红梅

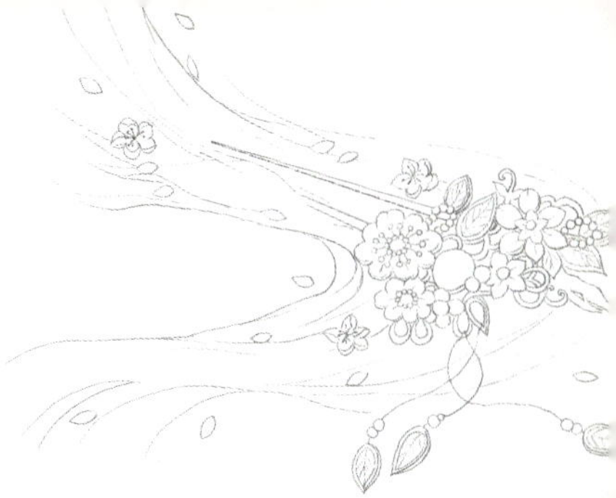

绘前提要

此诗描绘的是一位美丽的女子在梳头的情景，选取其中发钗的元素来表现出诗中的氛围。发钗清透华贵的质感的表现是此次绘制的重点，纱质的轻柔与飘落的花瓣和发钗融为一体。

扫码看线稿

绘画过程

红

黄土 + 鲜光黄 = 橙黄

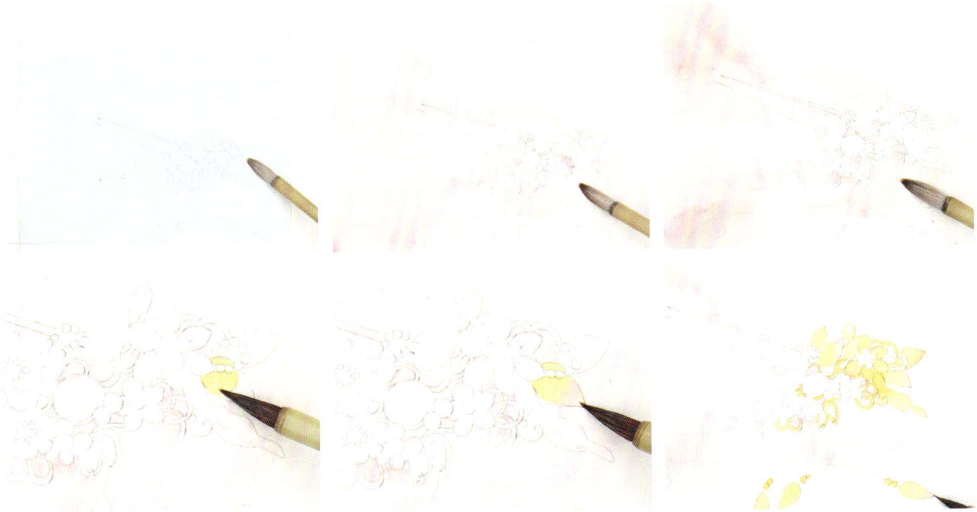

01 02 03
04 05 06

01~03　在线稿内铺一层水，接着在背景纱布范围点染浅红色，注意错开发钗的位置。

04~06　等待背景干透后，用橙黄色平涂发钗叶片，趁湿在叶尖加少许红色晕染，接着完善钗头金色的部分。

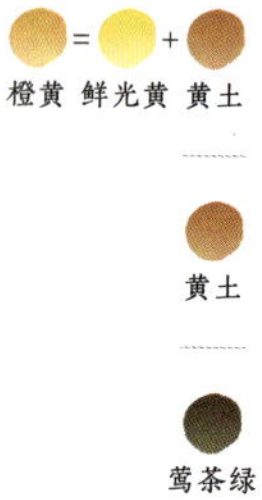

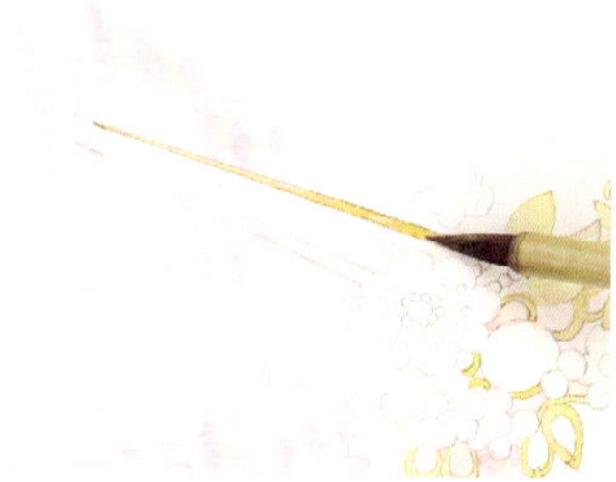

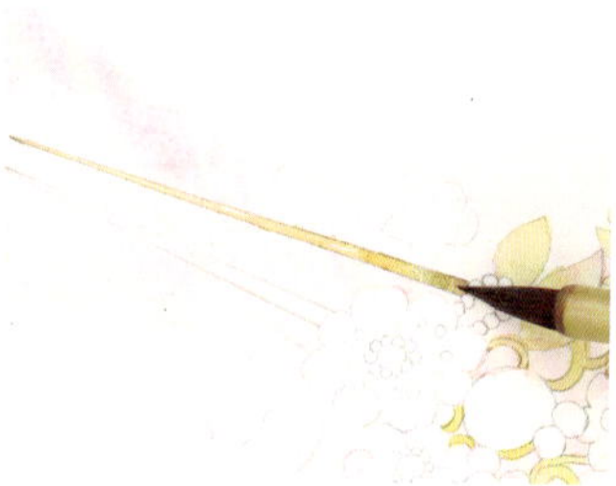

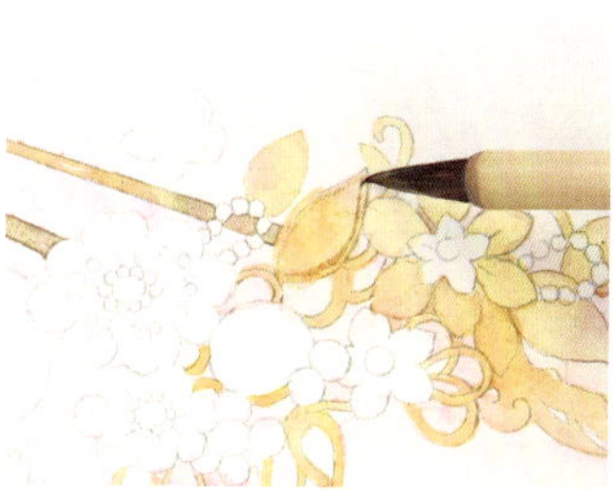

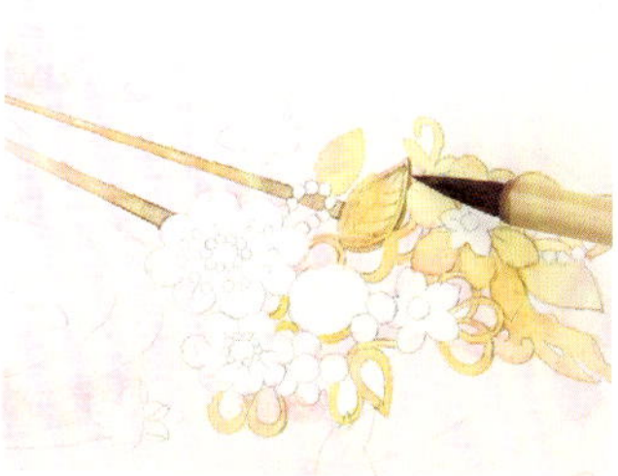

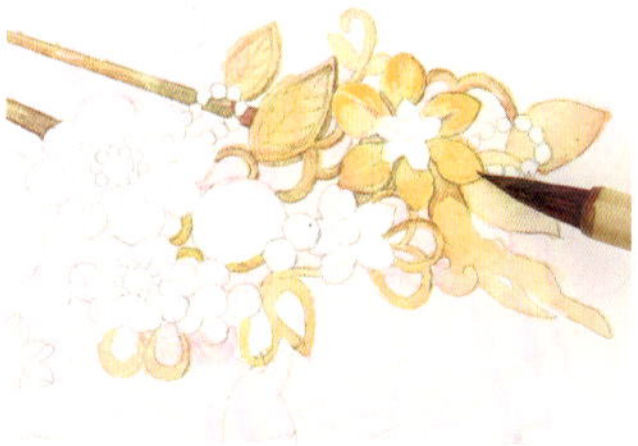

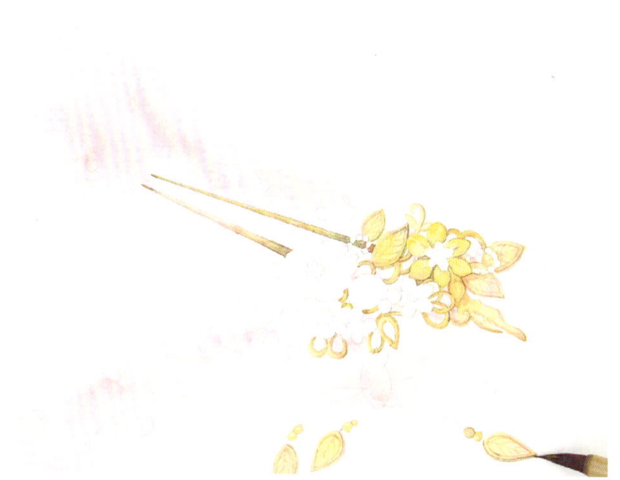

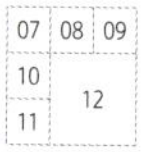

07~08　用橙黄色描绘钗杆，在钗杆根部加少许黄土色，让发钗的颜色丰富起来。

09~12　用笔尖蘸取黄土色描绘发钗叶片的细节，接着加入一点莺茶绿色调和画出叶片的厚度，然后用较浓的黄土色画出各个部分的投影。用同样的方法继续绘制其他的发钗细节。

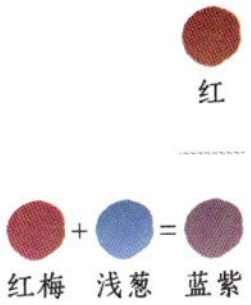

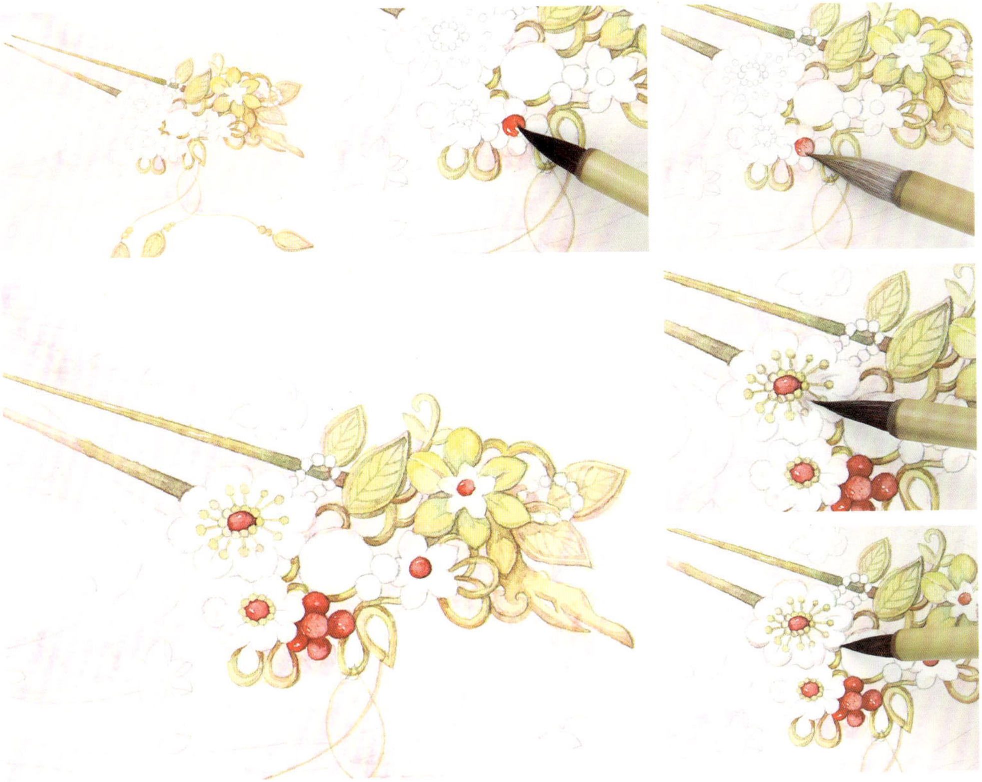

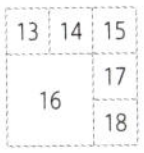

13~16　发钗主要部分绘制完后，用红色画出钗头上的宝石，高光留白，暗部用清水笔晕染，体现宝石的剔透感。

17~18　待所有红色珠子画完后，用笔尖蘸取浅蓝紫色沿着白色花朵的边缘画出投影和厚度。

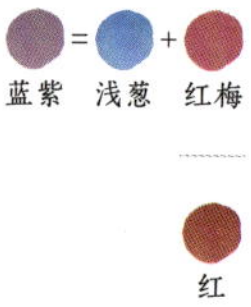

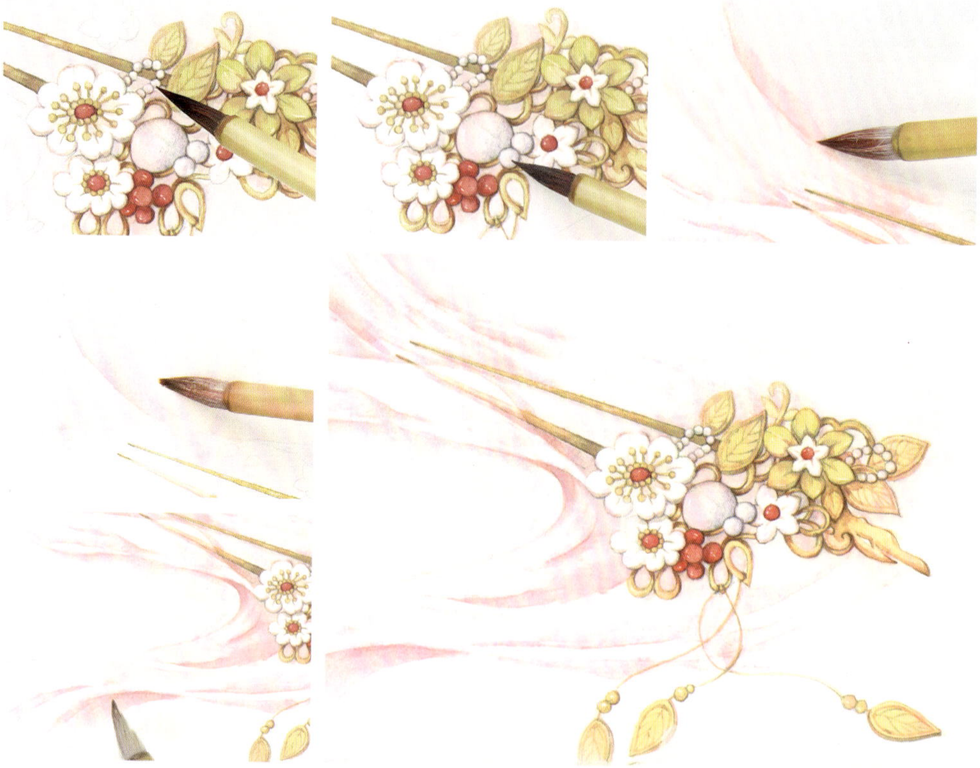

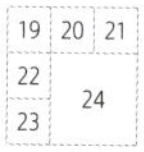

19~20　用浅蓝紫色铺在白色珠子的暗部上，并用清水笔晕染，增加珠子的体积感。

21~24　待发钗画完后，用大笔加水调和红色开始铺设左上角纱的暗部，用清水笔晕染出自然的渐变，突出纱的质感。接着用同样的方法完善其他部分的纱布。

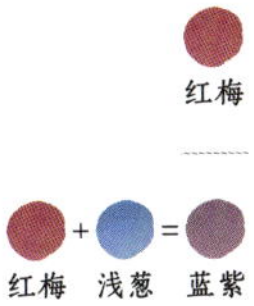

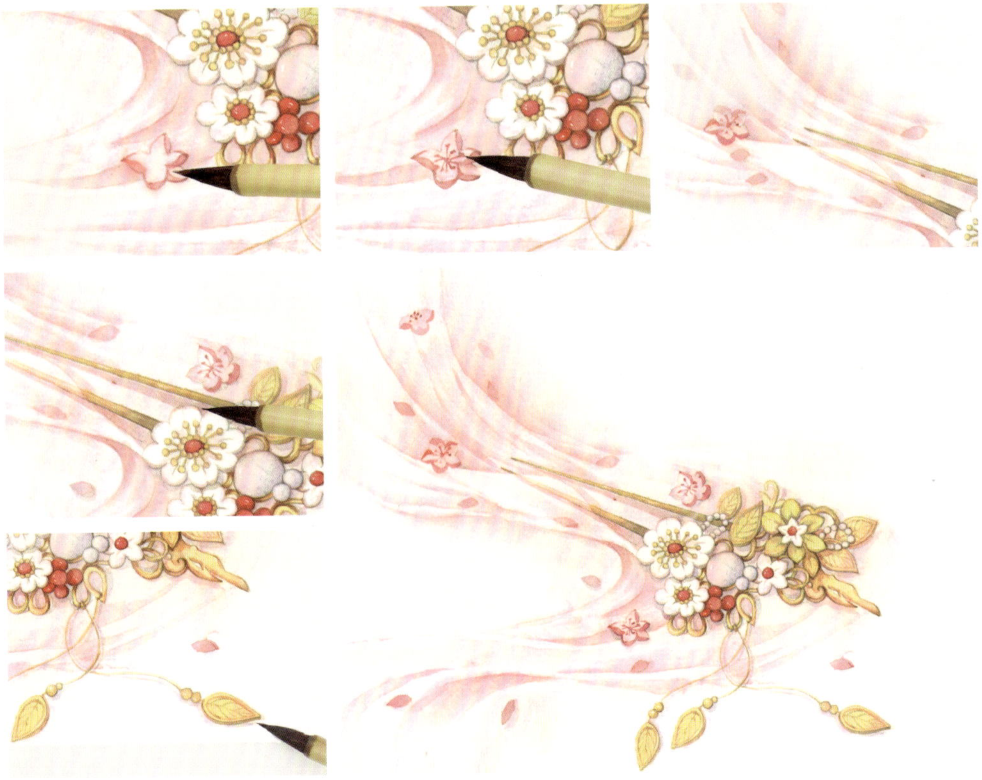

25	26	27
28	30	
29		

25~27　用浅红梅色平涂花朵花瓣，待底色干后，用笔尖蘸取深红梅色勾勒出花丝和花药，接着画完画面中的花朵和散落的花瓣。

28~30　最后用笔加水调和蓝紫色，沿着发钗画出投影暗部，这幅画便完成了。

小山重叠金明灭。

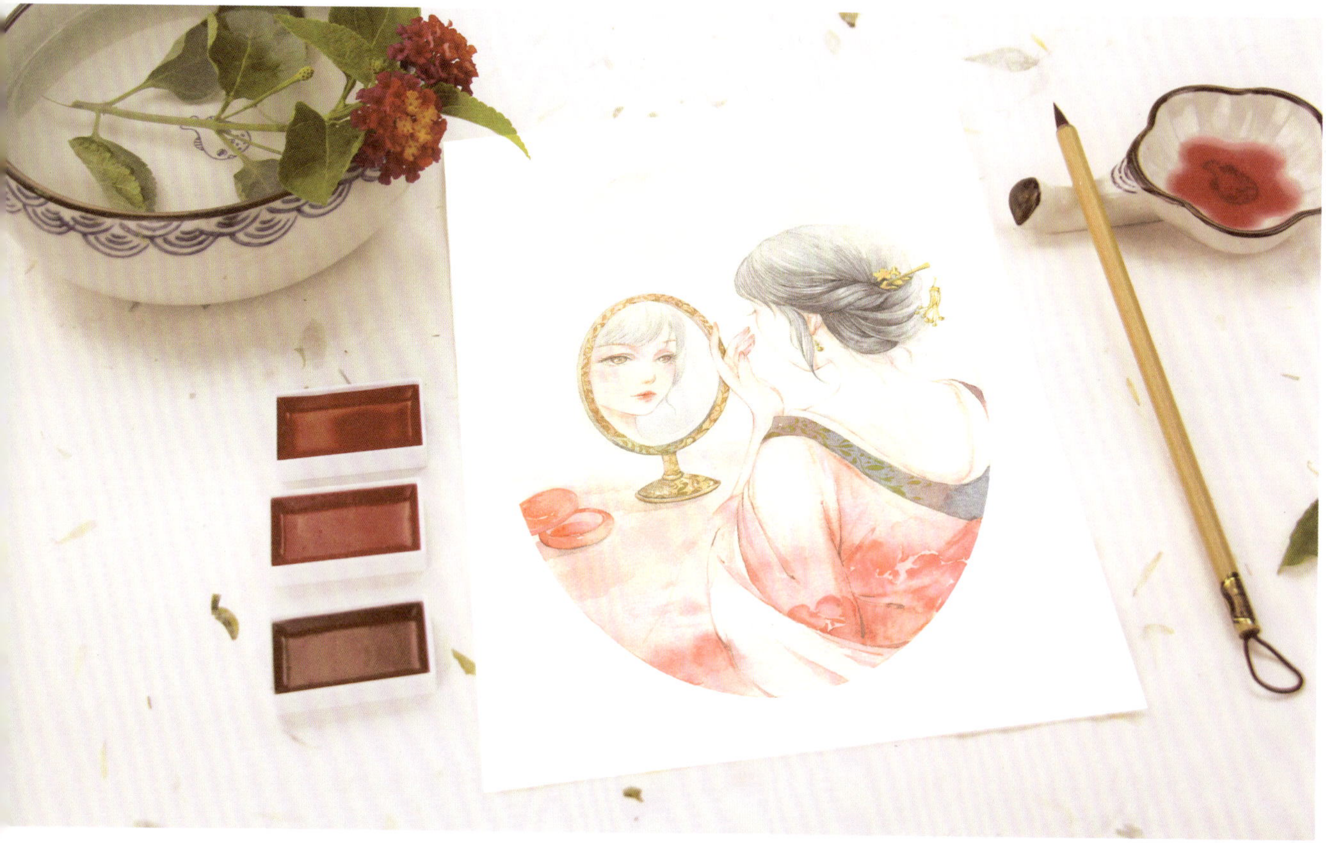

《菩萨蛮·小山重叠金明灭》节选　[唐] 温庭筠

小山重叠金明灭，鬓云欲度香腮雪。
懒起画蛾眉，弄妆梳洗迟。

红　黄土　本蓝　白群　莺茶绿　辰砂　群绿

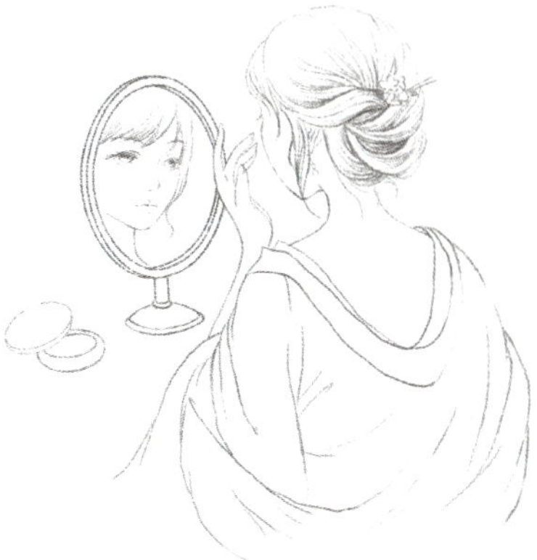

扫码看线稿

绘前提要

梳妆台前，一方葵形铜镜衬映出女子的倒影， 镜中人儿妍丽无比，长发轻挽，一支金银花簪在她发间穿梭。整幅画中人物的动态处理和镜子部分细节处理是难点，镜中人物的神情在画面中是一个点睛之笔。

绘画过程

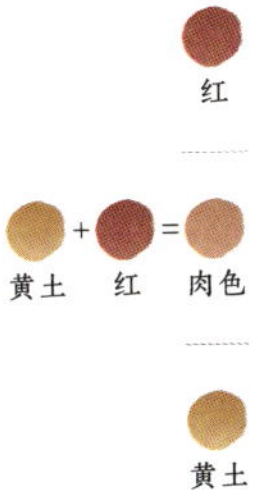

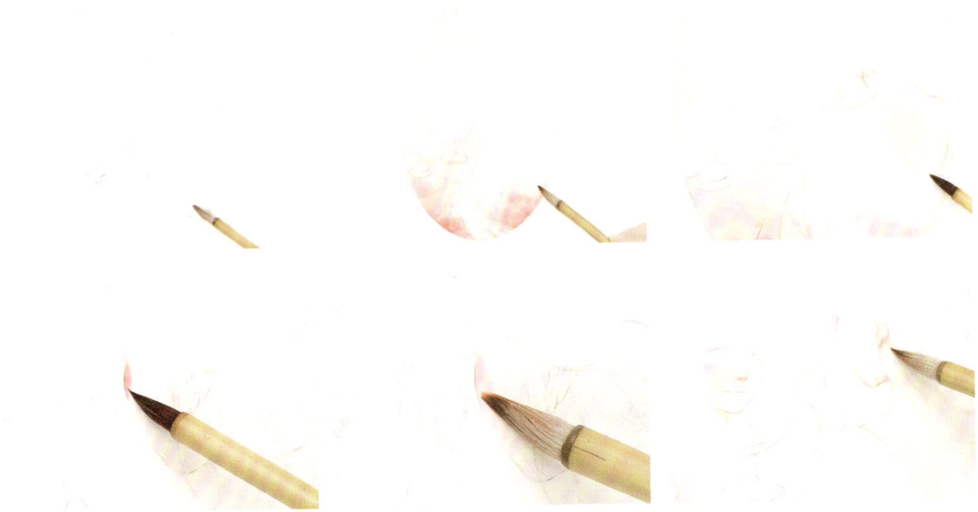

01	02	03
04	05	06

01~03 加水调和好红色，然后在线稿内铺水，趁湿在背景上点染红色，用少许肉色铺背部的颜色。

04~06 背景干透后，蘸取红色点染脸颊、眼睛部位，并用清水笔晕染，然后用黄土色刻画暗部投影。

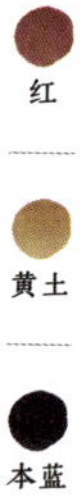

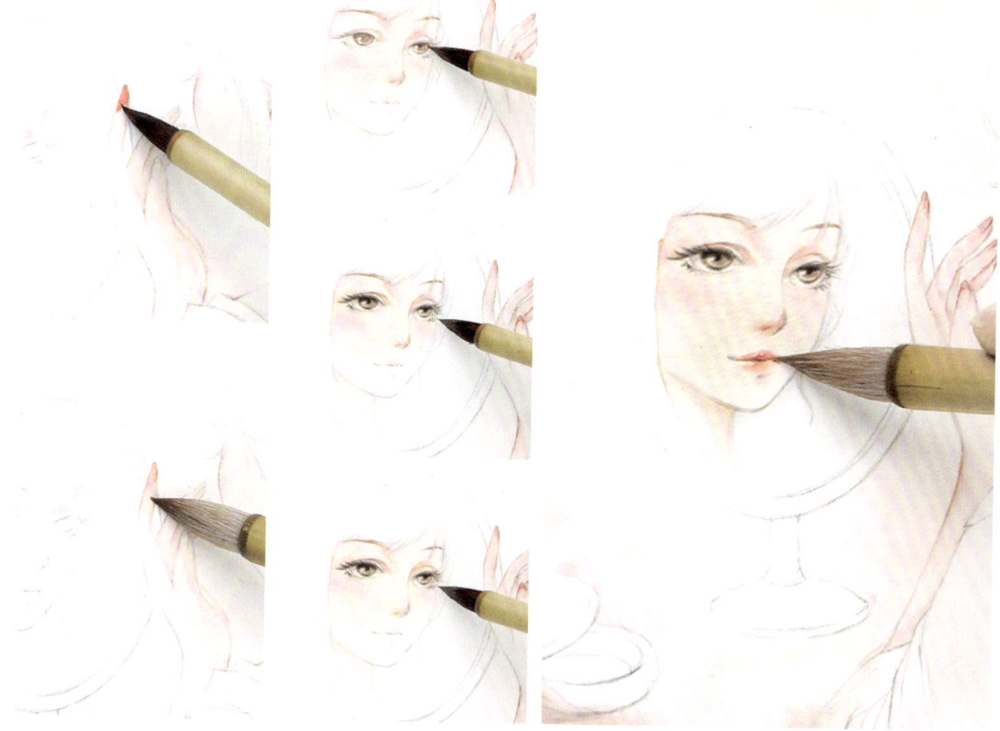

07~08　用红色描出指尖，并用清水笔衔接颜色边缘，晕染出自然的渐变。

09~11　用笔尖蘸取黄土色描绘出眉毛和眼睛的颜色，留出高光，接着用浅黄土色画出眼白的部分，等底色干后，用本蓝色画出瞳孔，然后勾勒出眼线和睫毛。

12　用红色画出唇部的细节，加深唇线的颜色，留出高光，使人物更加生动。

本蓝

黄土

白群

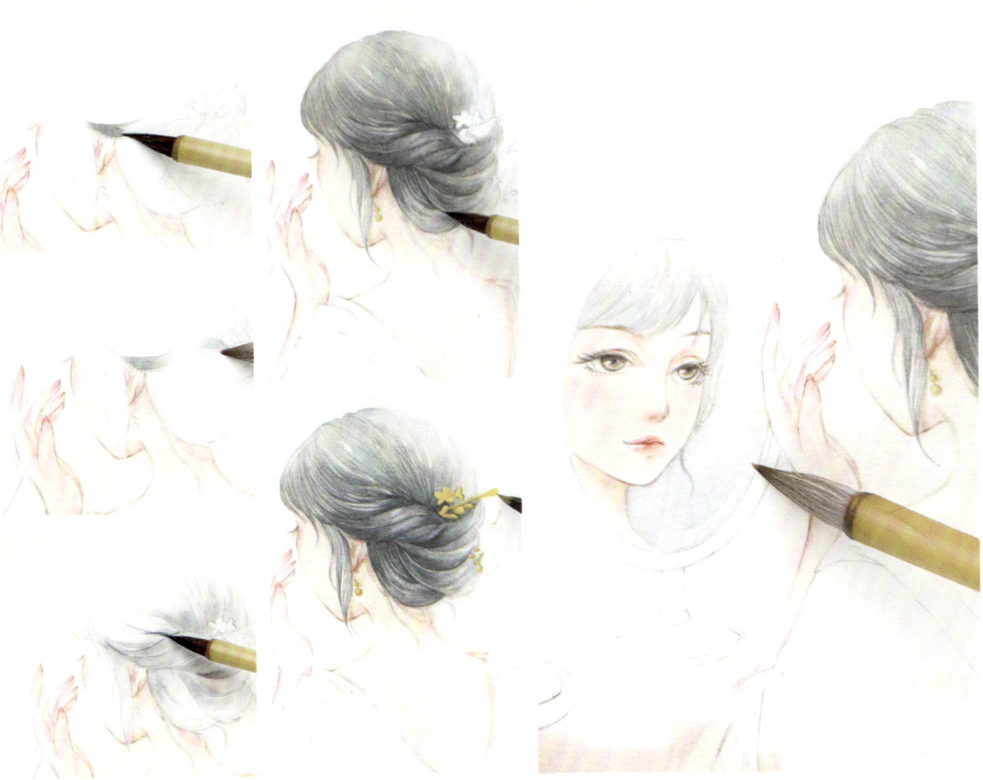

13 16 14 18 15 17

13~16 用浅本蓝色涂在头发上作为底色，用清水笔晕染渐变，头发转折处颜色略深些。待底色干透后，用小点的笔开始勾勒发丝，盘起的头发部分颜色加深，线条细致一点。

17 头发画完之后，用浅黄土色画出发簪底色，接着用浓郁的黄土色加深发簪的阴影。

18 用浅白群色平铺镜面的颜色，在镜面下方留出反光。

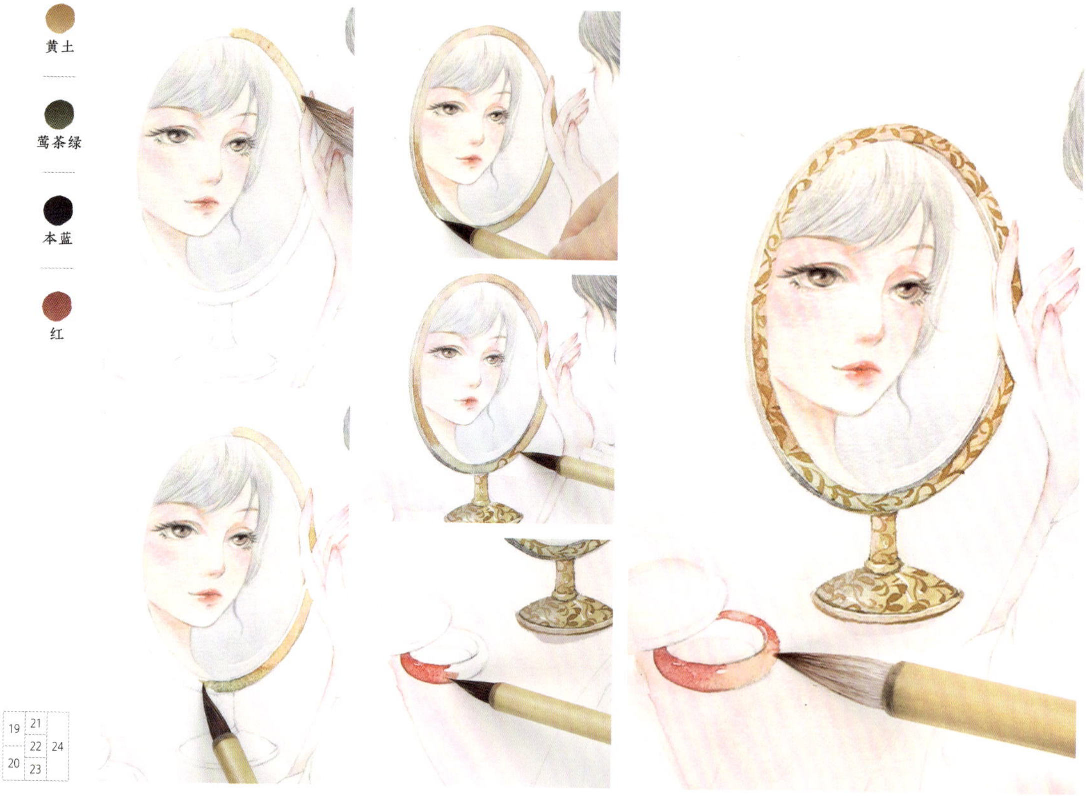

19~22　用黄土色涂出镜框的底色，加少许莺茶绿向内晕染渐变。然后用本蓝色画出镜框的厚度，待底色干后，蘸取较深的黄土色勾勒花纹细节。

23~24　用红色来绘制胭脂盒，并用笔加少许黄土色晕染出自然的渐变。

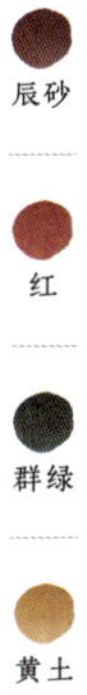

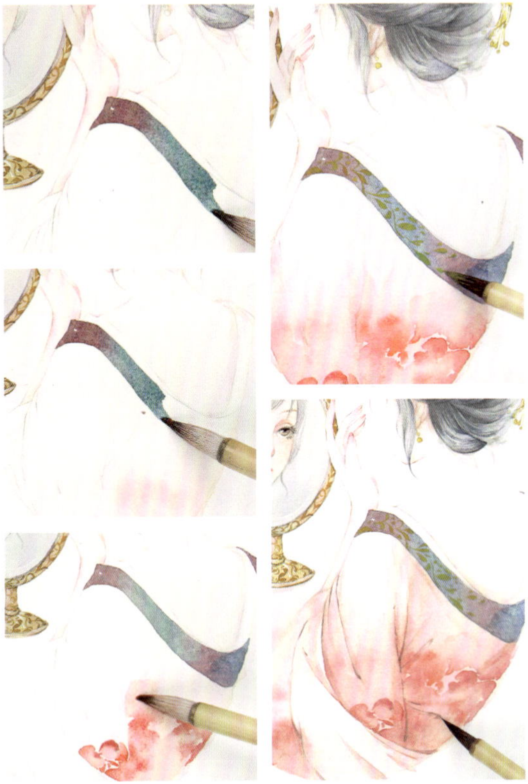

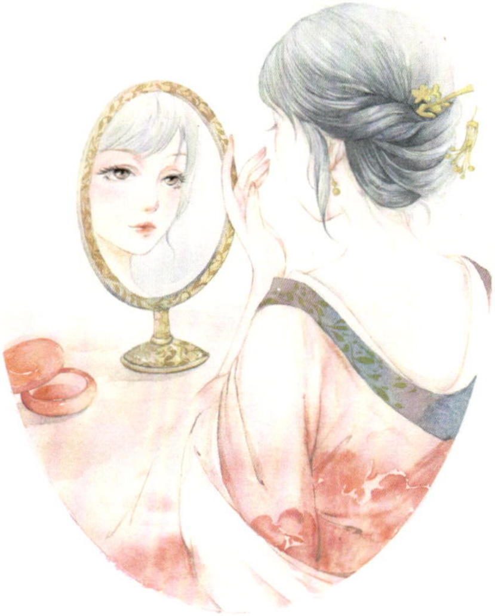

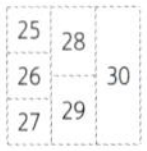

25~27 用辰砂色涂在衣领内部，趁湿加入群绿色晕染渐变，接着用红色在衣服上点染出花朵的形状。

28~29 待衣服底色干后，用笔尖蘸取黄土色描绘出衣领上的花纹。然后用勾线笔蘸取较浓的辰砂色勾勒出衣服的褶皱，增强体积感。

30 加水调和辰砂色铺出物体的投影，最后蘸取浅辰砂色淡淡地画出台面，这幅画便完成了。

约客

南宋·赵师秀

黄梅时节家家雨。青草池塘处处蛙。有约不来过夜半。闲敲棋子落灯花。

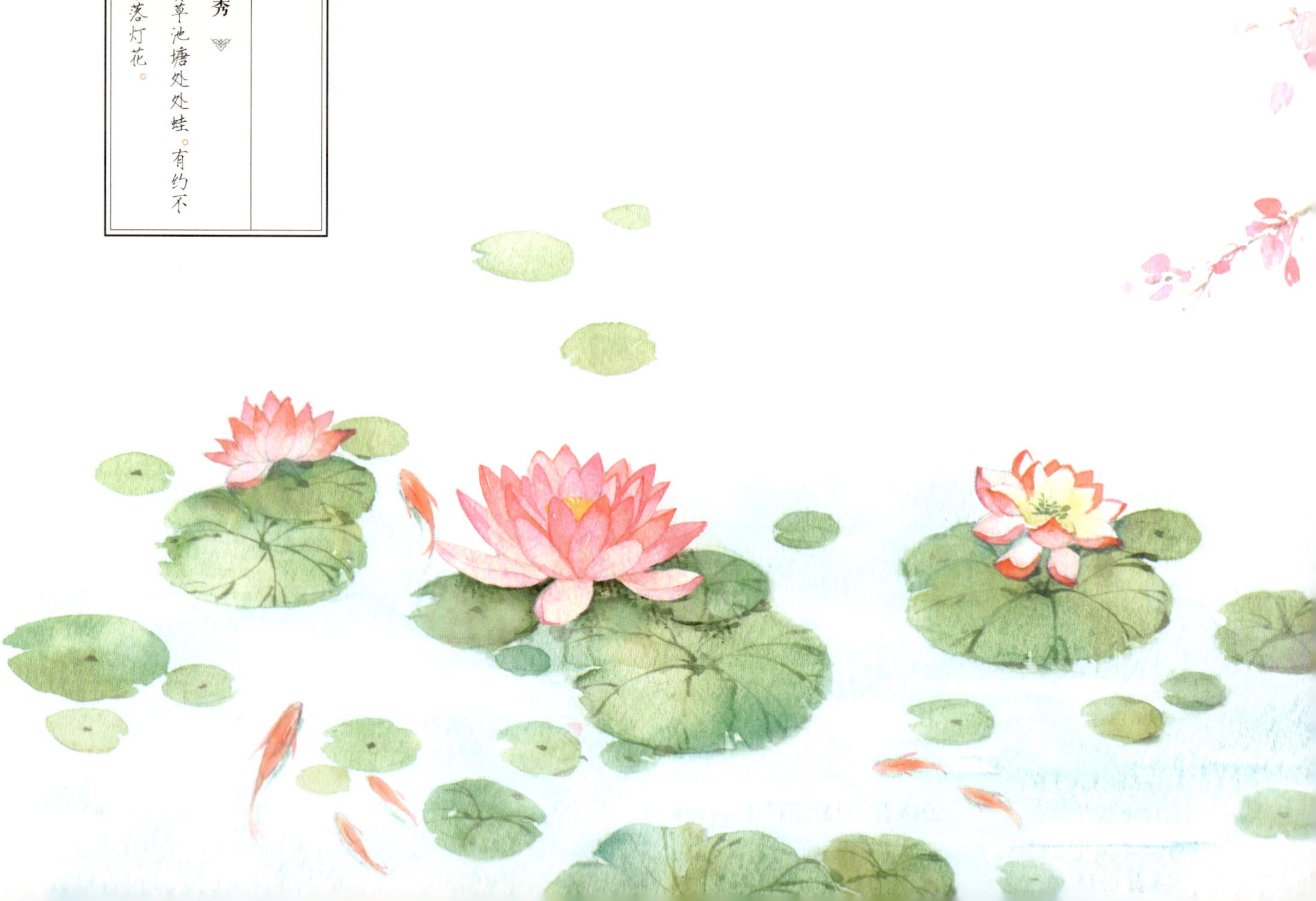

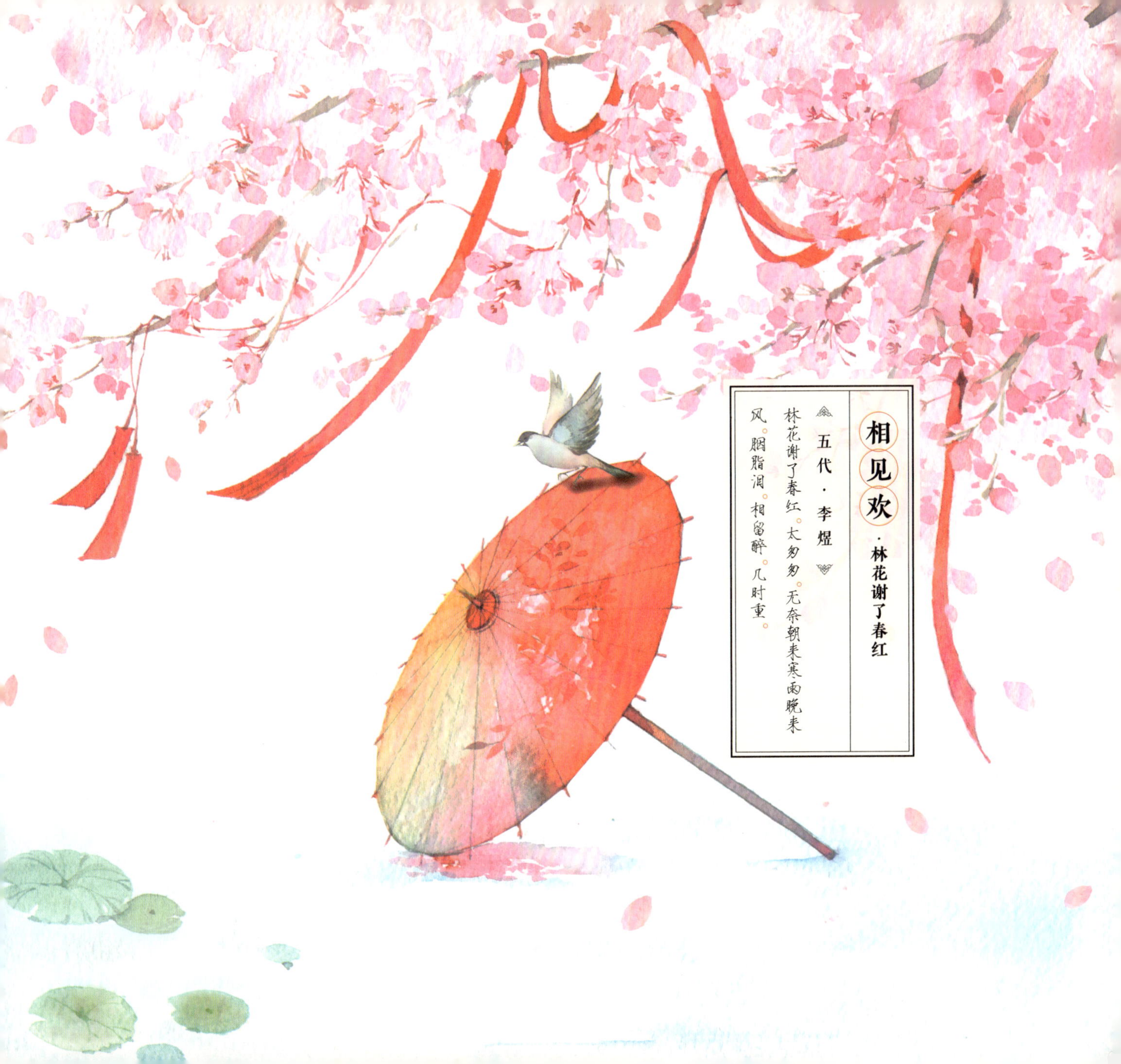

相见欢·林花谢了春红

五代·李煜

林花谢了春红。太匆匆。无奈朝来寒雨晚来风。胭脂泪。相留醉。几时重。

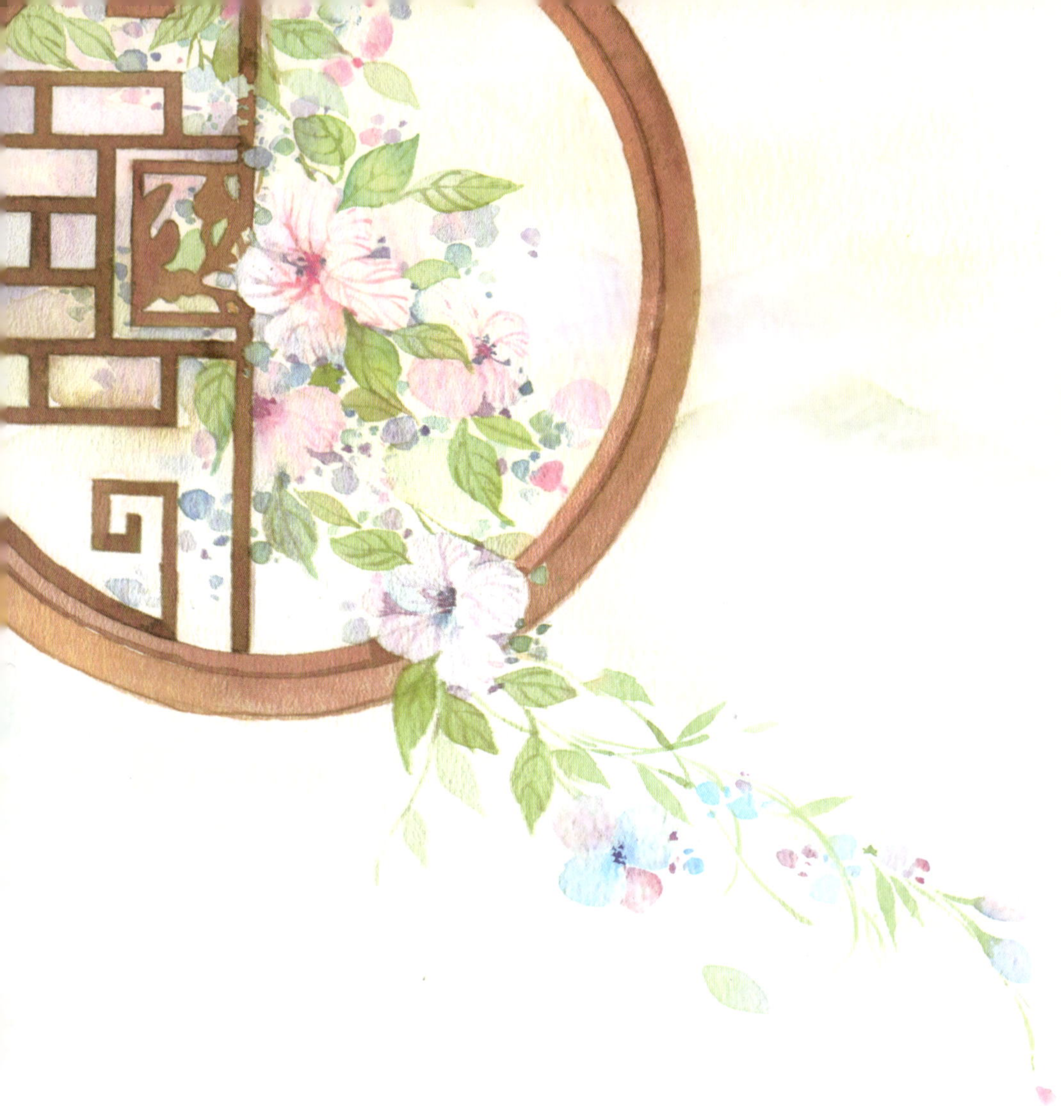

夜雨寄北

唐·李商隐

君问归期未有期。巴山夜雨涨秋池。何当共剪西窗烛。却话巴山夜雨时。

锦瑟

唐·李商隐

锦瑟无端五十弦。一弦一柱思华年。庄生晓
梦迷蝴蝶。望帝春心托杜鹃。

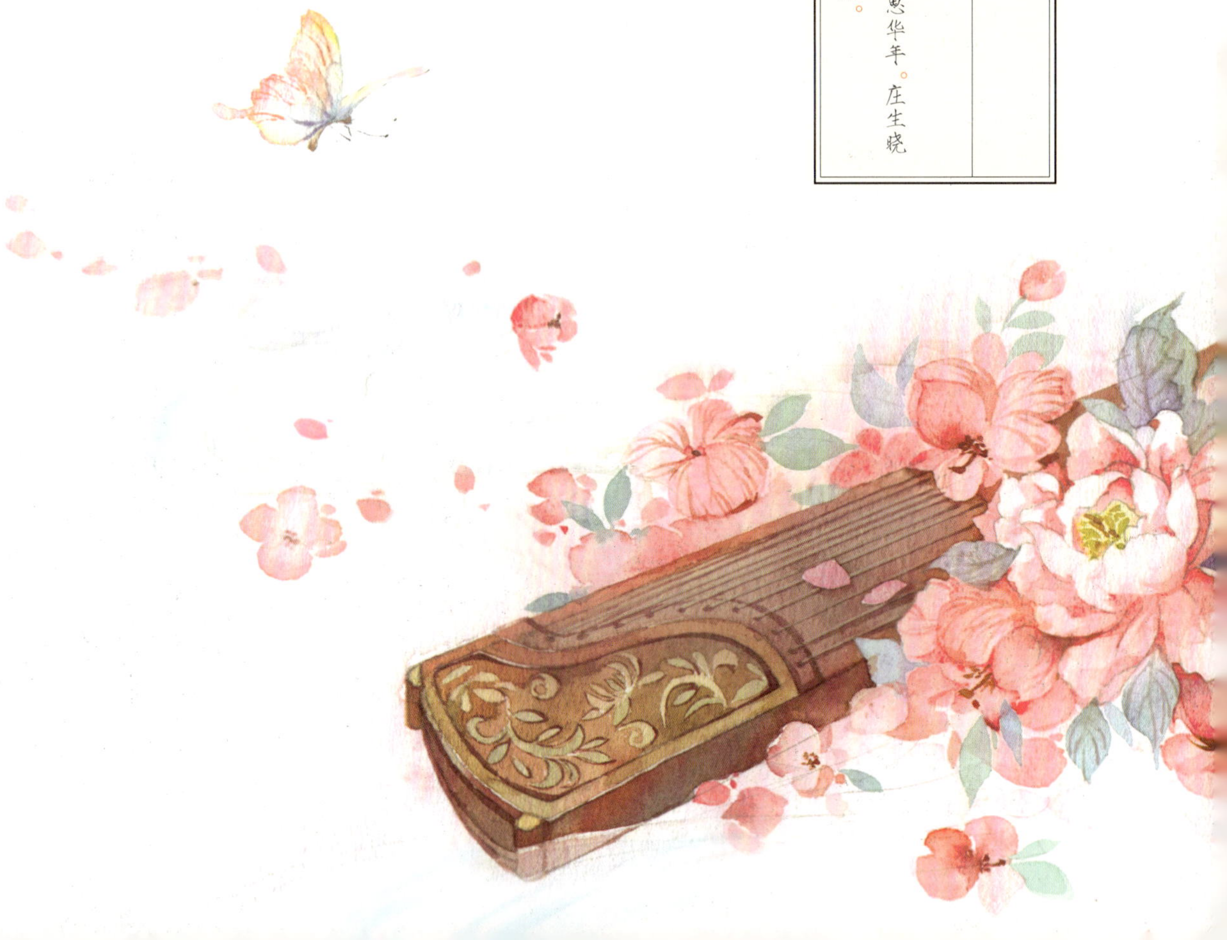

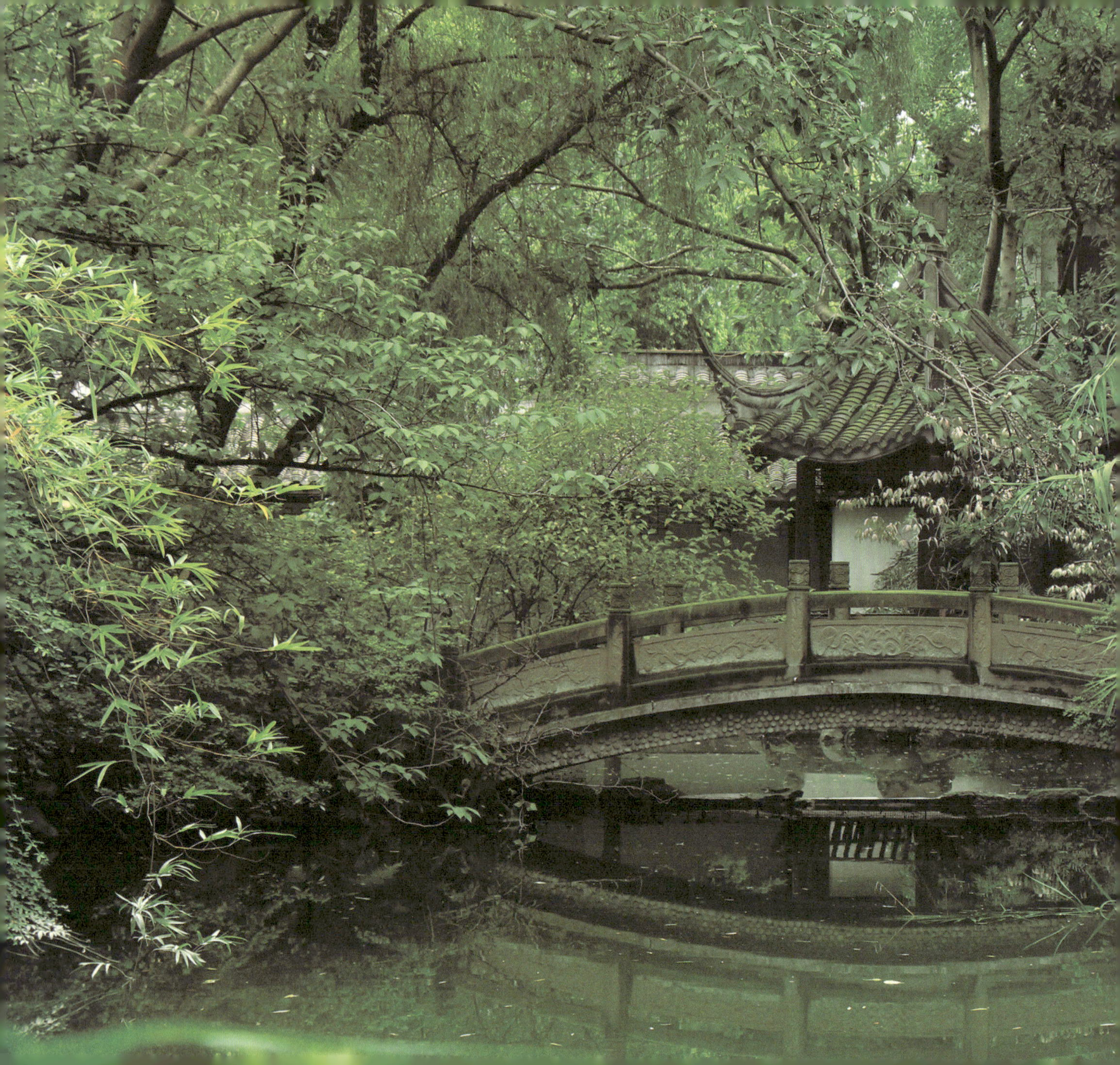

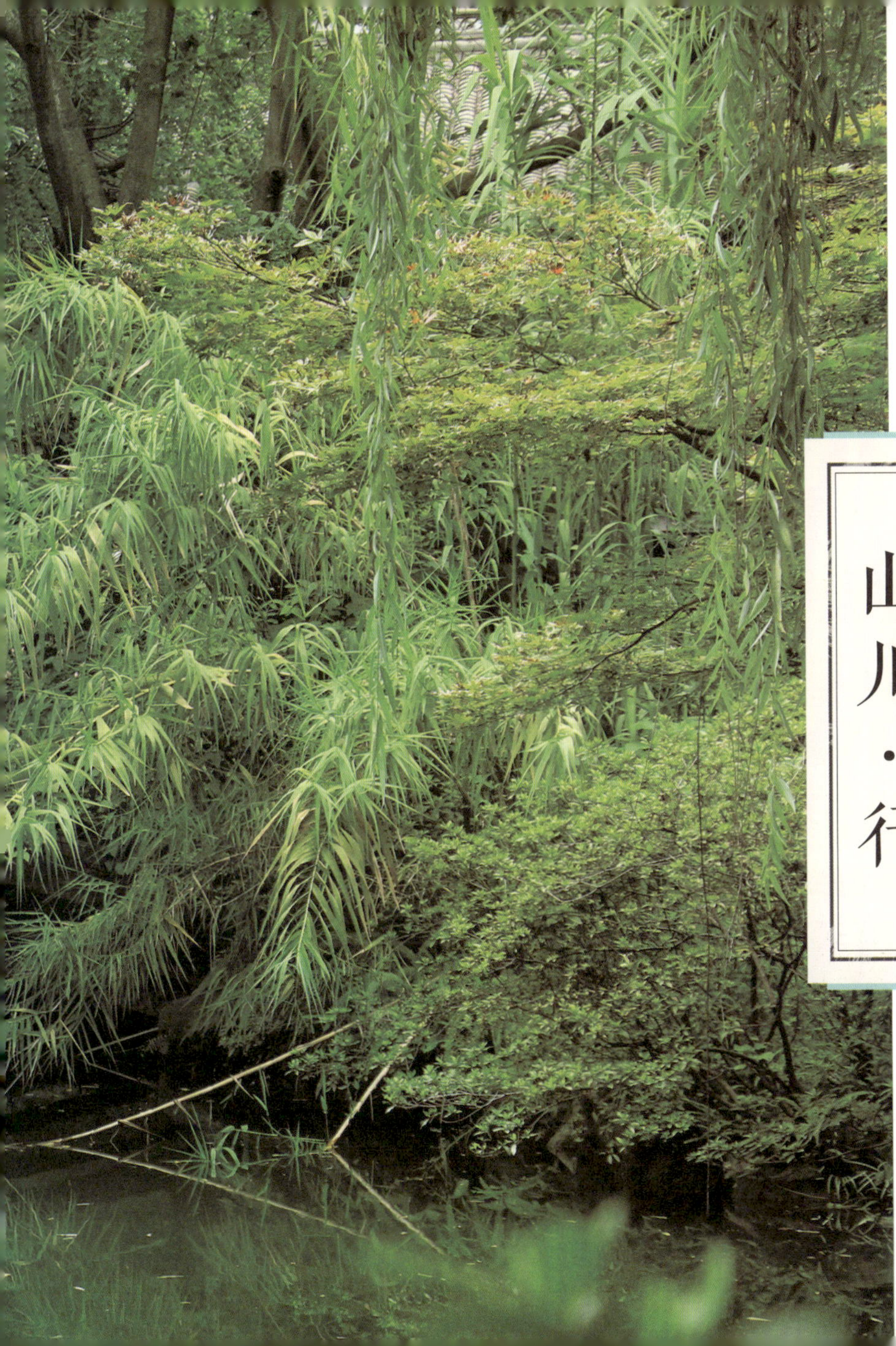

山川·行

孤帆远影碧空尽。

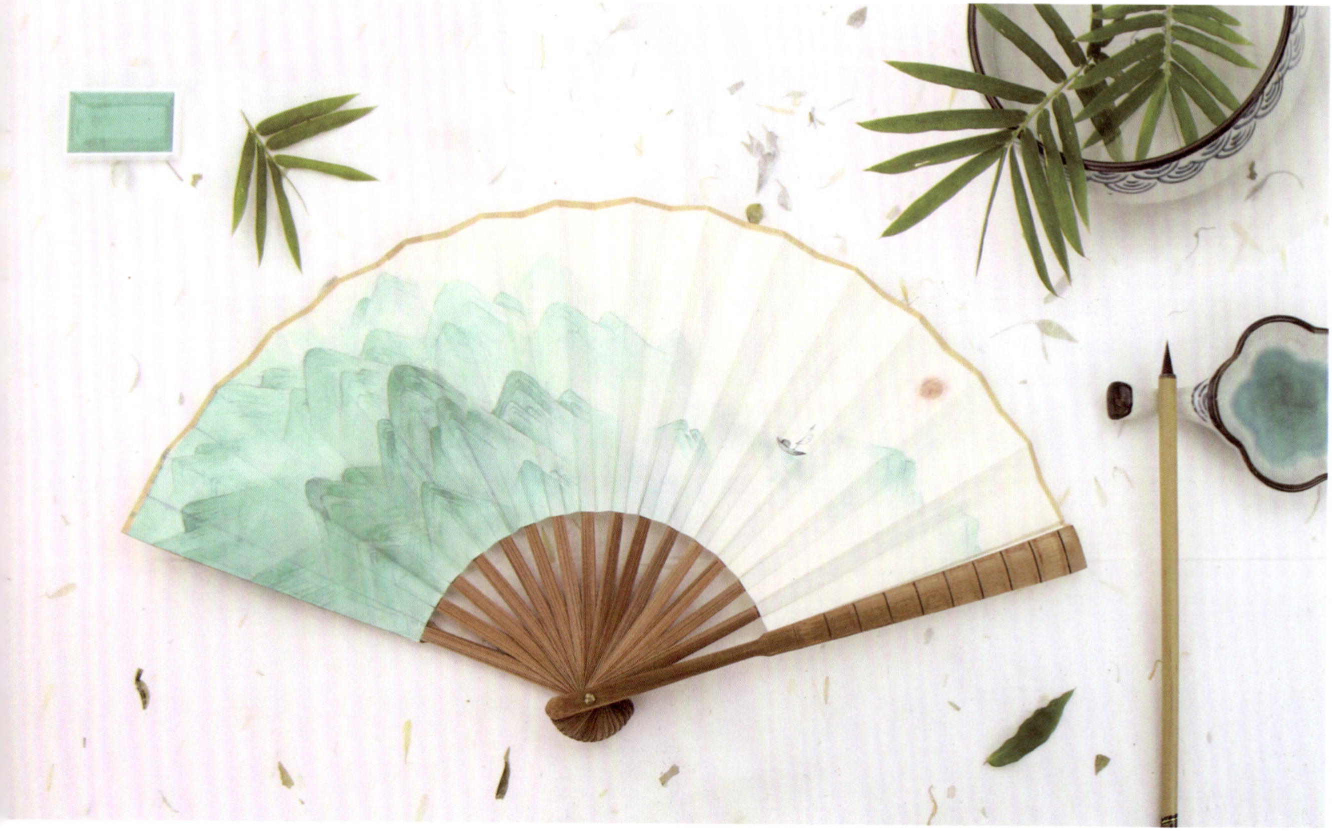

《黄鹤楼送孟浩然之广陵》［唐］李白

故人西辞黄鹤楼，烟花三月下扬州。
孤帆远影碧空尽，唯见长江天际流。

浅葱 青草 花白绿 本蓝 辰砂

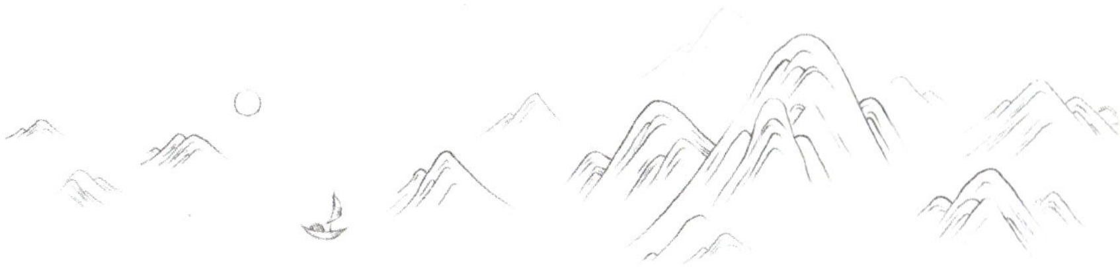

绘前提要

扬州三月春意正浓，浩瀚无边的一江春水烟雾朦胧，潇洒的诗人在此处离别，用简单明亮的色彩来绘出一幅意境开阔、情丝不绝、色彩明快的送别画扇。

扫码看线稿

绘画过程

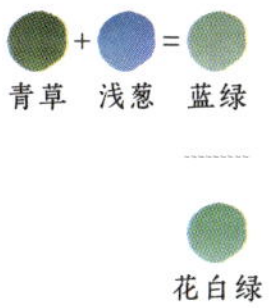

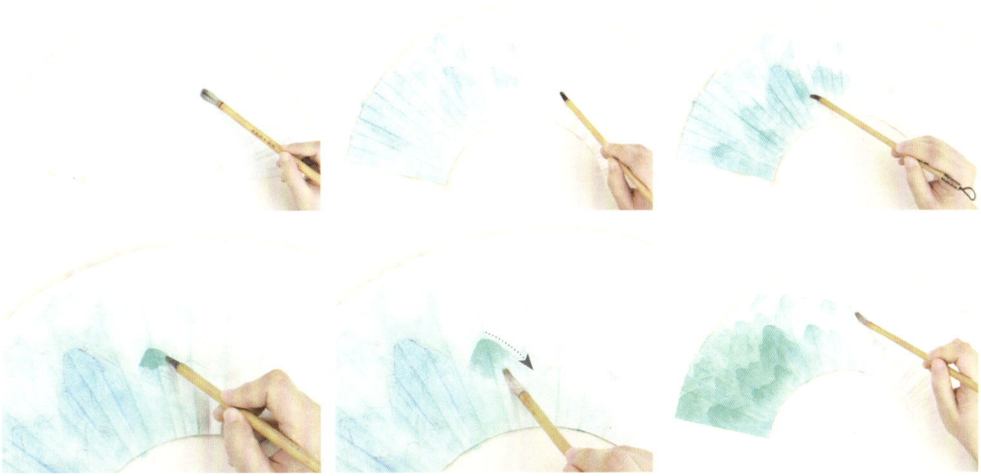

01	02	03
04	05	06

01~03 用清水笔将扇面整体打湿，随后用画笔调和淡淡的浅蓝绿色在扇面左方渲染山峰底色，趁湿继续叠加较深的浅葱色在下方的山峰处。

04~06 待扇子干后，蘸取浓郁的花白绿色平涂山头，接着用清水笔向下晕染，将所有山峰的层次刻画出来。

花白绿

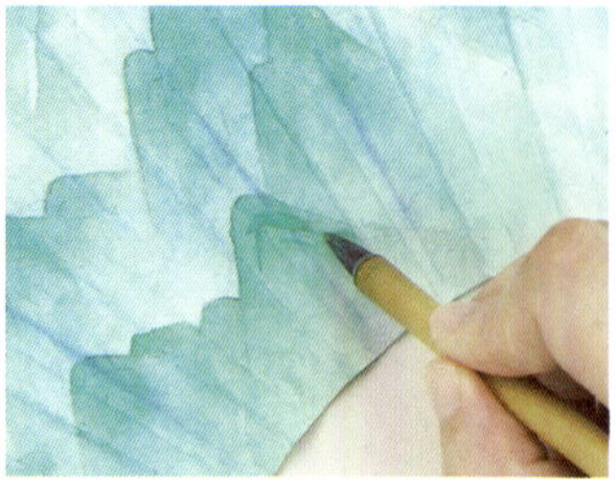

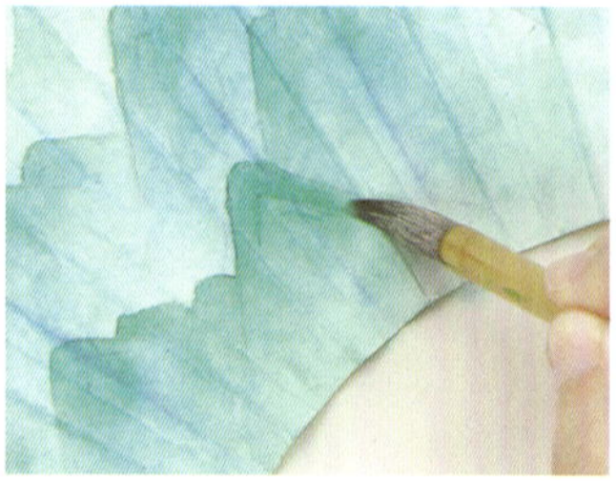

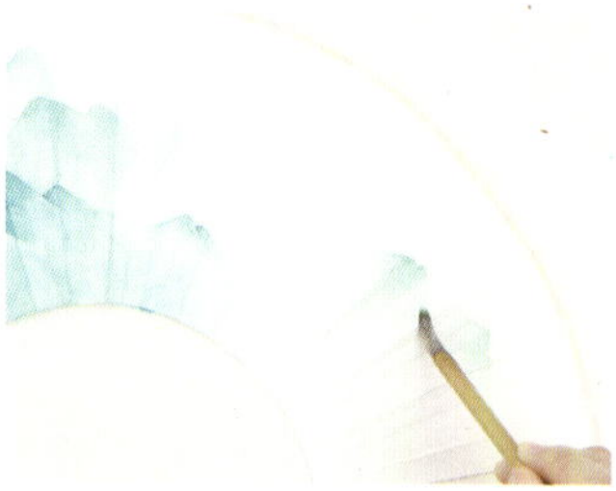

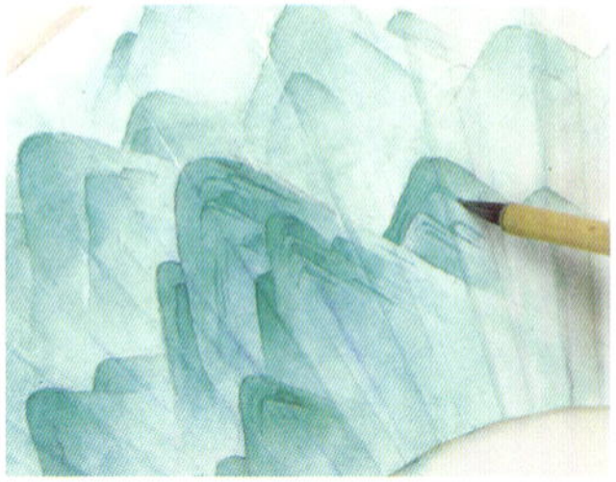

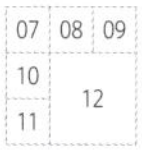

07~10　重新蘸取更深的花白绿，用笔尖描绘山峰的细节层次。同样用清水笔过渡边缘，让山峰的层次更加突出，扇面右侧的小山峰也需要叠加浅一些的花白绿色晕染。

11~12　最后等待颜色全部干透，用深一些的花白绿顺着山脉走向，刻画出山峰的纹理。

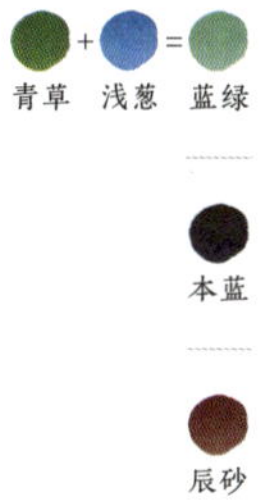

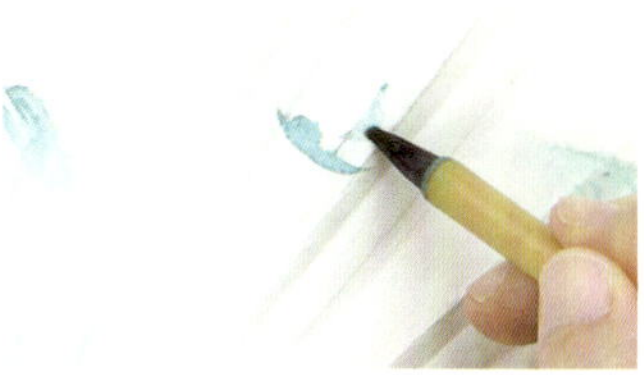

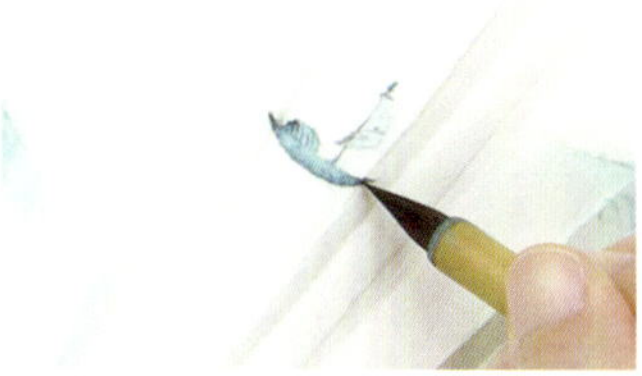

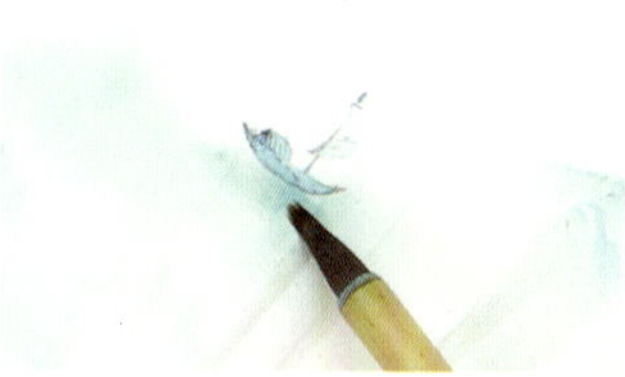

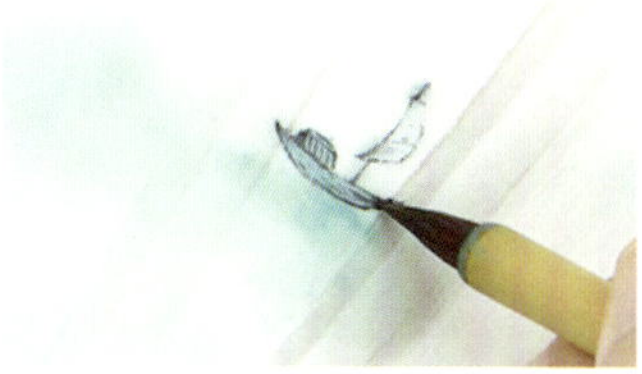

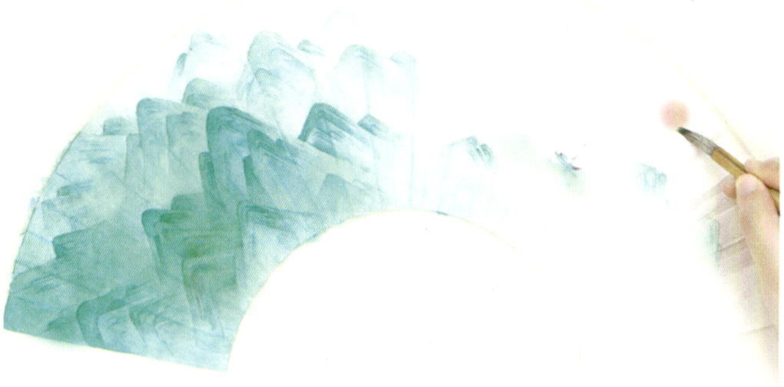

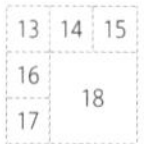

13~16　用淡淡的蓝绿色平涂右侧小船，趁湿在船头船尾点染少许浅色的本蓝色。接着在船底晕染一些较深的蓝绿色作为倒影，干后用深沉的本蓝色勾勒帆船边缘细节。

17~18　最后用画笔蘸取辰砂色平涂右上方的红日，再用清水笔过渡柔和边缘，画面就完成了。

云深不知处。

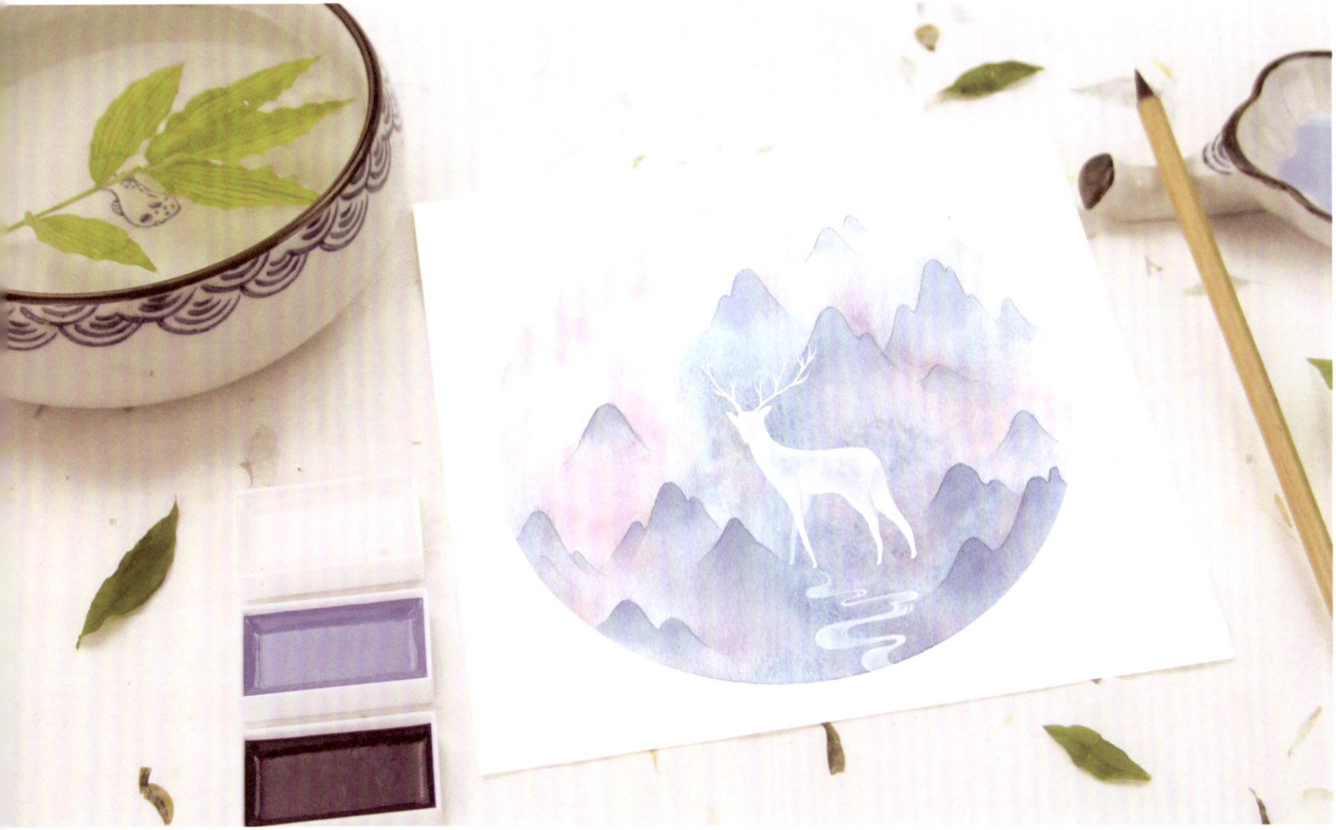

《寻隐者不遇》 [唐] 贾岛

松下问童子，言师采药去。
只在此山中，云深不知处。

浅葱 燕脂 白群 胡粉

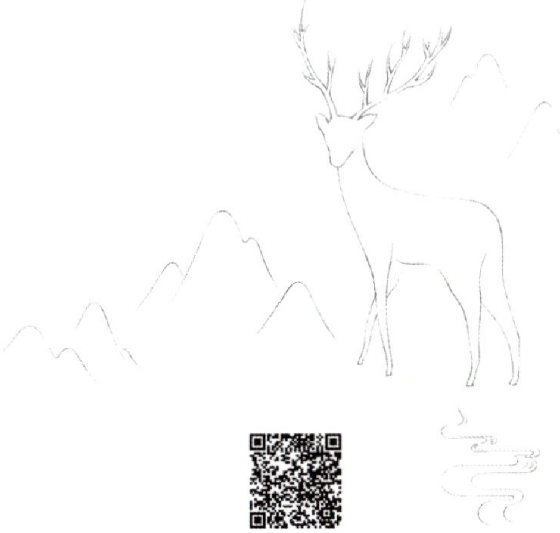

绘前提要

茫茫白云，深邃杳霭，捉摸不定，令人遐想万分。用画笔描绘这样的超尘绝俗的意境，在神秘的蓝色与燕脂色交融中，萦绕着若隐若现的白鹿，意蕴无穷。

扫码看线稿

绘画过程

浅葱

燕脂

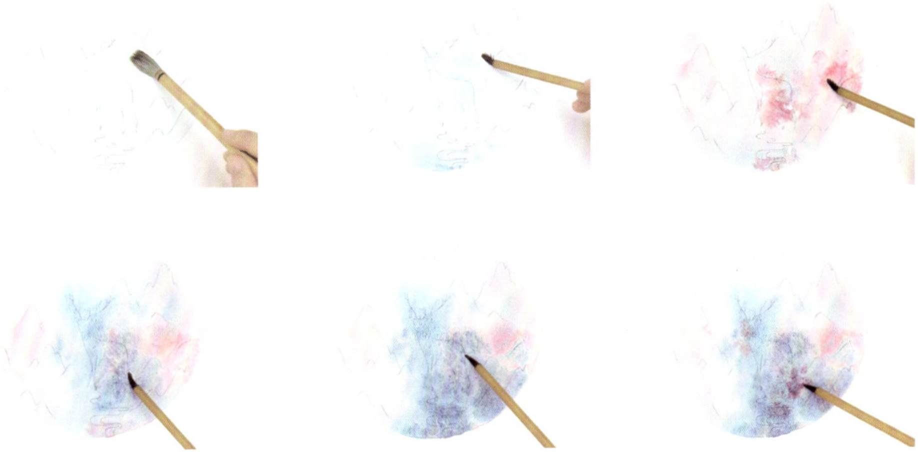

01	02	03
04	05	06

01~03　用画笔在线稿处铺设一层清水，接着用淡淡的浅葱色与燕脂色先后随意地晕染一些底色在不同位置。

04~06　将更深的浅葱色不断叠加在背景右下方，同时也加入一些浓重的燕脂色作为搭配，丰富背景的层次。

白群

燕脂

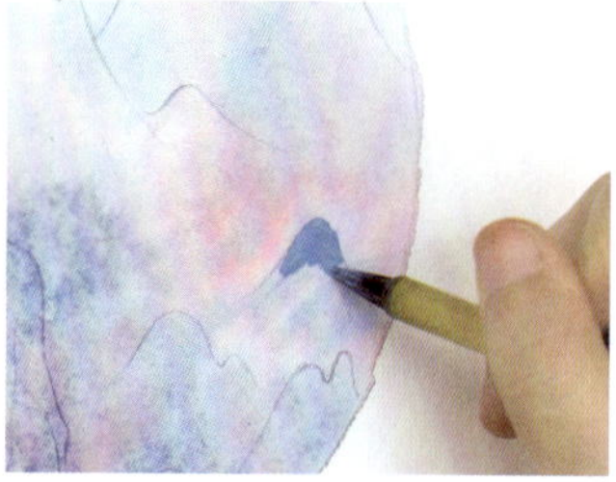

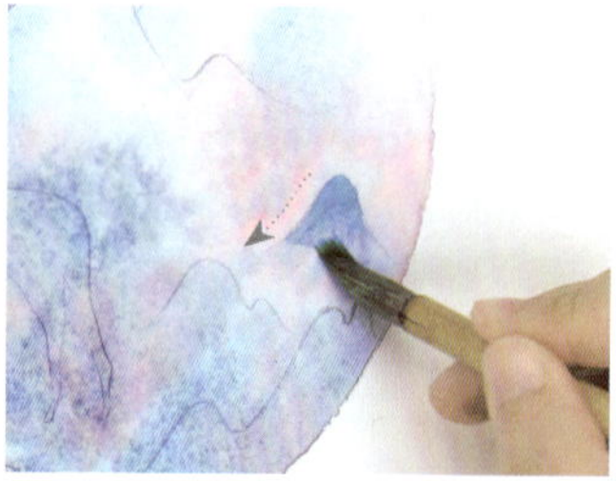

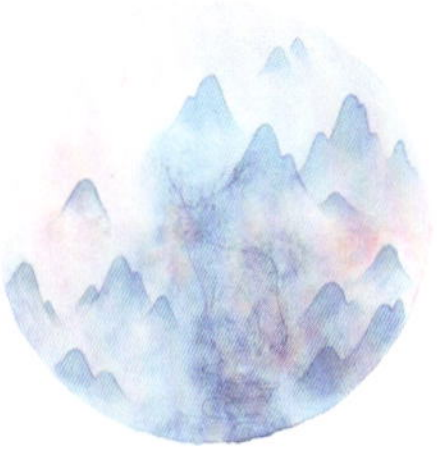

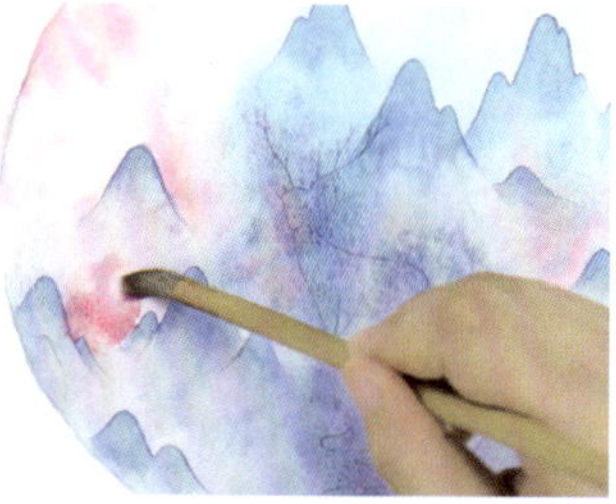

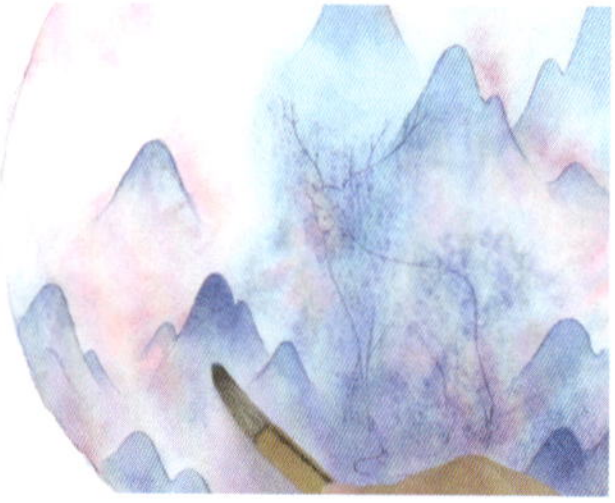

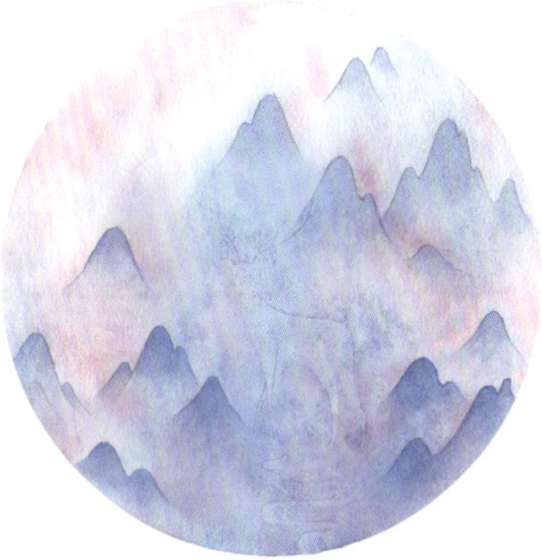

07 08 09
10 12
11

07~09　用浓重的白群色平涂山头，再用清水笔晕染下方边缘，通过这样的方式刻画出所有山峰。

10~12　在背景山峰之间，随意地晕染淡淡的燕脂色，令画面氛围更加神秘，营造烟雾缭绕之感。

胡粉

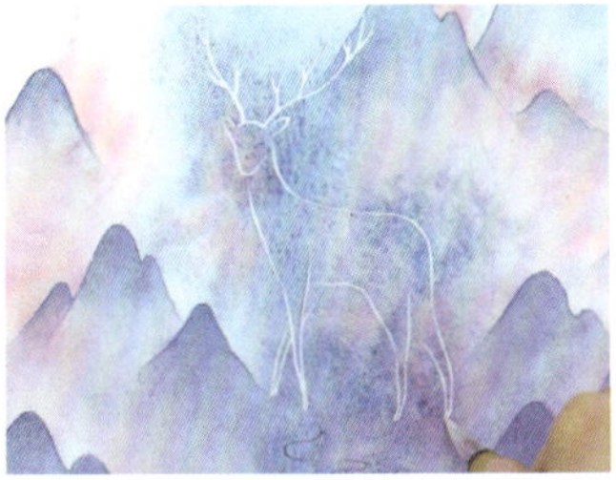
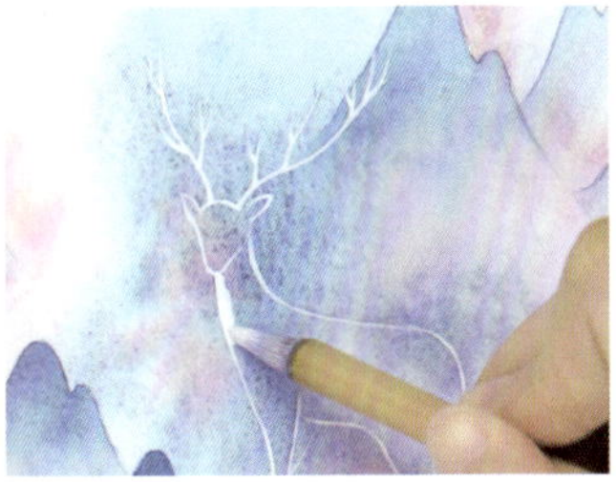
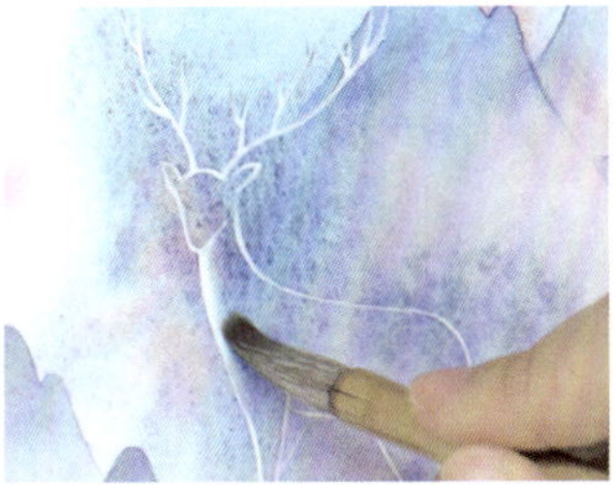
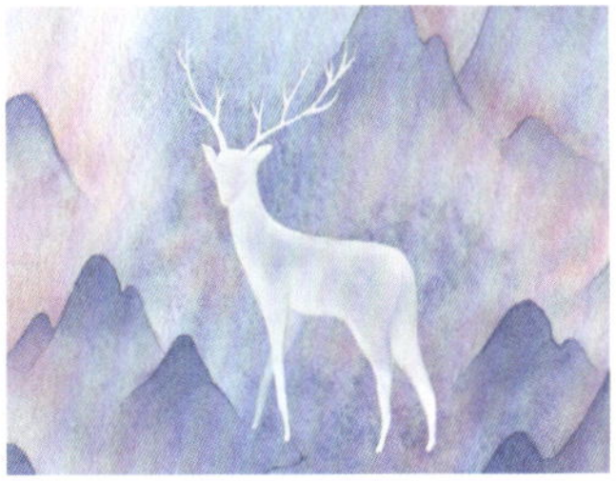
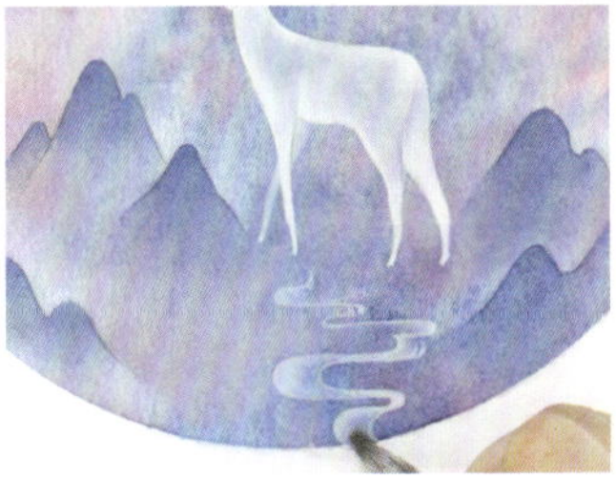
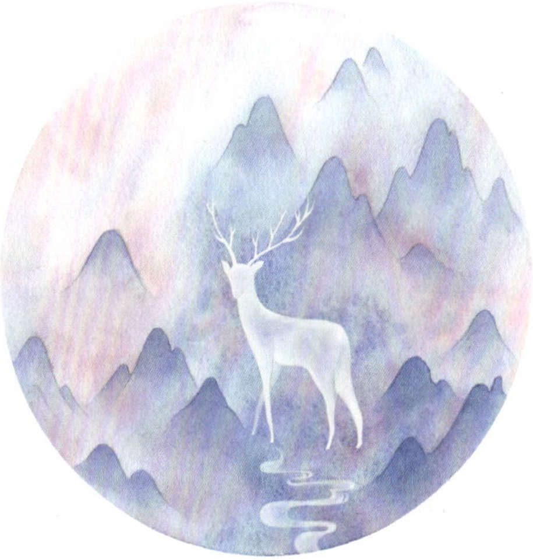

13 14 15
16 17 18

13~16　洗净画笔直接蘸取浓厚的胡粉色，用笔尖轻轻勾勒白鹿的边缘，确定好外形之后，便在白鹿身体处向内晕染白色，边缘的胡粉颜色浓重一些，内部颜色浅淡，描绘出白鹿身体的结构。

17~18　最后，用同样的方式与颜色晕染出白鹿脚下的烟雾，这幅画便绘制完成。

缓步春山春日长。

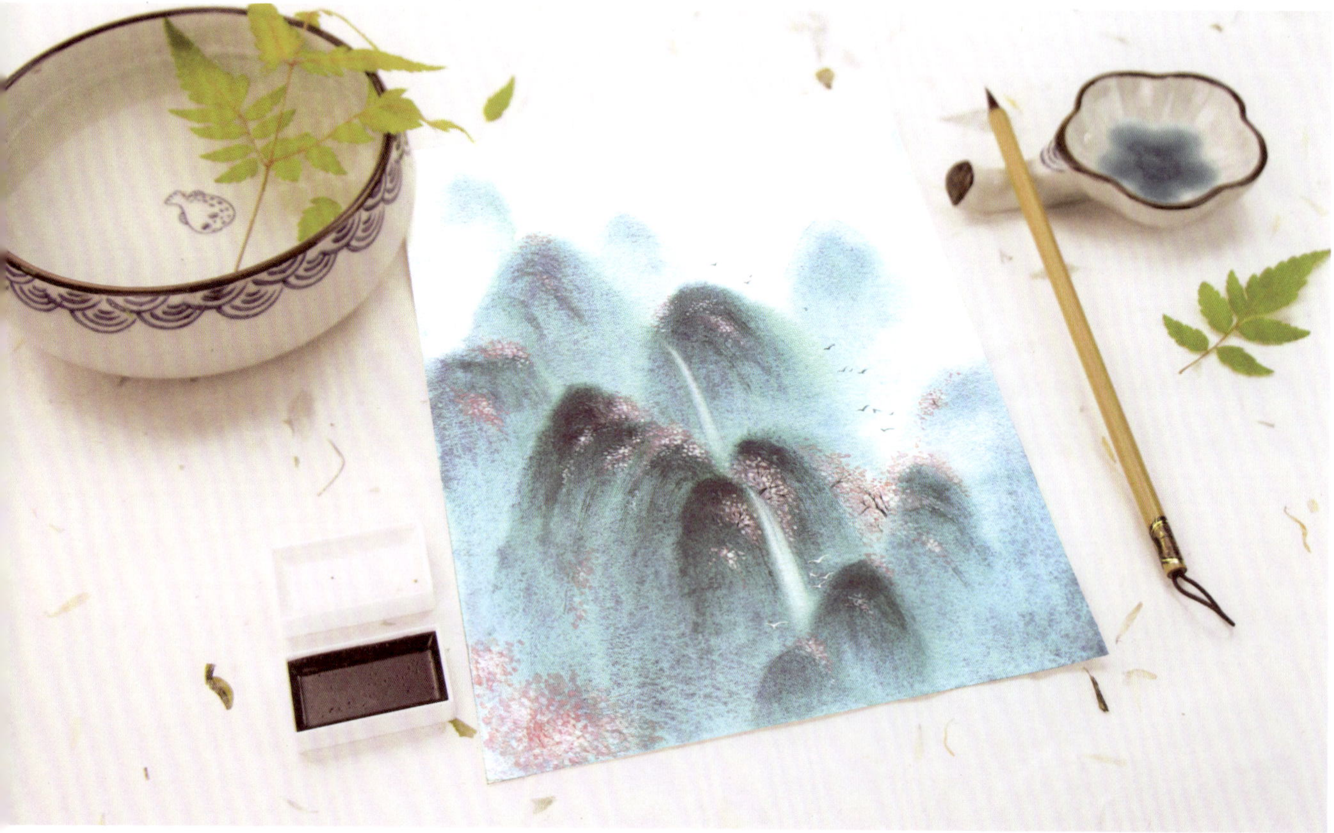

《暮春山间》 [南宋] 黄公度

缓步春山春日长，流莺不语燕飞忙。
桃花落处无人见，濯手惟闻涧水香。

群绿 红 胡粉 本蓝

绘前提要

漫步于春天的山林中，桃花纷纷飘落，山涧溪流被浸染得清香迷人。在这悠然自得的氛围中，我们用湿画法来描绘朦胧柔美的山峰，给人以愉悦闲适之感。

扫码看线稿

绘画过程

群绿

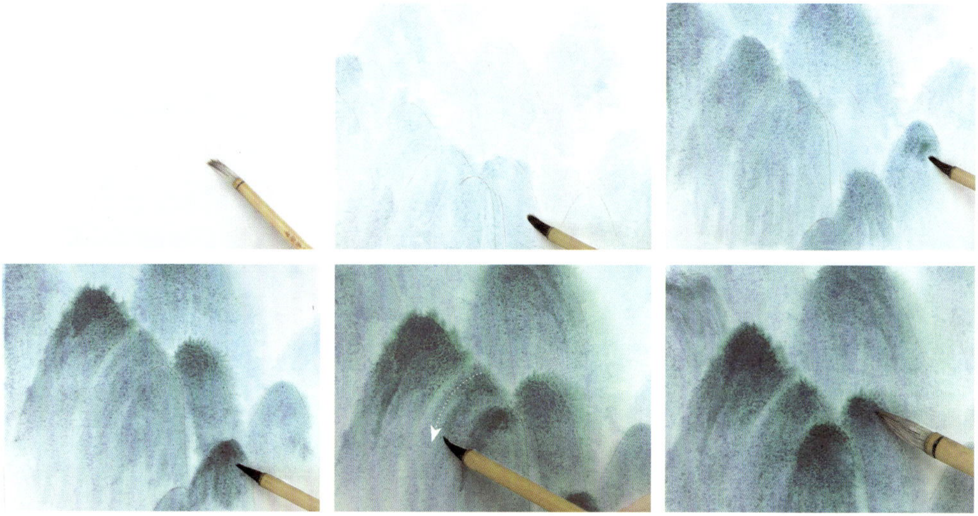

01 02 03
04 05 06

01~03　用清水打湿线稿纸面，用淡淡的群绿色铺设山峰底色，随后用同样的颜色从山顶向下加深整体。

04~06　趁湿用浓重的群绿色直接晕染在山峰顶部，自山顶向侧面绘制一些山脉的线条。不断加深前方的山脉山顶，令群山更加有层次。

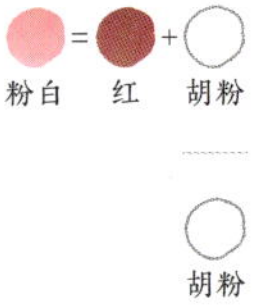

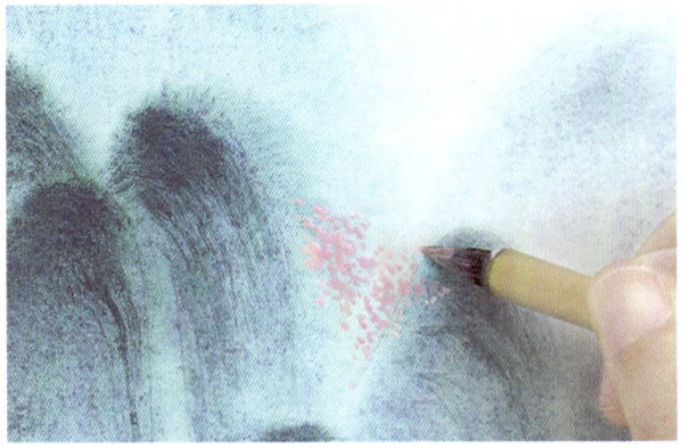

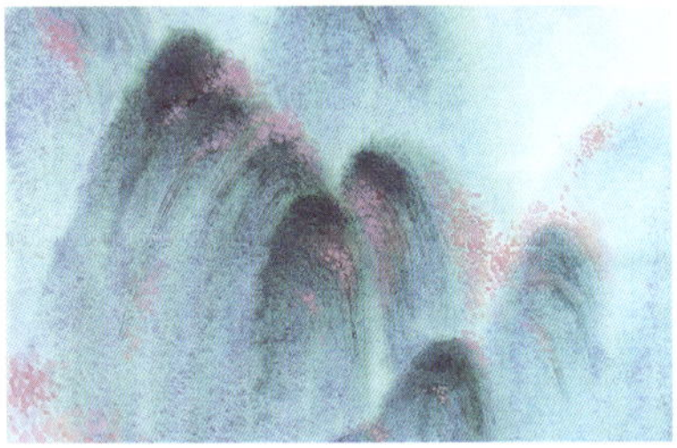

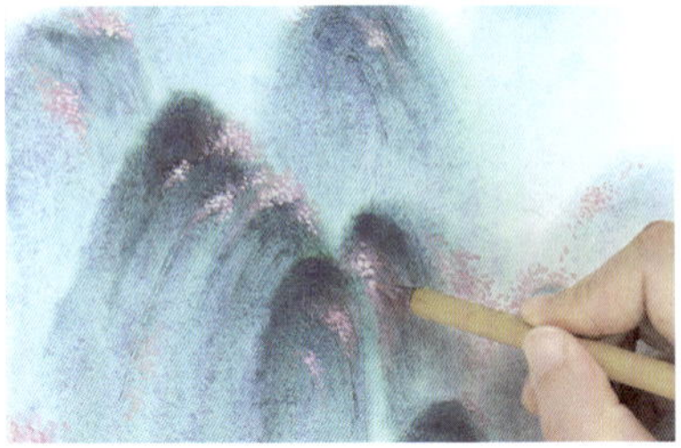

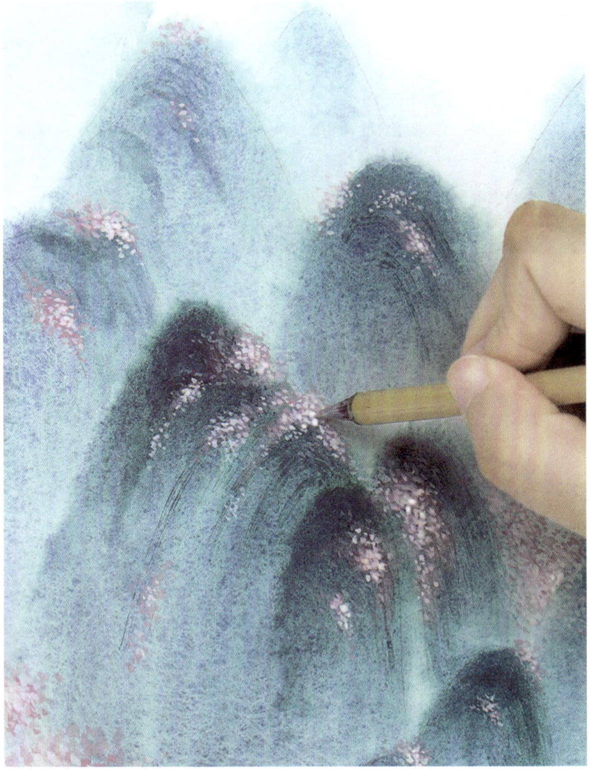

07 08 09 10

07~09　耐心等待纸面干透，调和粉白色在山峰交界处点染一些淡淡的粉色小点，作为桃花林的底色。

10　桃花粉色干后，向之前的粉白颜色中调和更多的胡粉，在桃花底色之上叠加浅粉色。最后可直接用胡粉点染在最上层，令桃花林层次丰富起来。

胡粉

群绿

本蓝

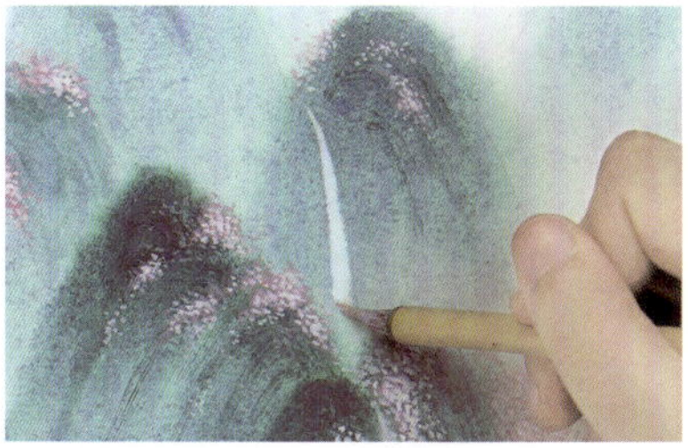

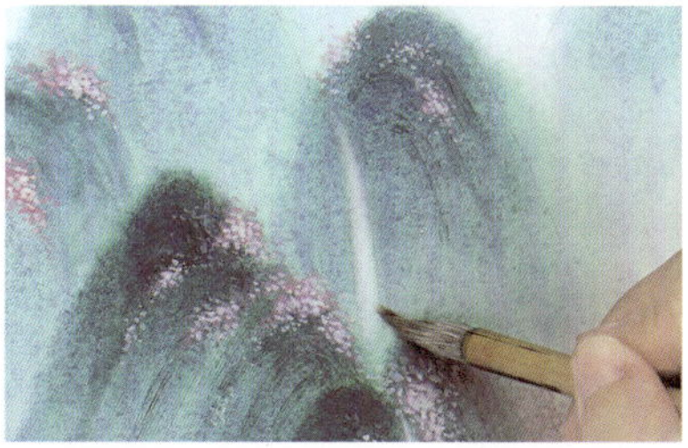

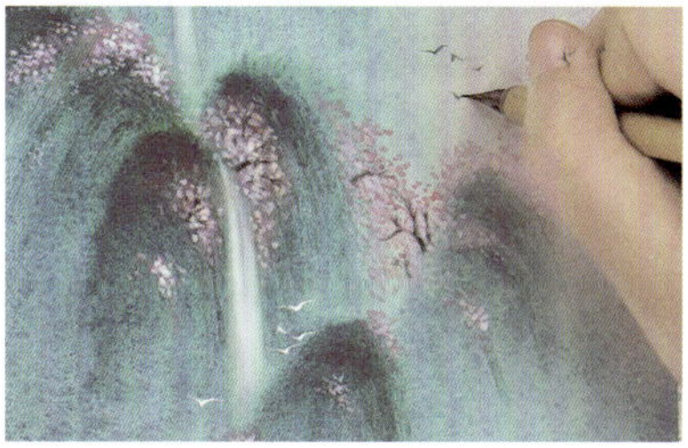

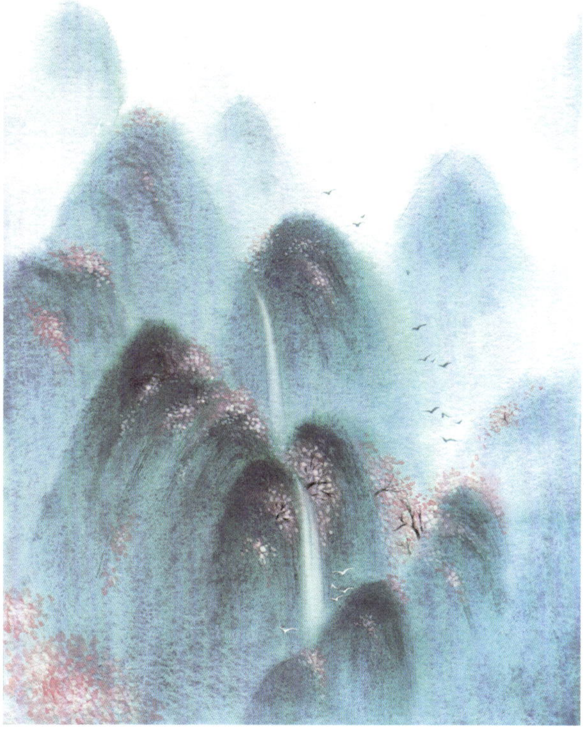

11	14
12	
13	

11~12　在山峰之间用浓浓的胡粉描绘瀑布，再用清水笔在瀑布两侧柔和过渡边缘。

13~14　在瀑布旁继续用之前的胡粉颜色平涂绘制一些白色飞鸟，接着在浅色背景处同样绘制几只深群绿色的飞鸟。最后在桃花林中，用较深的本蓝色描绘一些树枝，丰富画面的细节。

落霞与孤鹜齐飞。

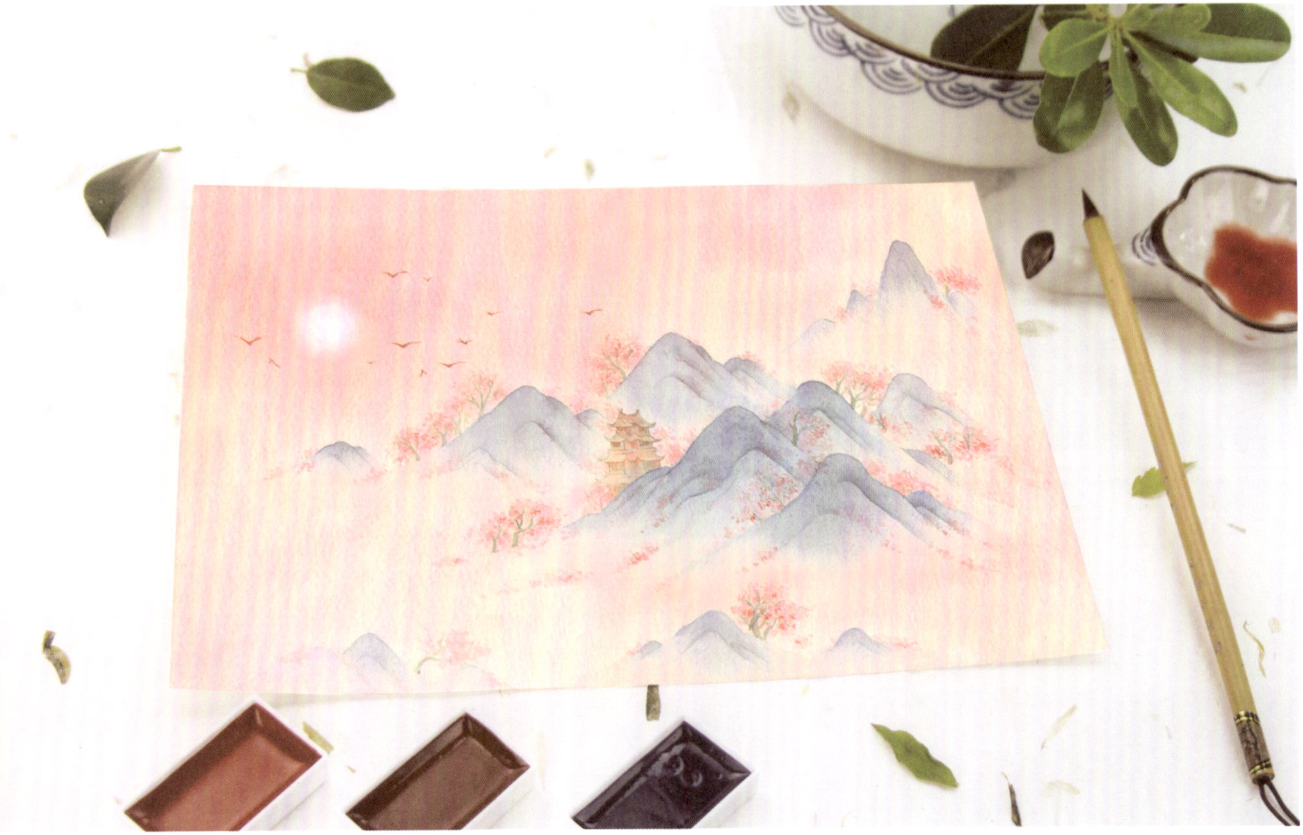

《滕王阁序》节选　[唐] 王勃

云销雨霁，彩彻区明。
落霞与孤鹜齐飞，秋水共长天一色。

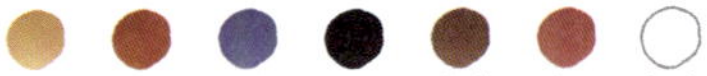

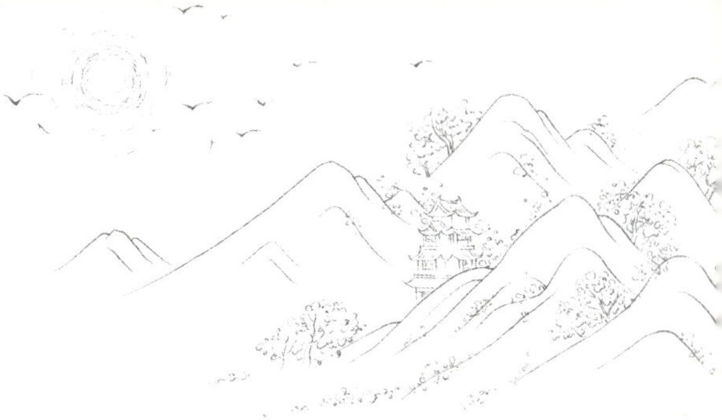

绘前提要

落日映射下的彩霞与孤鹜一同飞翔，秋天的江水和辽阔的天空连成一片，浑然一色。在宛如仙境的美景中，点线面相结合，鲜艳明丽的色彩给人畅快之感。

扫码看线稿

绘画过程

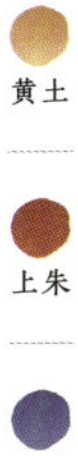

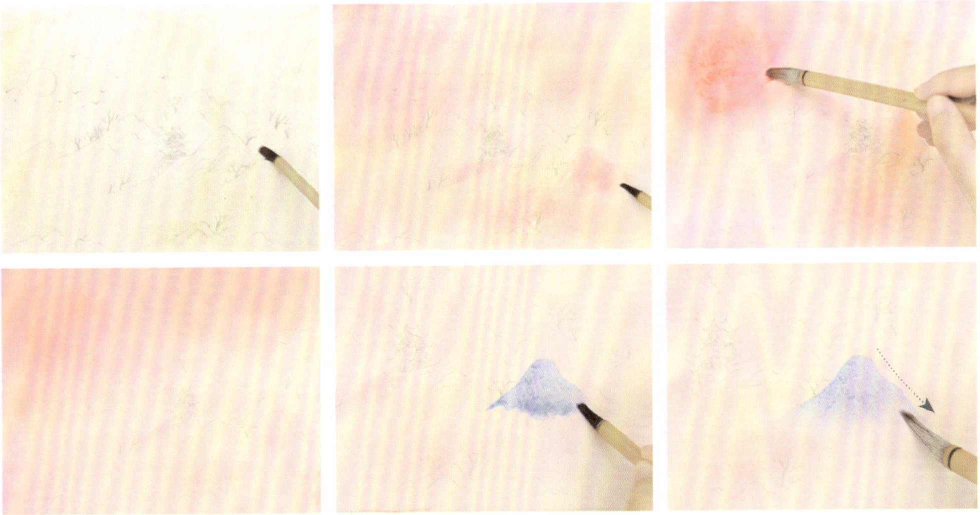

01	02	03
04	05	06

01~04　用黄土色调和大量水分，平涂在全部纸面上。接着用淡淡的上朱色点染在背景中，趁湿在左上方继续叠涂更深的上朱色作为夕阳背景。

05~06　等待背景干透后，用浅浅的群青色绘制山顶，再用清水笔向下晕染边缘，得到山峰的底色。

群青

本蓝

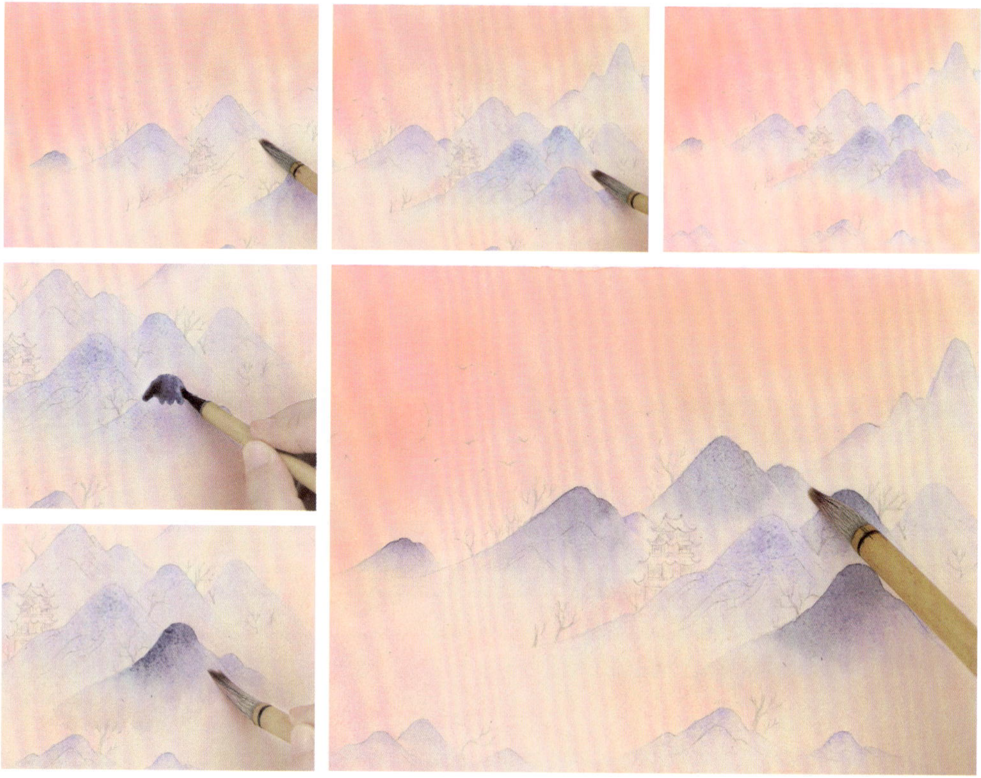

07 08 09
10 12
11

07~09　将所有山峰晕染完毕，可在右方的几座主体山峰处再次叠加一遍浅群青色，拉开一些层次关系。

10~12　调和出较深的本蓝色，用同样的方式叠加晕染所有山峰，令山峰颜色变得沉稳。

本蓝

岱赭

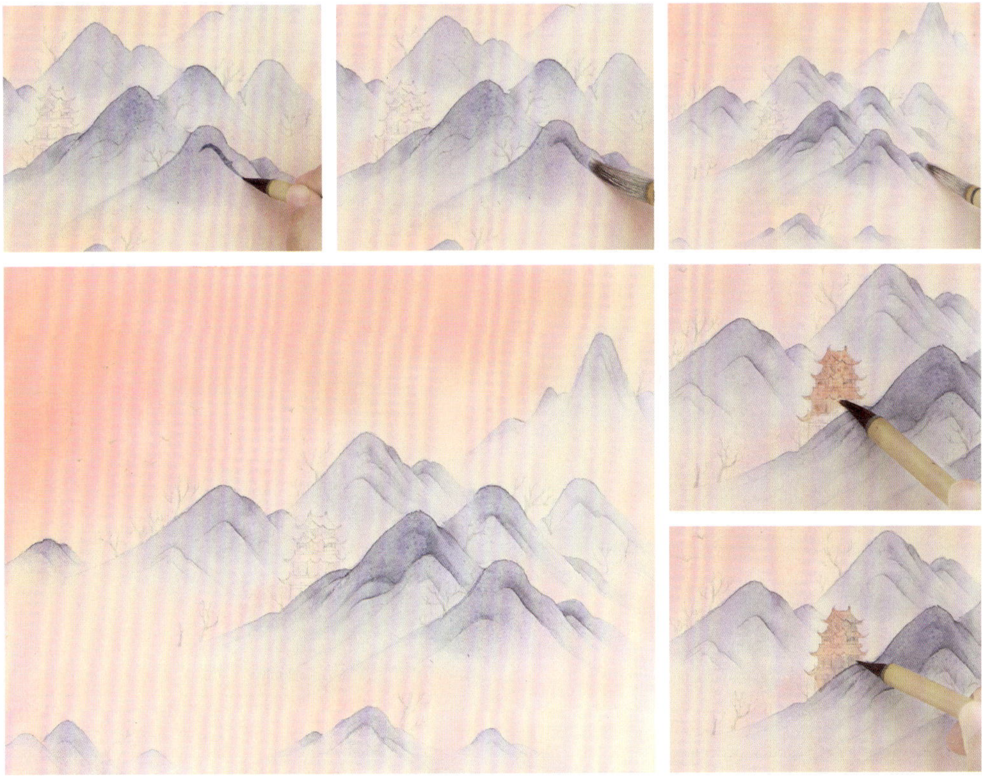

13 14 15
16 17 18

13~16　用笔尖蘸取更深的本蓝色，描绘山脉的纹路，再用清水笔在纹路尾部柔和过渡，绘制完所有的山峰。

17~18　接下来描绘阁楼，首先用淡淡的岱赭色平涂阁楼的底色，趁湿点染少许浅浅的本蓝色在阁楼右侧。

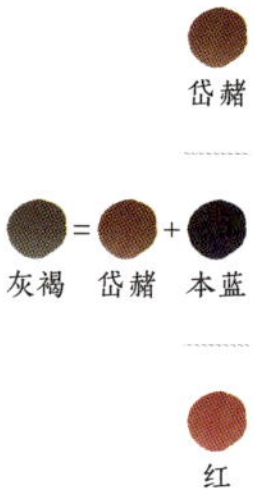

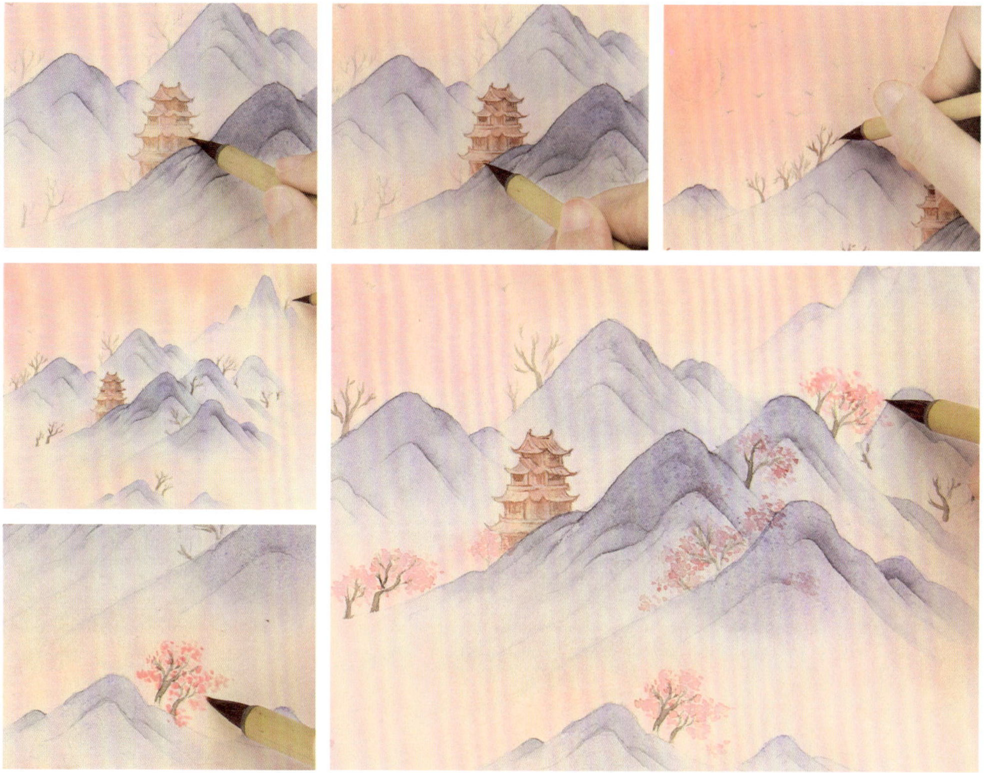

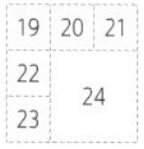

19~20　底色干后，用略深的岱赭色叠涂阁楼的阴影处，最后用浓重的岱赭色直接勾勒边缘与细节。

21~24　调出桃花枝较深的灰褐色，用笔尖在画纸上轻轻描绘树枝。接着用淡淡的红色在树枝周围点染出小点，形成一束束桃花。

红

胡粉

岱赭

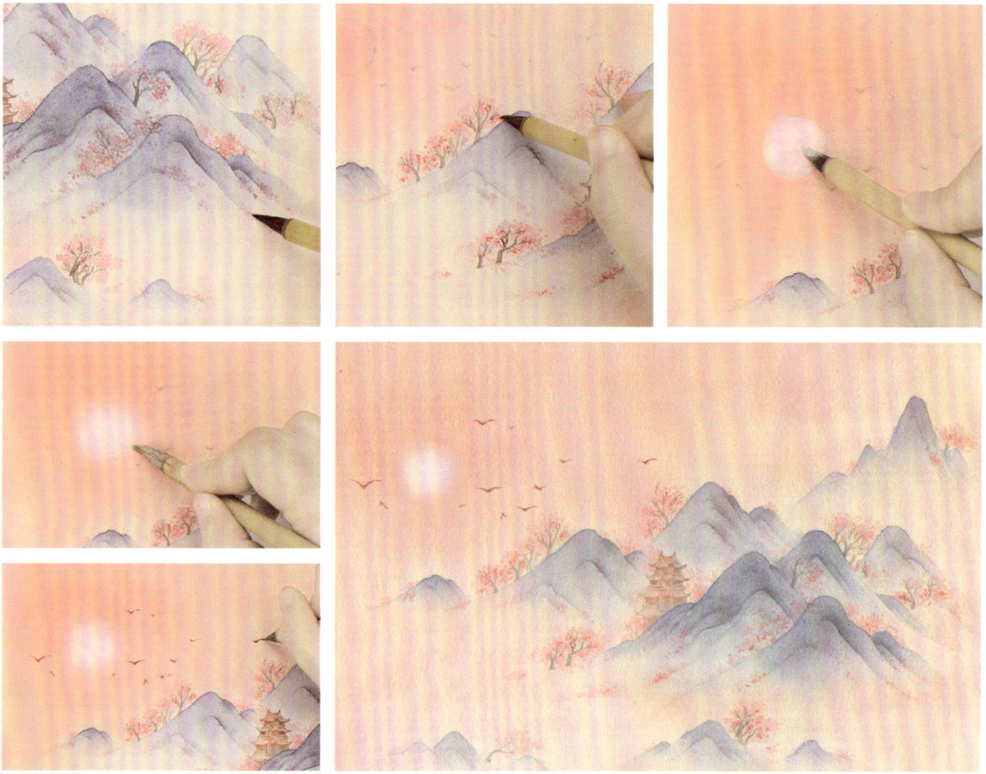

25 26 27
28 29 30

25~26　顺便在山峰纹路上也随意点染一些细密的淡红色小点，最后用深一些的红色点染桃花的阴影。

27~30　调和胡粉颜色平涂在左上方的夕阳处，用清水笔过渡边缘。最后用较深的岱赭色在夕阳周围绘制几只大小不一的野鸭，便完成了这幅作品。

画船听雨眠。

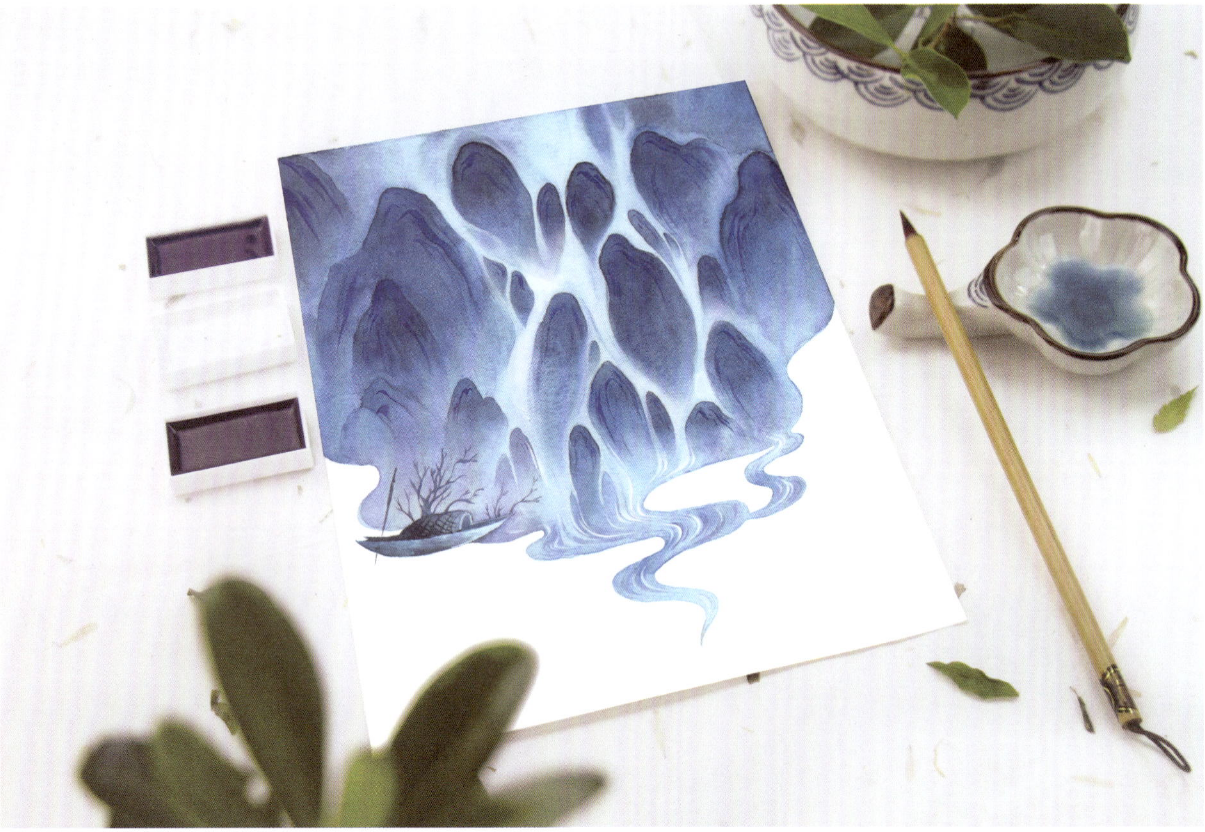

《菩萨蛮·人人尽说江南好》节选　[唐] 韦庄

春水碧于天，画船听雨眠。
垆边人似月，皓腕凝霜雪。

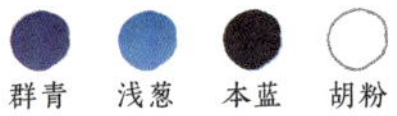

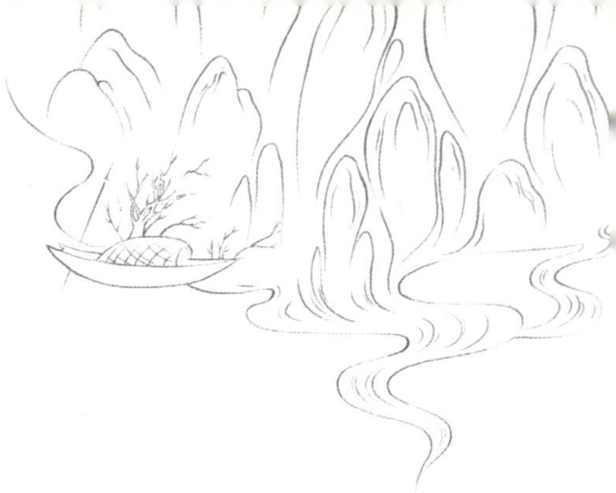

绘前提要

春雨澄澈明净，静卧于游船画舫之中，伴随着雨声入眠，是何等的安逸，何等的空灵自在。全画以清冷的蓝色调烘托出沉郁静谧的氛围，水与山的结合若隐若现，丝丝入梦。

扫码看线稿

绘画过程

群青

浅葱

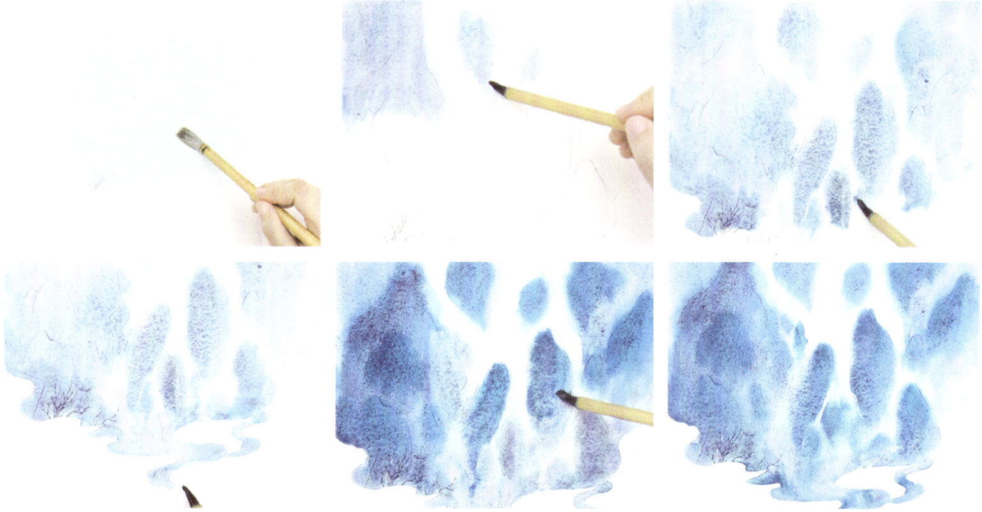

01	02	03
04	05	06

01~04　在画面中铺设一层清水，随后用群青色轻涂在背景中，空出河流的位置。

05~06　趁湿在山石处叠加一层浅葱色，将背景的河流与山石对比出来。

本蓝

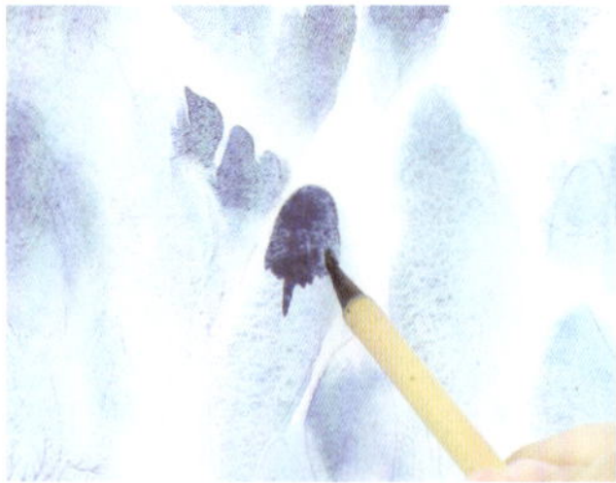

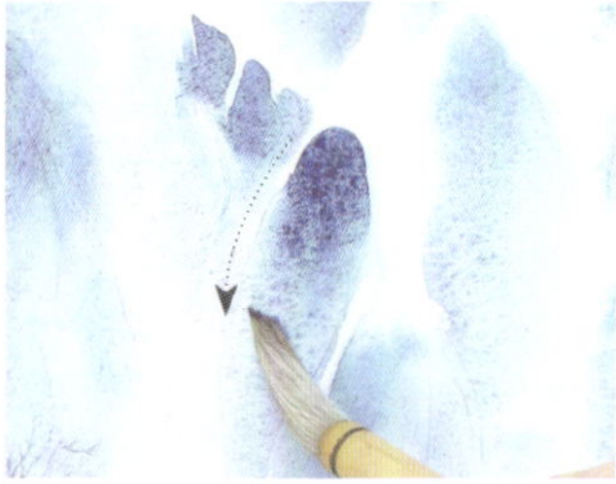

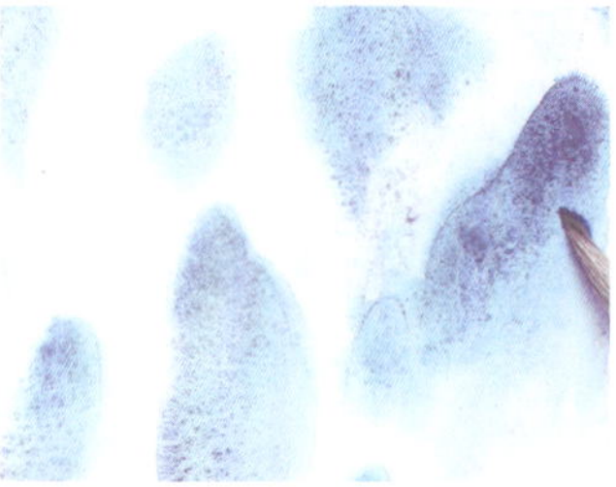

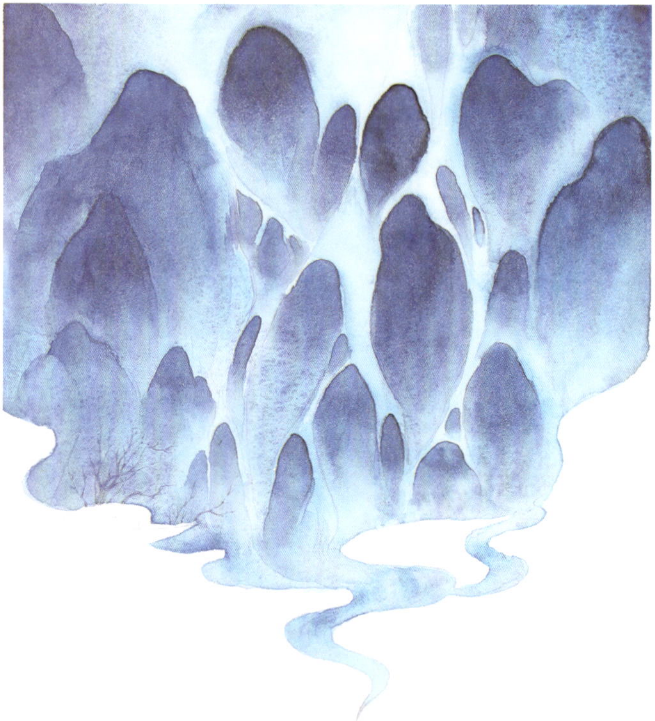

07	10
08	
09	

07~10　在山石顶部平涂浓重的本蓝色，再用清水笔衔接边缘向下晕染至浅色，描绘出所有山石的深沉底色，加强与白色河流的对比。

本蓝

胡粉

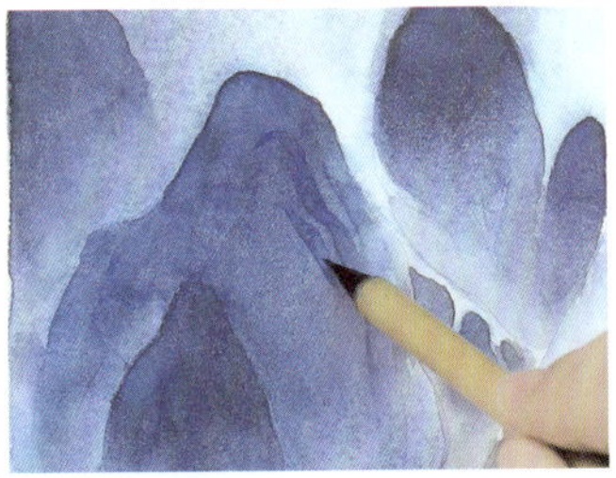
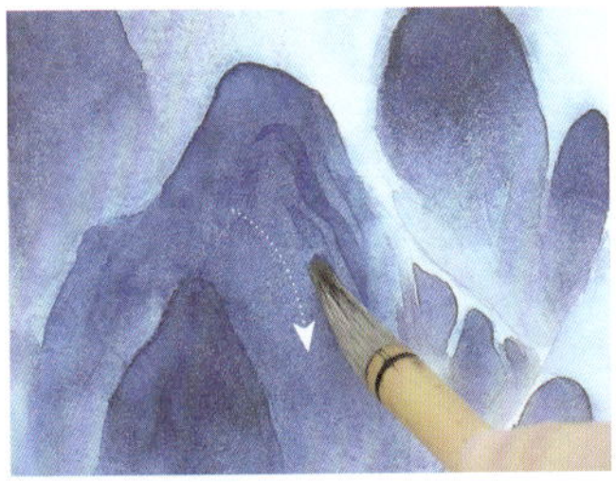
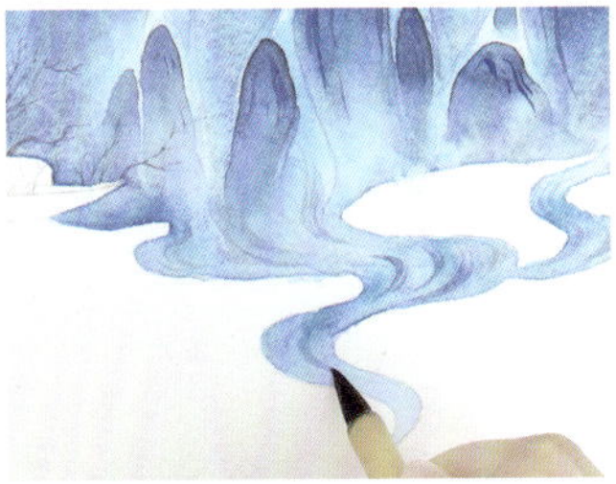
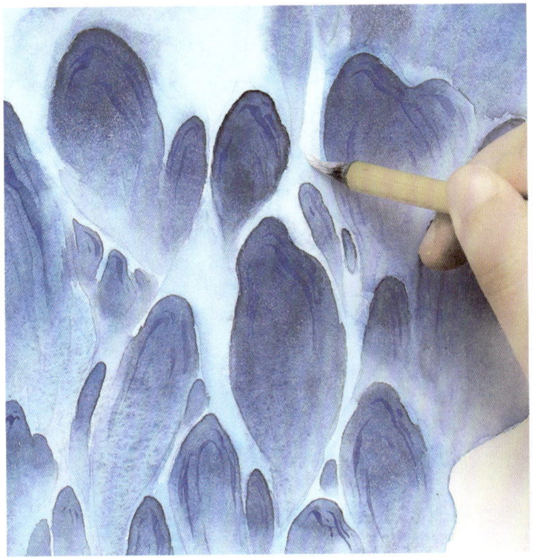
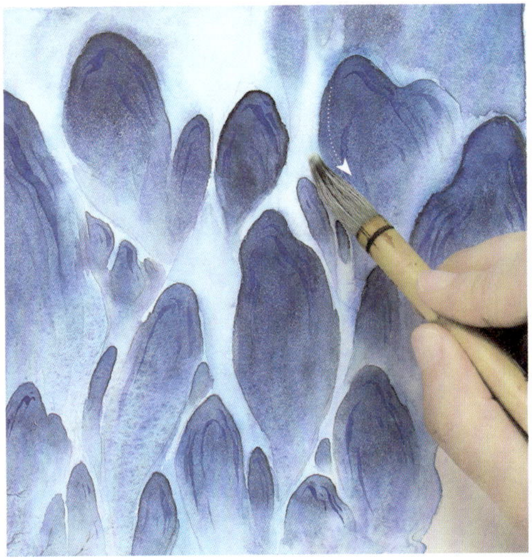

11	12	13
14	15	

11~13　用笔尖直接蘸取更加深沉的本蓝色，在山石中刻画纹路线条，再用清水笔晕染尾部。同时在画面下方也描绘一些水纹线条。

14~15　在河流的位置处平涂一层胡粉色，再用清水笔柔和过渡边缘。

胡粉

浅葱

16 17 18 19

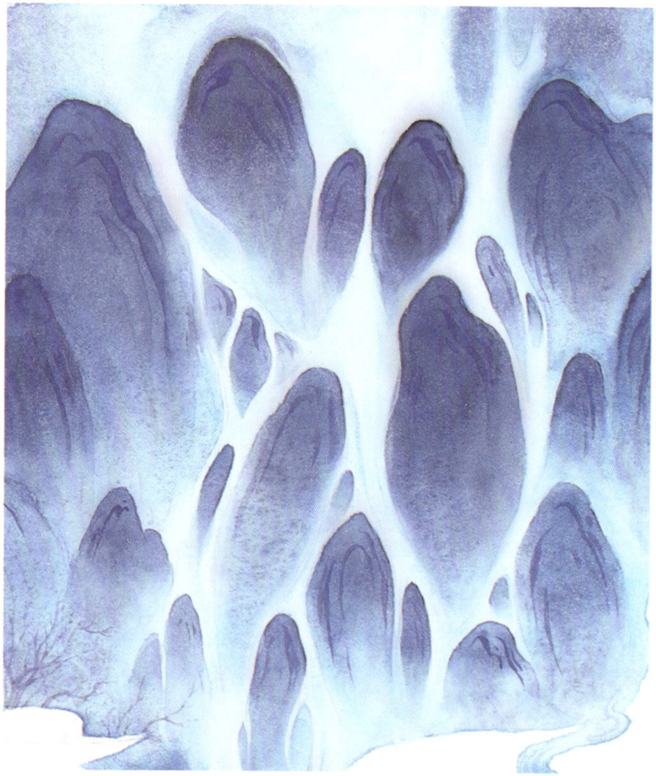

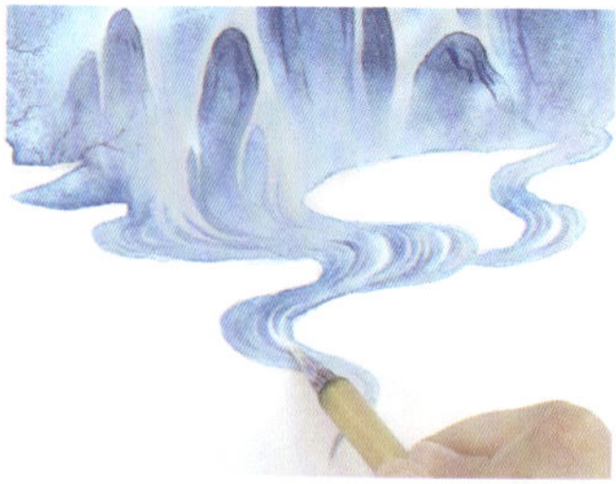

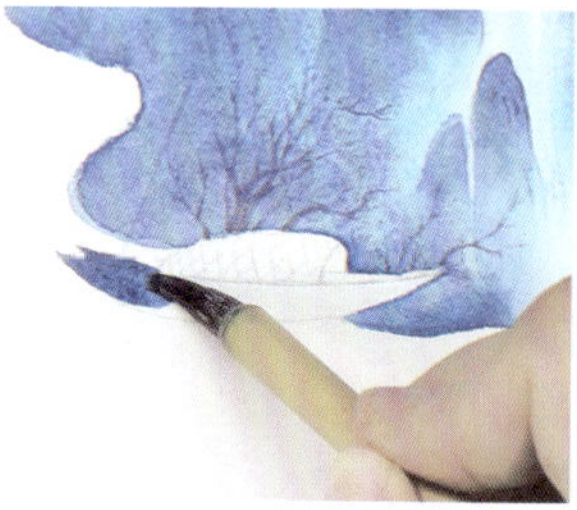

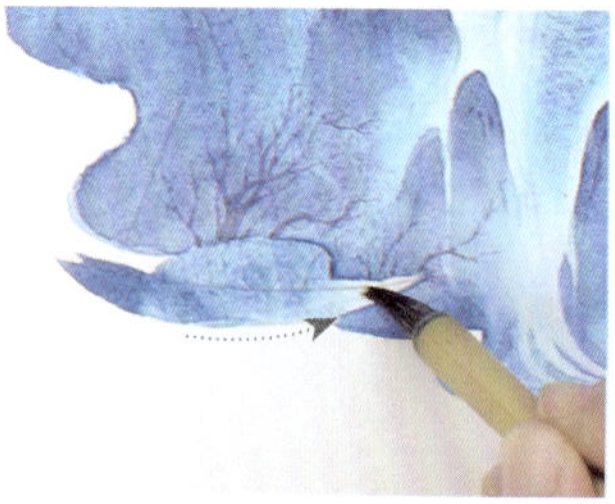

16~17　河流描绘完毕后，在下方水纹周围同样绘制几笔白色的水纹线条。

18~19　用画笔调和浅葱色涂抹小船的左侧，接着洗净画笔，继续向右用清水晕染过渡至浅色。

本蓝

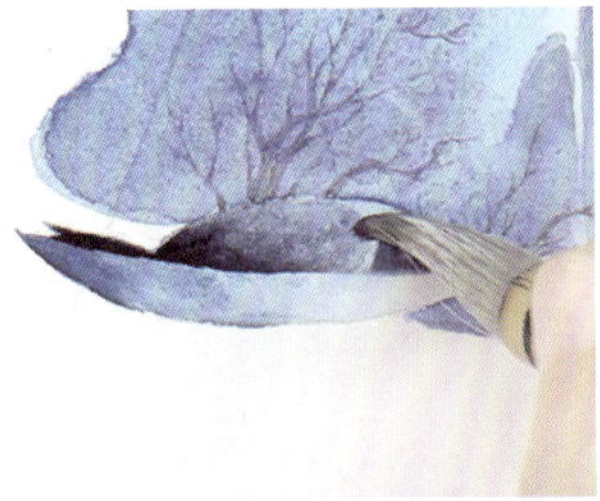

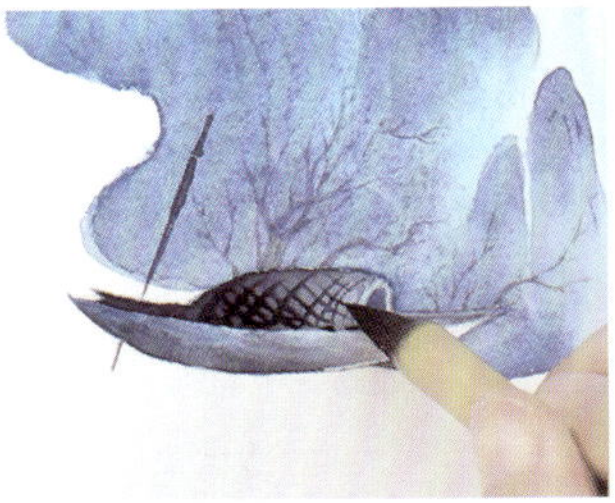

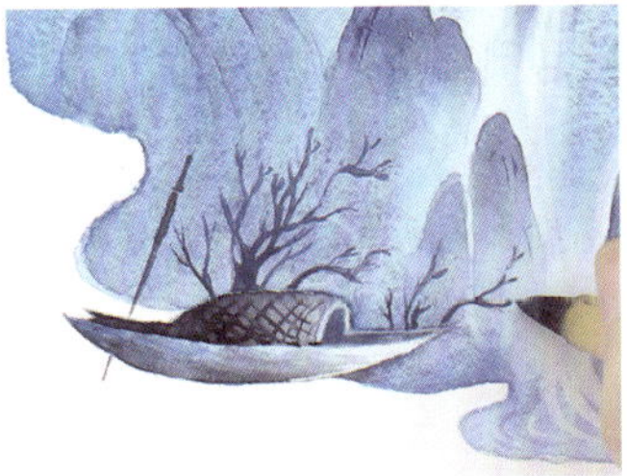

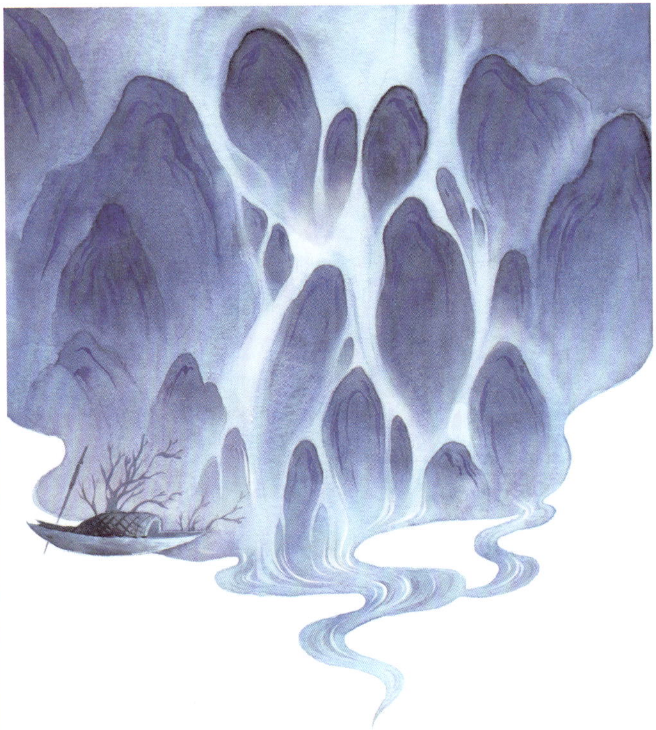

20	23
21	
22	

20~21　待小船底色干后，用同样的方式，将深沉的本蓝色晕染在船篷处。颜色干后在船篷上勾勒网状纹理与船桨。

22~23　最后在船后方描绘出同样深色本蓝的枯树枝。

竹径通幽处。

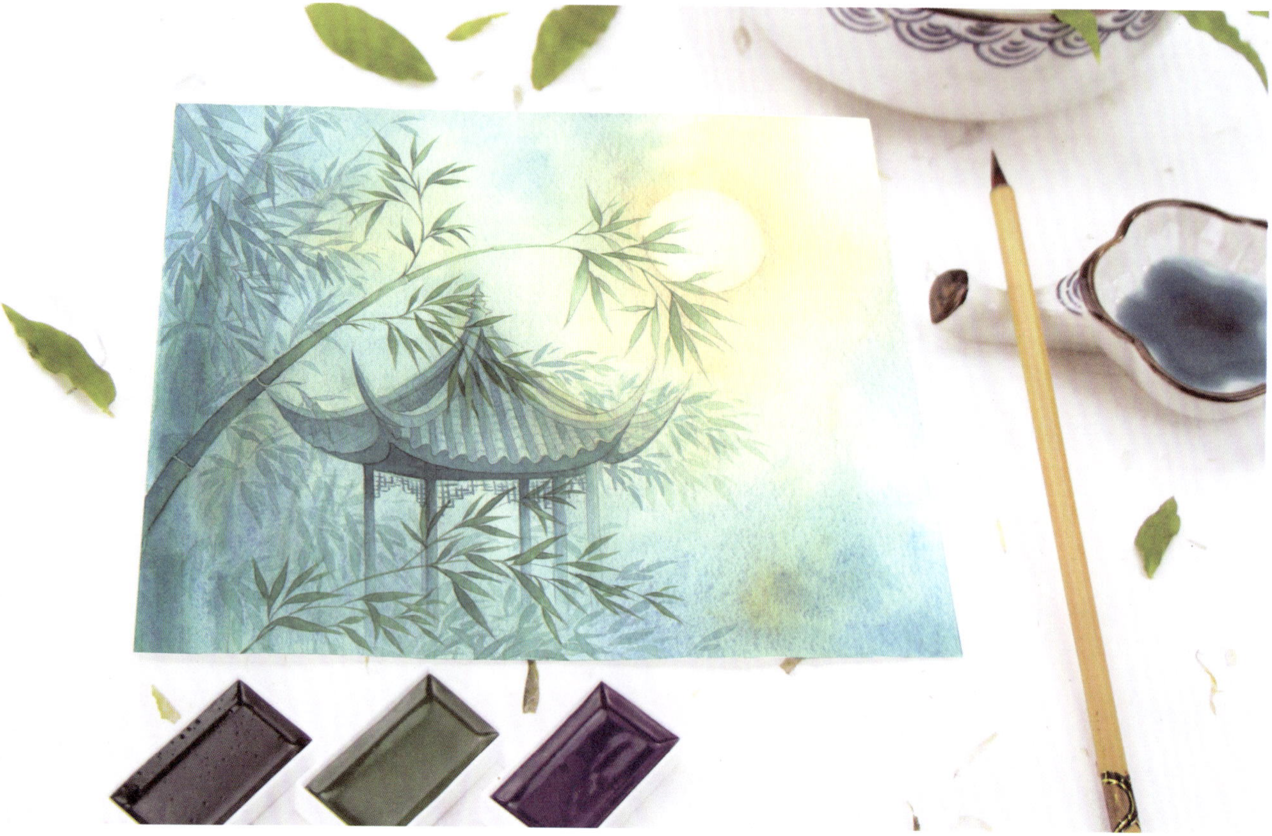

《题破山寺后禅院》节选 [唐]常建

清晨入古寺，初日照高林。
竹径通幽处，禅房花木深。

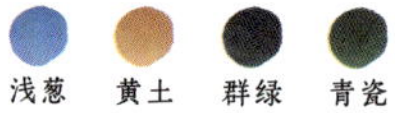

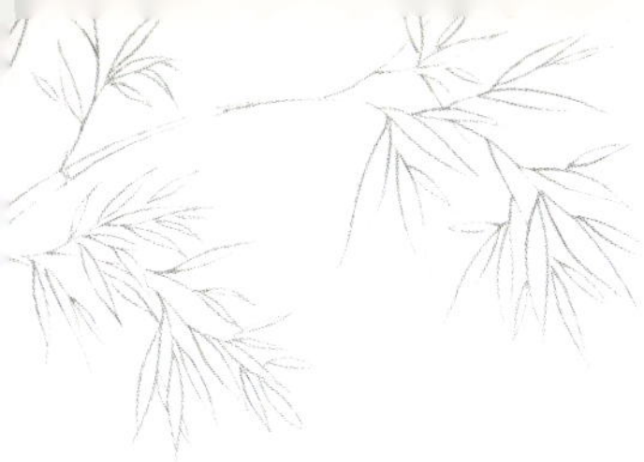

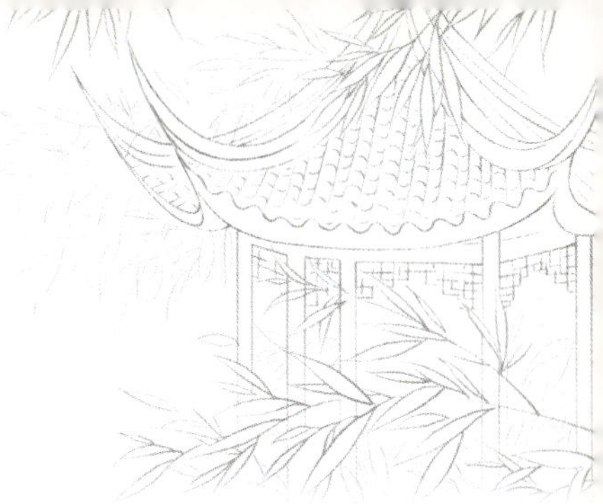

绘前提要

想象一个清凉的晨晓，踱步于古寺林间，看阳光从竹影间悠然流逝，墨绿的竹林伴随着梵音轻轻拂动，绘一座精致的小亭掩映在竹林后，为画面增添幽深的禅意。

扫码看线稿

绘画过程

浅葱

黄土

群绿

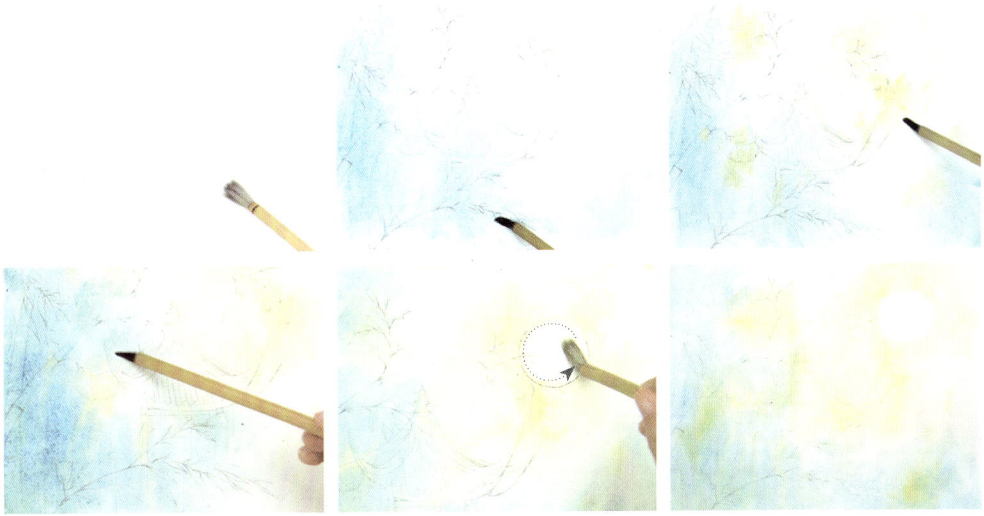

01 02 03
04 05 06

01~03　将画纸用清水整体刷湿润，在左下方加入大量淡浅葱色，同时在右上角晕染淡淡的黄土色。

04~06　趁湿在左下角加少许淡群绿色，接着用干燥的画笔吸取右上角太阳的颜色。

群绿

黄土

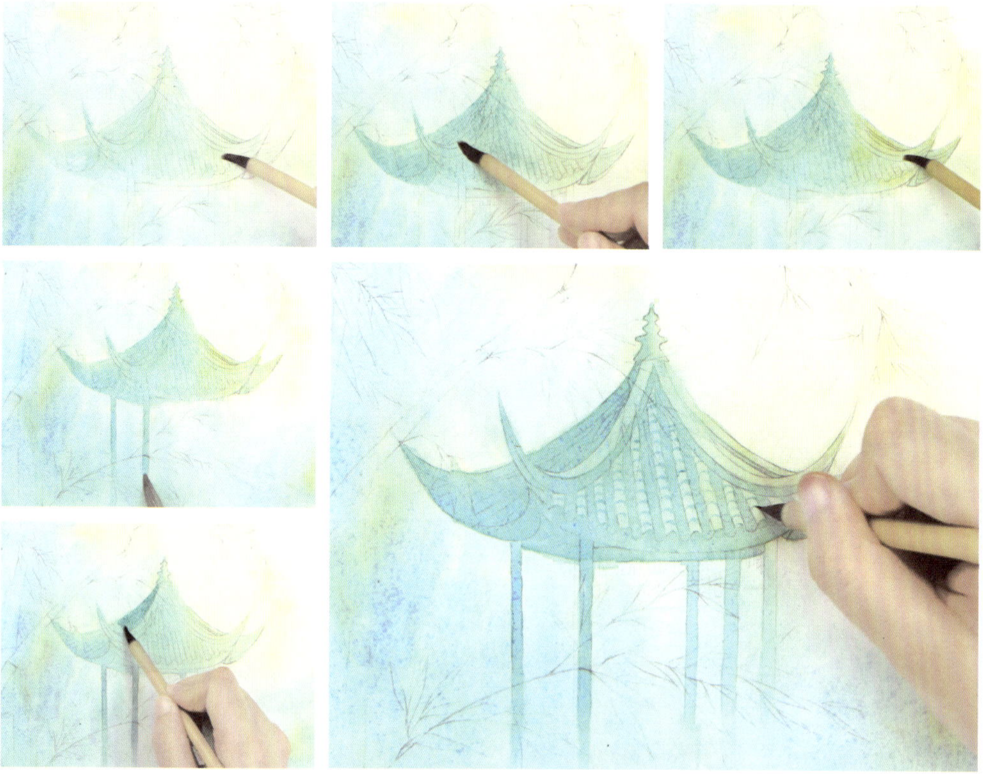

07	08	09
10	12	
11		

07~10　待纸面干透，在亭子上方浅浅平涂一层群绿色，趁湿在左侧加入大量较深的群绿色。而右侧加入少许黄土色晕染，营造出亭子被右方阳光笼罩的氛围。接着描绘下方的群绿色柱子。

11~12　等颜色干后，调和出更深的群绿色平涂亭子的阴影位置，在描绘正面时，注意空出顶部亮部的瓦片。

群绿

黄土

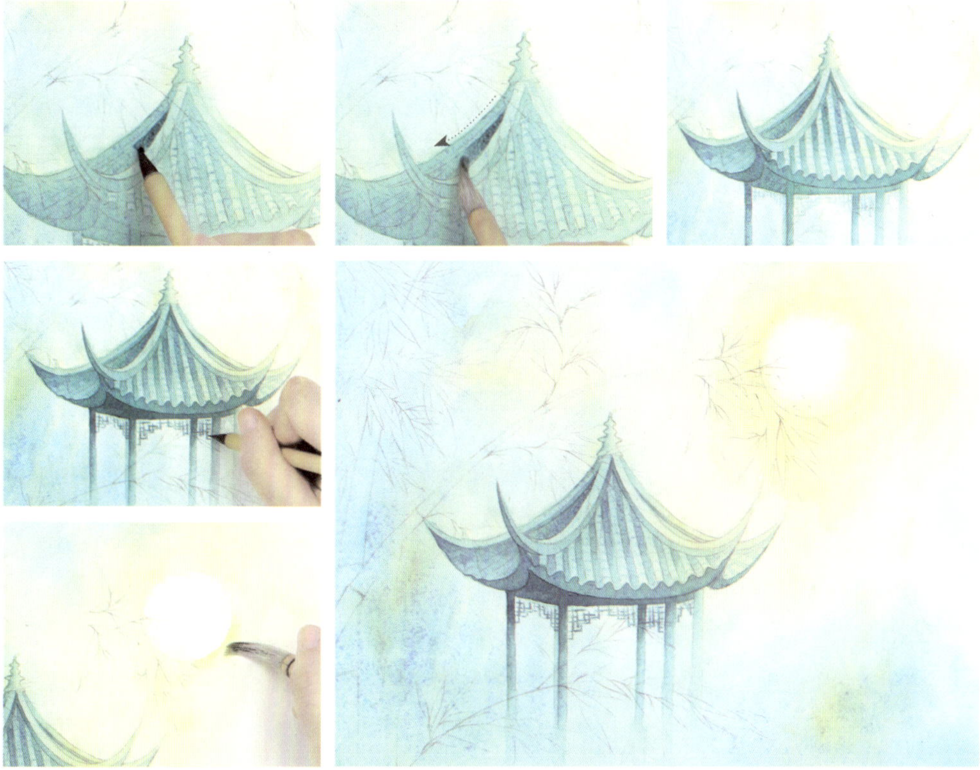

13 14 15
16 18
17

13~16　用浓郁的群绿色再次加深亭子暗部，可用清水笔由上至下晕染变浅。最后在亭下深处平涂更深的群绿色，勾勒亭檐的花边。

17~18　围绕着太阳周围晕染一层淡淡的黄土色。

群绿

青瓷

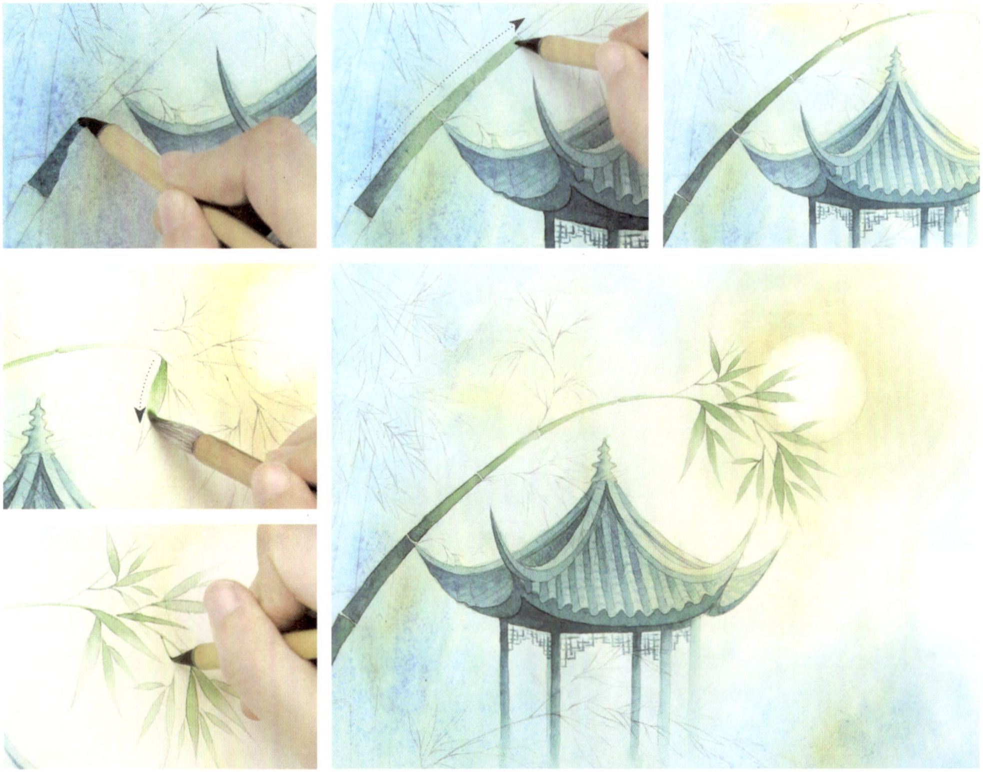

19 20 21
22 24
23

19~21 用深群绿色描绘竹子的根部，随即调和青瓷色衔接过渡，一株由青至黄的竹子便描绘完毕。

22~24 继续将竹叶用青瓷色与清水笔绘制出来，用笔尖勾勒竹茎。

群绿

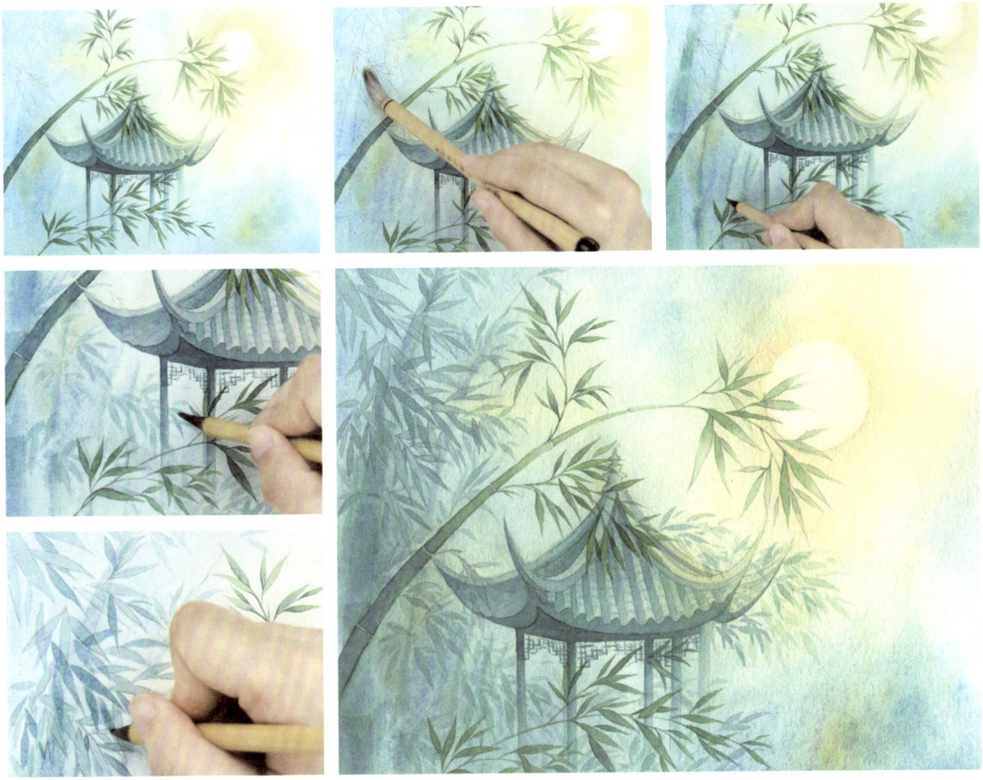

25 26 27
28 30
29

25 继续用群绿色同样绘制好画面中的主要两枝竹叶，画面下方的竹叶整体加深。

26~27 在画纸左侧轻轻刷一层清水，趁湿用群绿色绘制后方的竹节，这样的方式使后方竹节形成一种虚化效果。

28~30 等待背景干后，用画笔蘸取淡淡的群绿色，在背景处平涂大量浅色的竹叶。最后当左上方竹叶干后，再叠涂一次颜色，令背景竹叶也具有深浅层次。

落花时节又逢君。

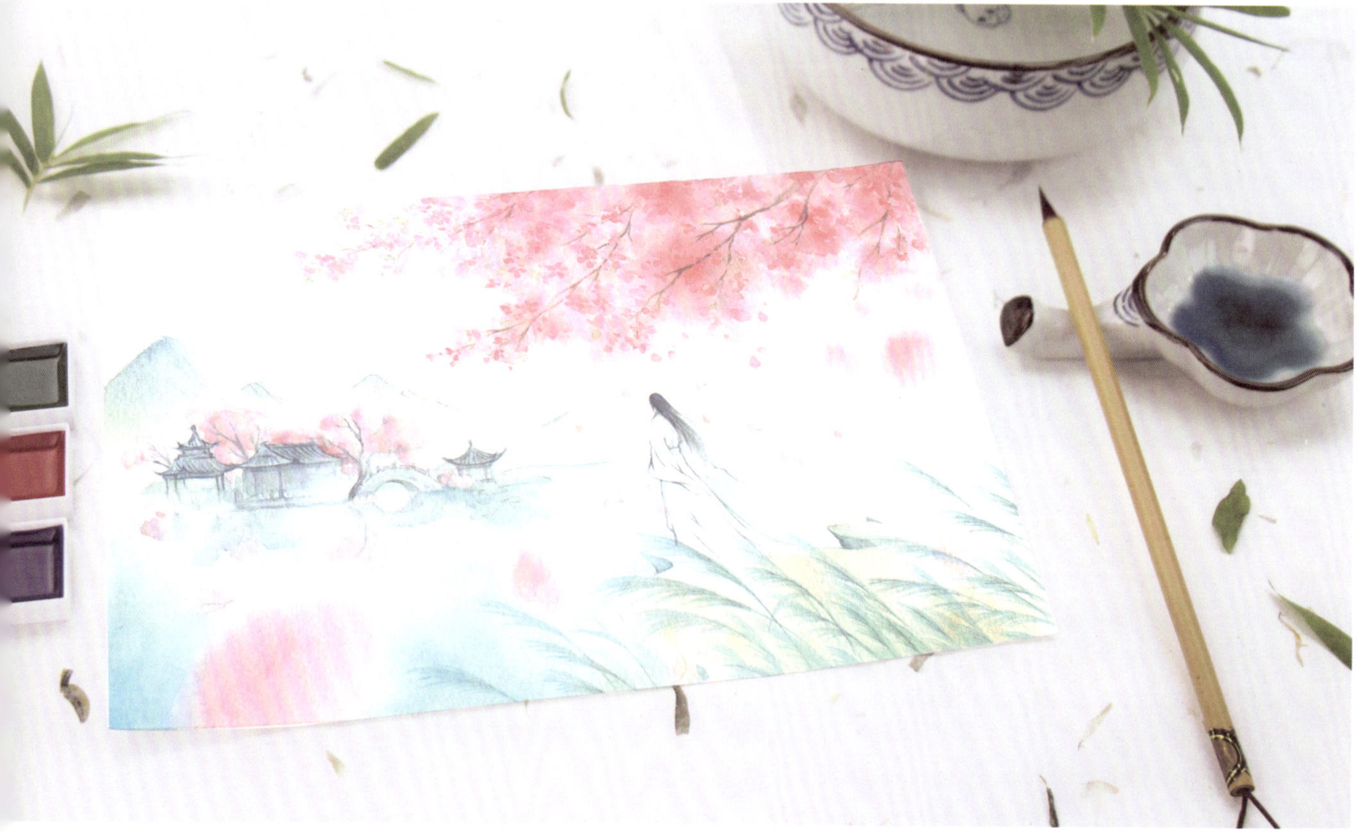

《江南逢李龟年》　[唐]杜甫

岐王宅里寻常见，崔九堂前几度闻。
正是江南好风景，落花时节又逢君。

红　红梅　栗皮茶　青草　若叶　黄土　群青　本蓝　浅葱　群绿

绘前提要

江南风景无限好，自古以来便是烟柳繁华之地、温柔富贵之乡，是人们所向往的作快意畅游的所在。下笔描绘出草长莺飞、落花飘扬的景致，唤醒对美景的无限眷恋吧。

扫码看线稿

绘画过程

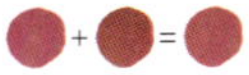

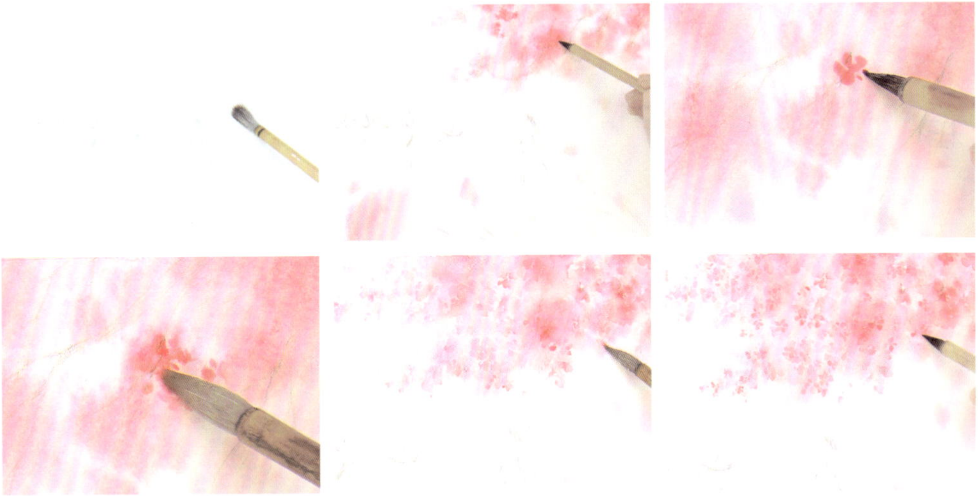

01	02	03
04	05	06

01~02　预先调和深红色，用清水笔为画纸铺设一层清水。随后用画笔蘸取深红色点染在花树处，落笔时间可长可短，同时为飘落的花瓣点染同样的颜色。

03~06　待画纸干透，用略浓的深红色在花树上随意点一些小点，再用清水笔覆盖小点周围，令它们的颜色自由扩散，丰富花树的层次。然后等待纸面干燥，用更加浓郁的深红色点涂花树深处。

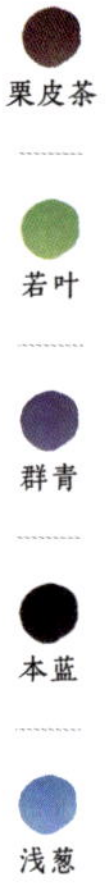

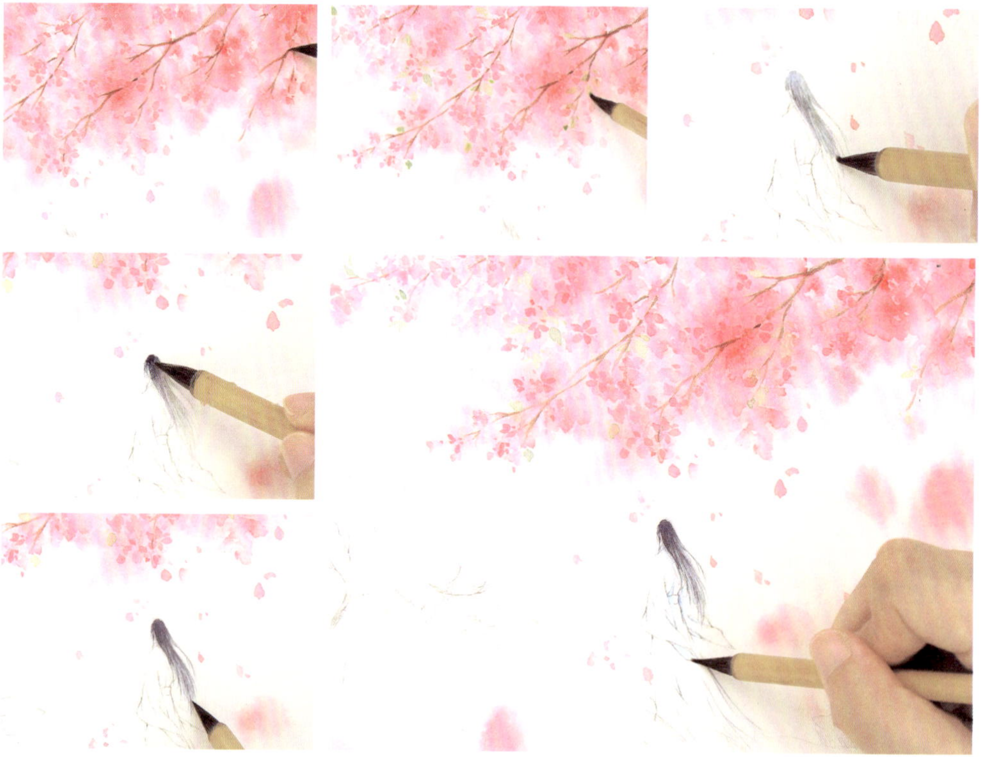

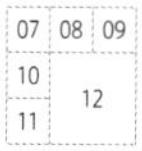

07~08　　用笔尖蘸取栗皮茶色轻轻勾勒树枝的形状。接着洗净画笔用淡淡的若叶色平涂树枝周围的叶片，花树部分便完成了。

09~11　　用淡淡的群青色简单平涂在人物头发位置，趁湿在人物头顶加入深沉的本蓝色，令头发自上而下由深变浅。最后等待头发底色干后，继续用本蓝色在发间勾勒几笔细长的发丝。

12　　在浅葱色中加入大量水调和，轻轻平涂人物的衣褶。

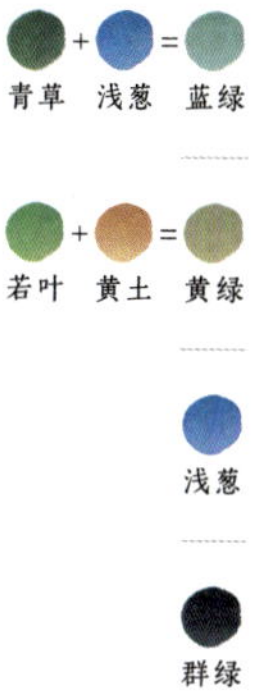

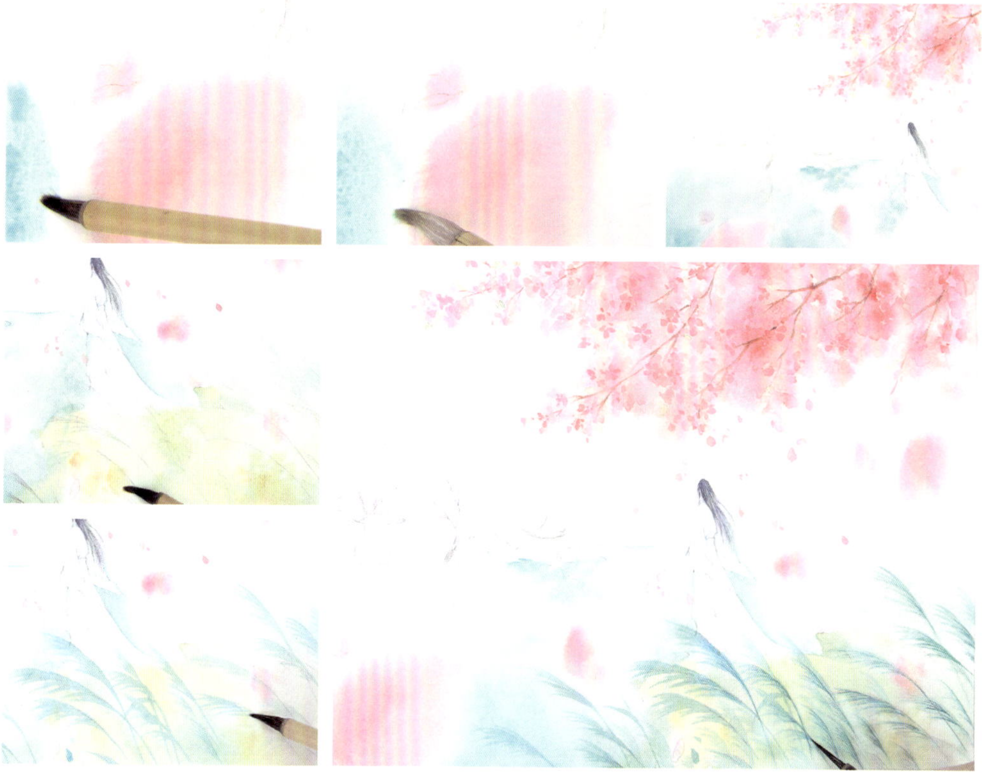

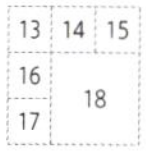

13~15 自左下方湖边起，用蓝绿色平涂湖水处，再用清水笔向周围晕染变浅。避开飘落的花瓣，将湖水晕染完毕。

16~18 在人物右下方用黄绿色晕染草地底色，待底色干后，调和较深的浅葱色描绘芦苇的形状，芦苇上部由细密的弧线线条组成。待芦苇颜色干透后，用浓郁的群绿色叠加勾勒一层深色线条。

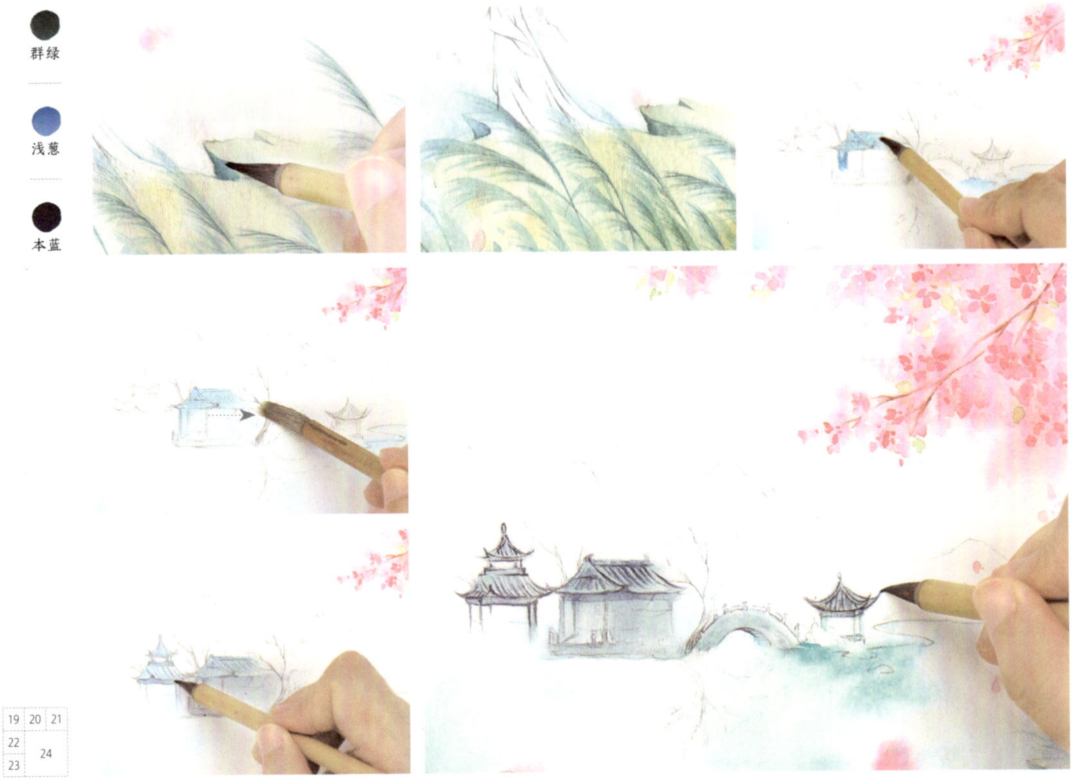

19~20　使用较深的群绿色简单涂抹草地的阴影区域。

21~24　用笔尖蘸取浅葱色涂抹建筑的部分颜色，随后用清水笔晕染。底色干后在建筑阴影位置叠加一层淡淡的本蓝色，最后用浓重的本蓝色简单勾勒建筑的结构线条。

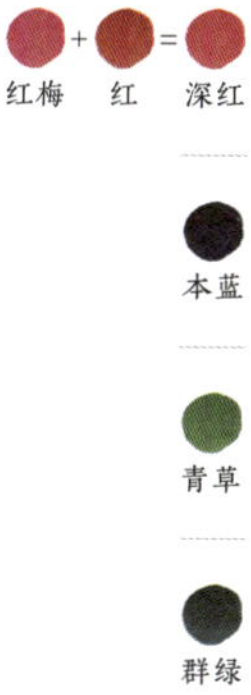

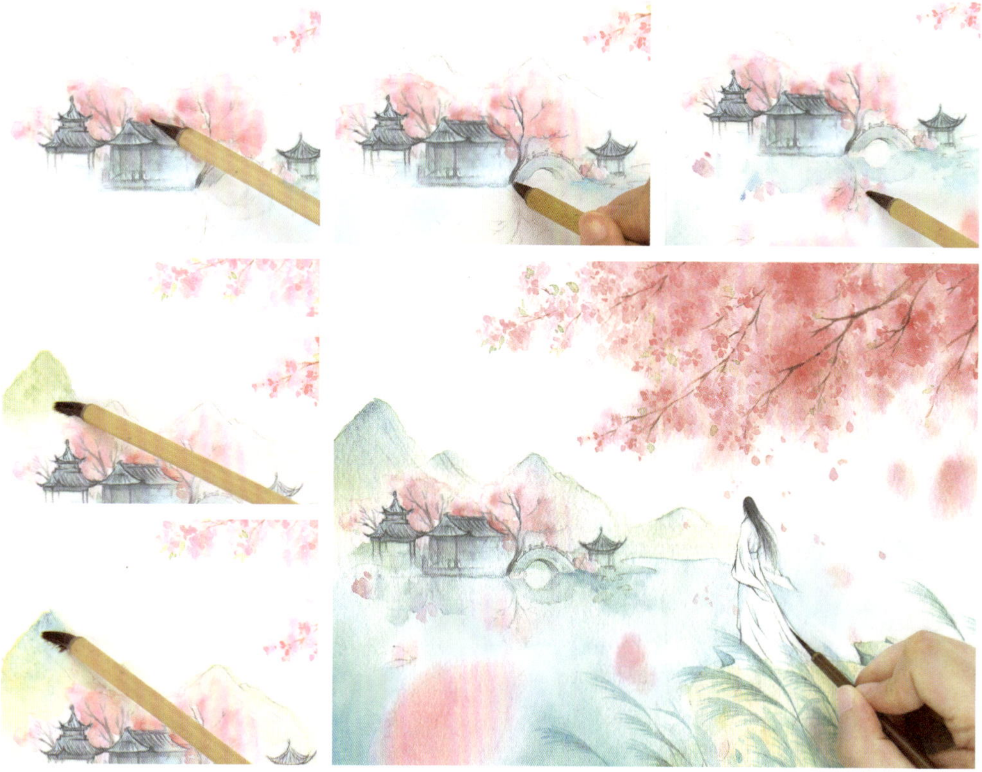

25 26 27
28 29 30

25~27 使用花树的深红色在建筑周围晕染，颜色干后用与建筑同样深的本蓝色勾勒树枝。随后在下方的湖水中，用相同的颜色描绘简单的倒影。

28~29 用画笔蘸取淡淡的青草色涂抹远山，趁湿在山顶加入群绿色，通过这样的方式描绘所有的山峰。

30 最后，使用勾线笔蘸取浓重的本蓝色勾勒衣服的边缘，令人物突出，这幅画就完成了。

黄鹤楼

唐·崔颢

昔人已乘黄鹤去。此地空余黄鹤楼。黄鹤一去不复返。白云千载空悠悠。

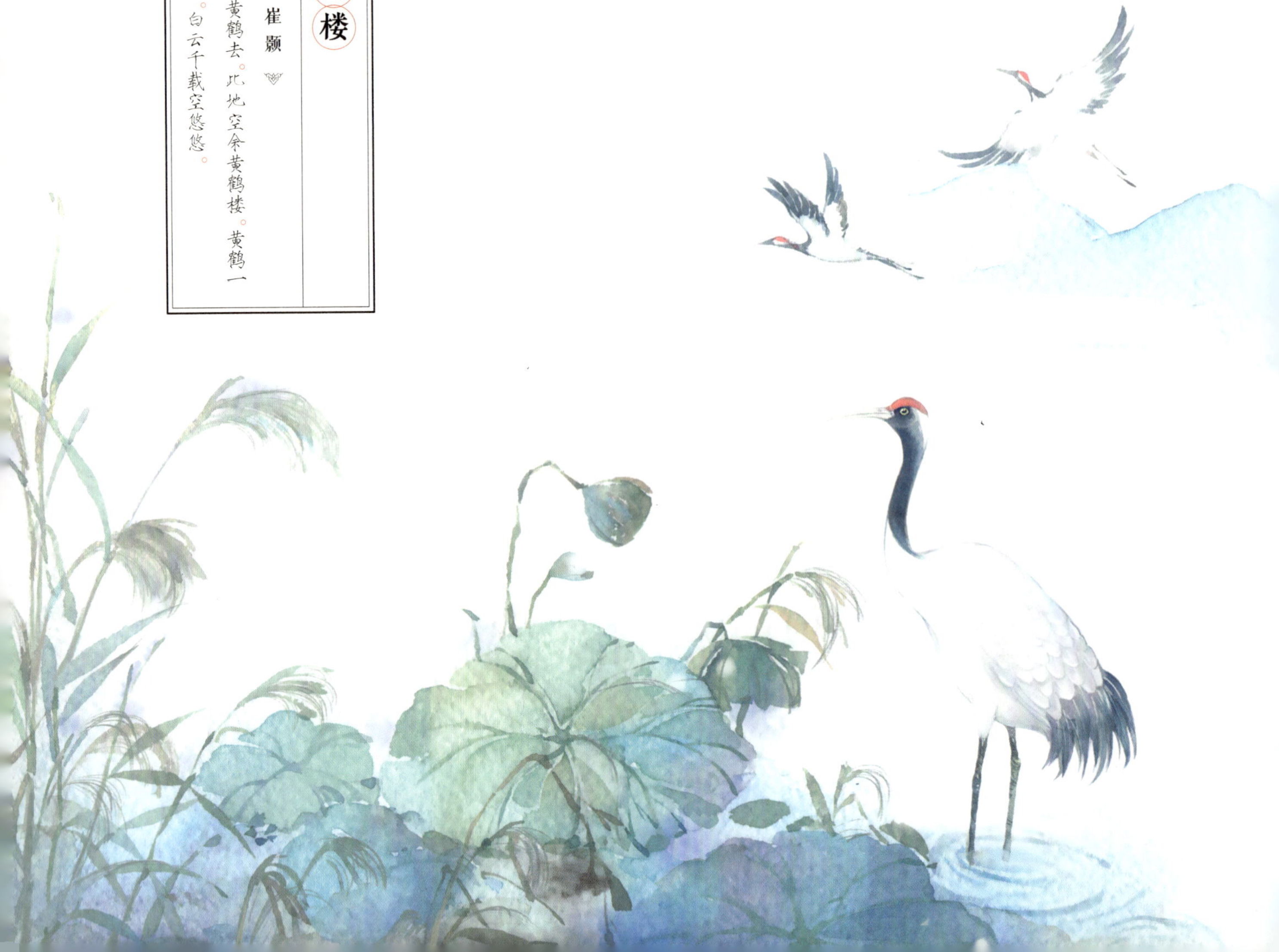

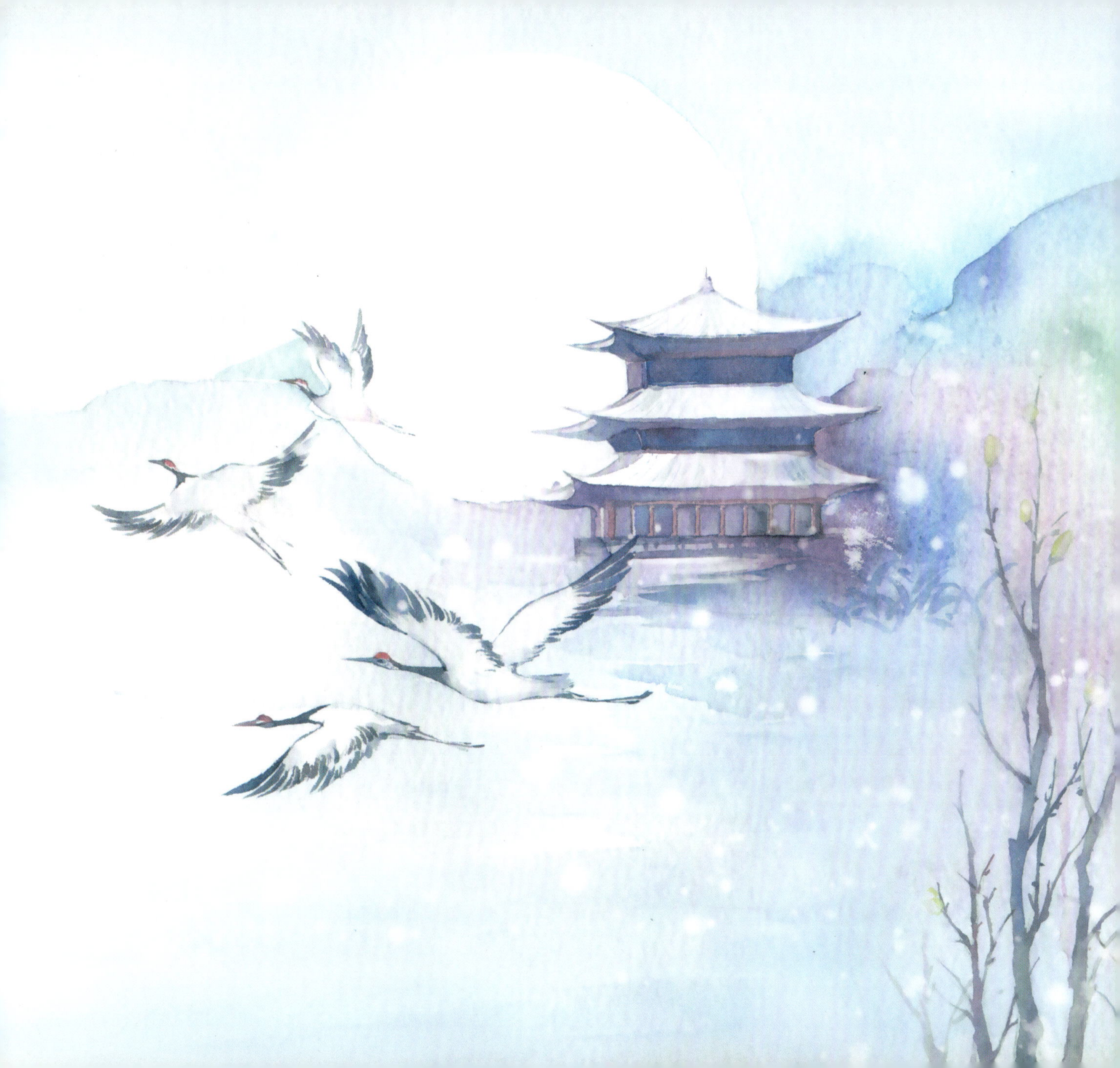

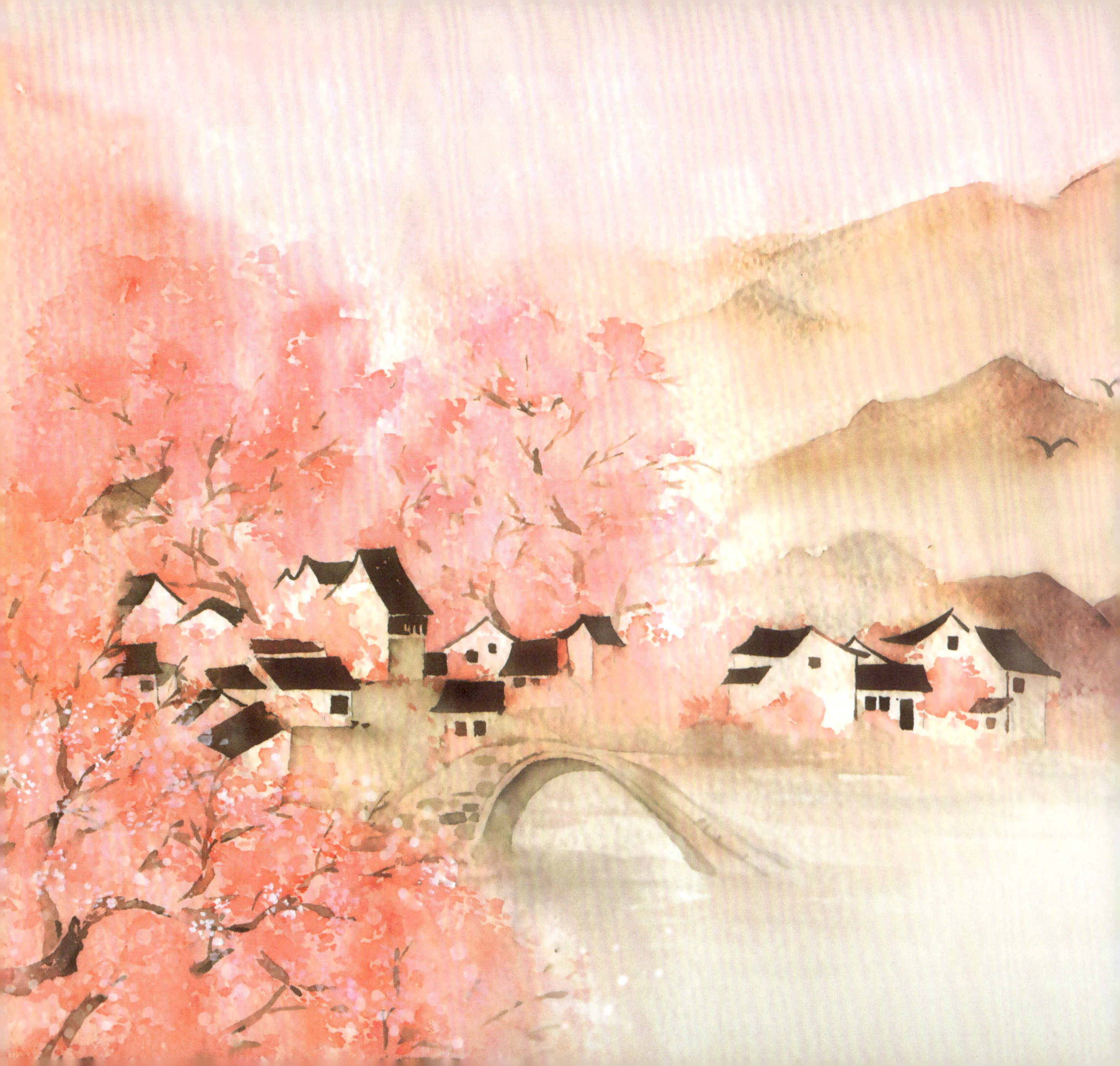

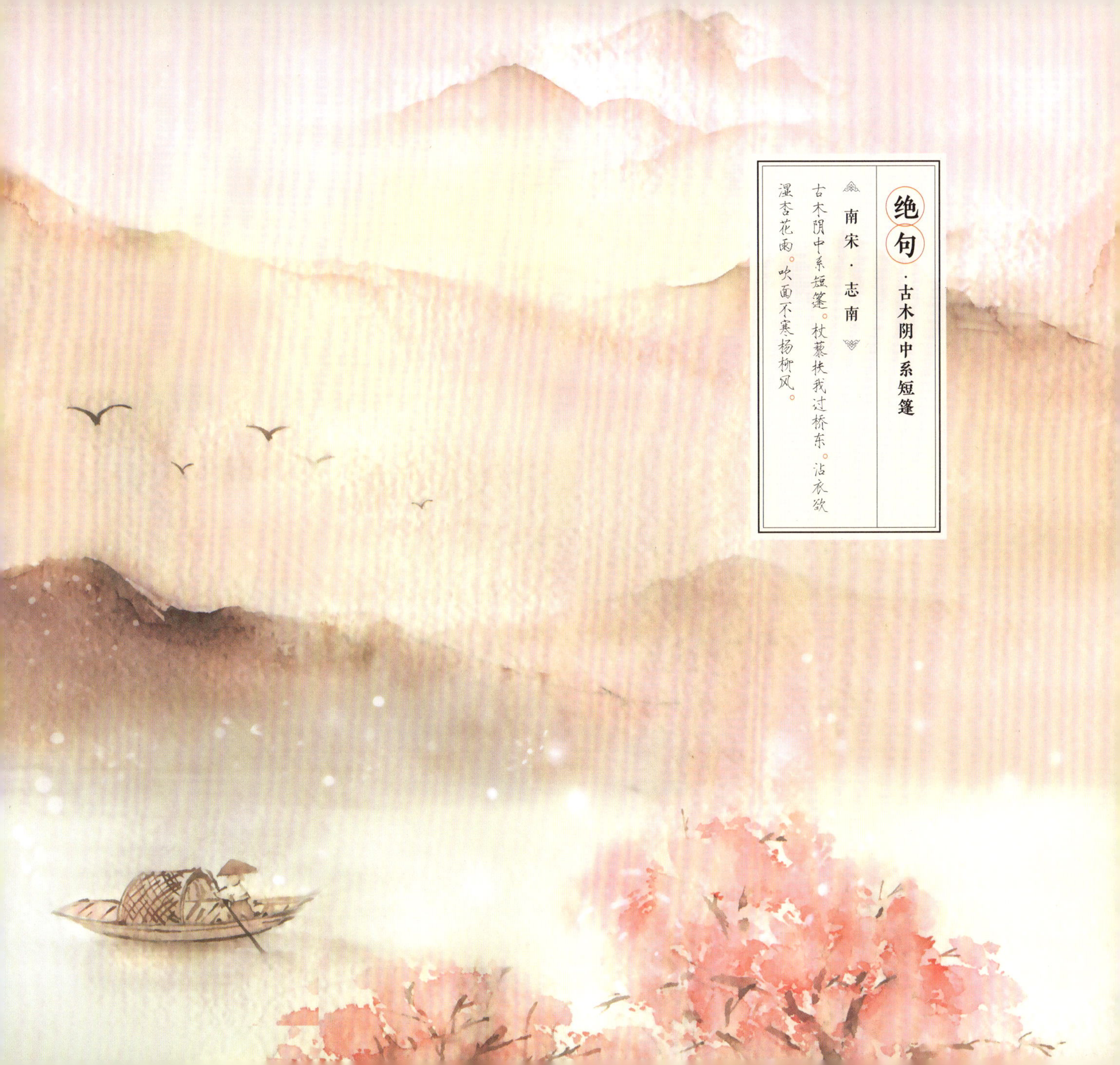

绝句·古木阴中系短篷

南宋·志南

古木阴中系短篷。杖藜扶我过桥东。沾衣欲湿杏花雨。吹面不寒杨柳风。

春江花月夜

唐·张若虚

春江潮水连海平。海上明月共潮生。滟滟随波千万里。何处春江无月明。

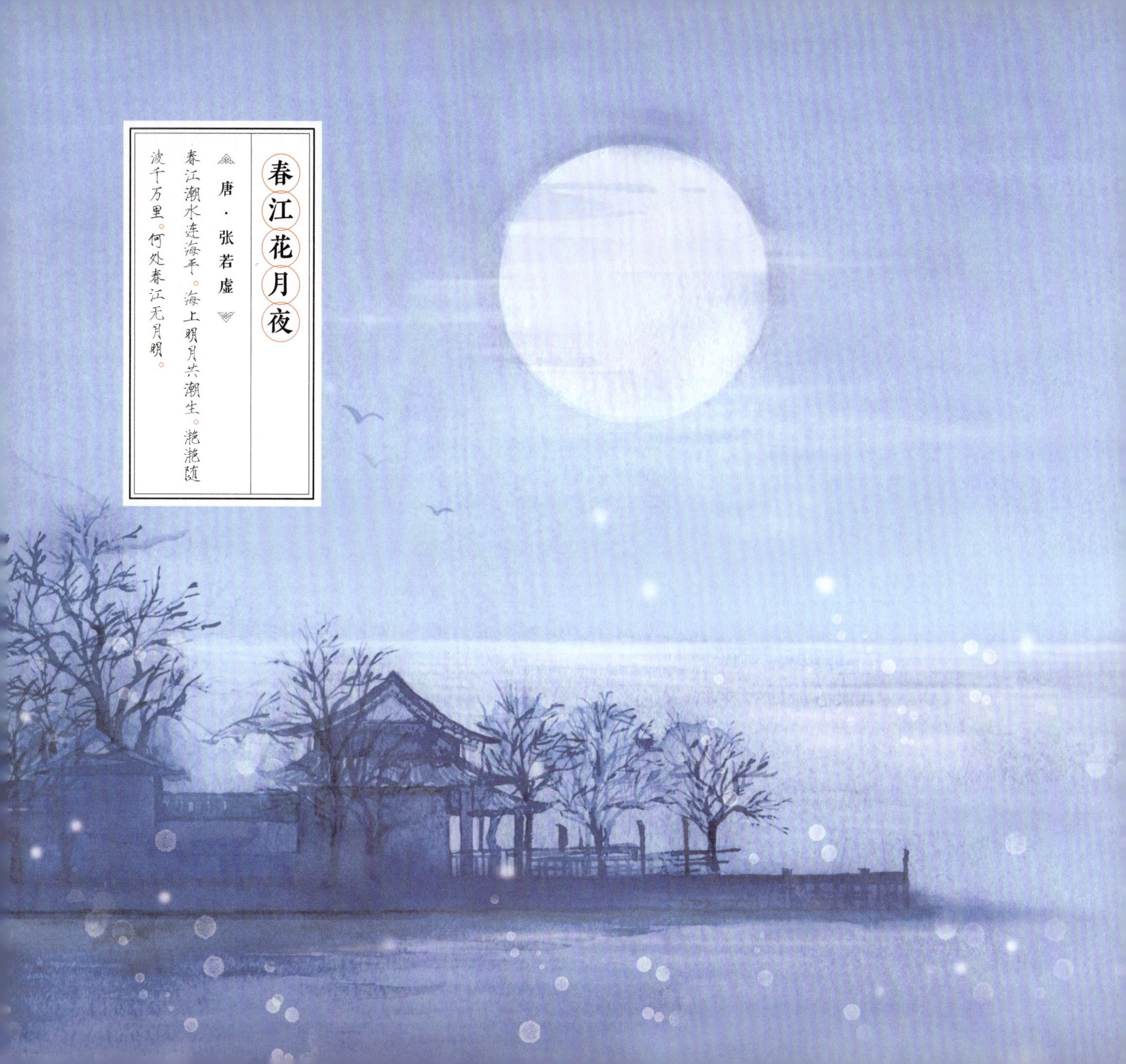

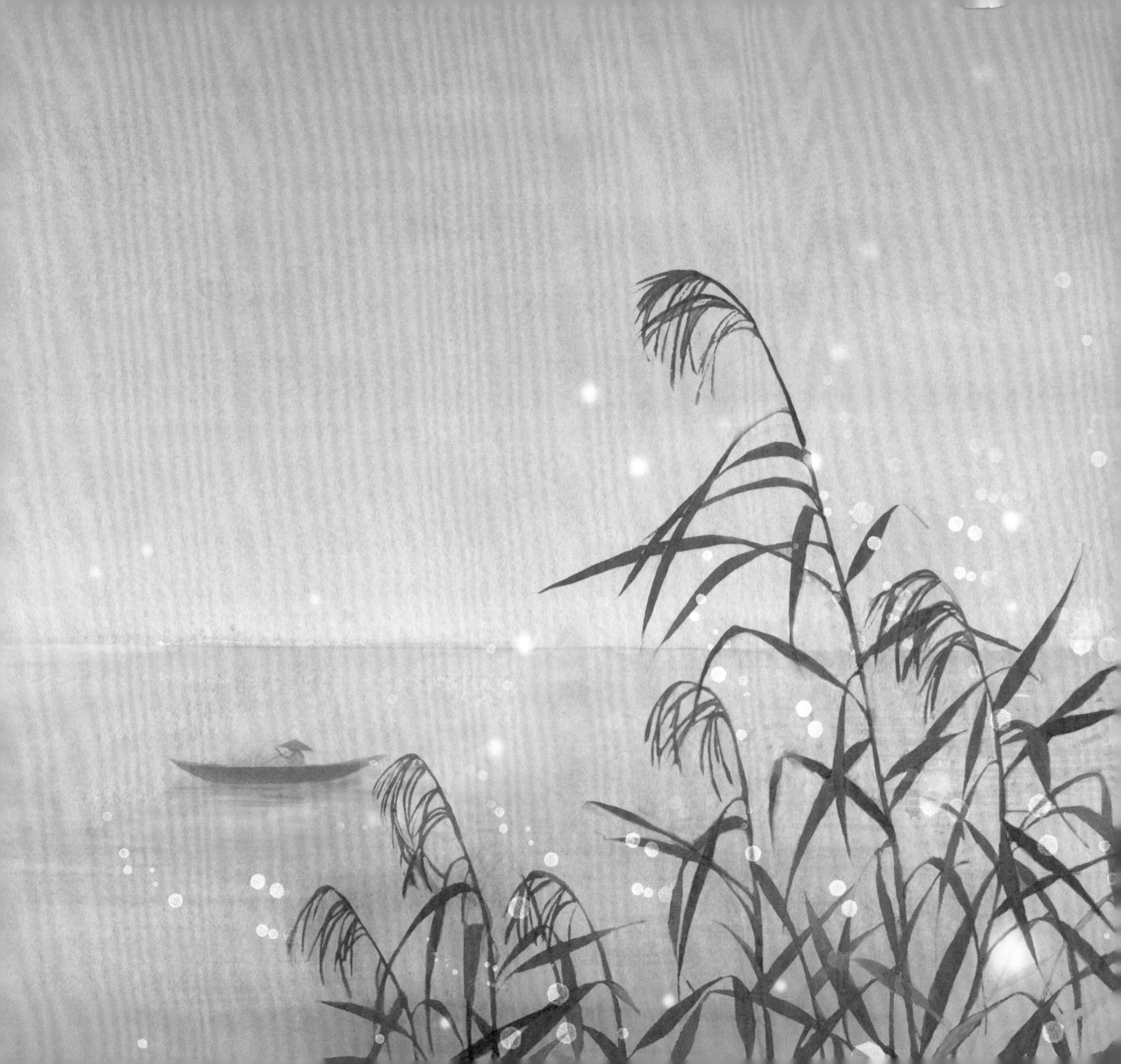

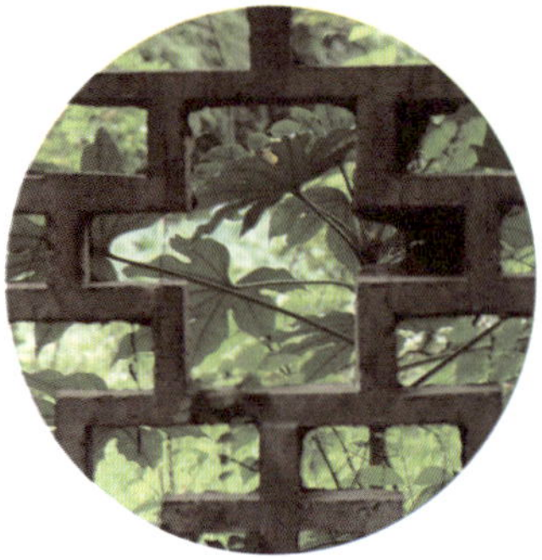

众里寻他千百度。蓦然回首，
那人却在，灯火阑珊处。

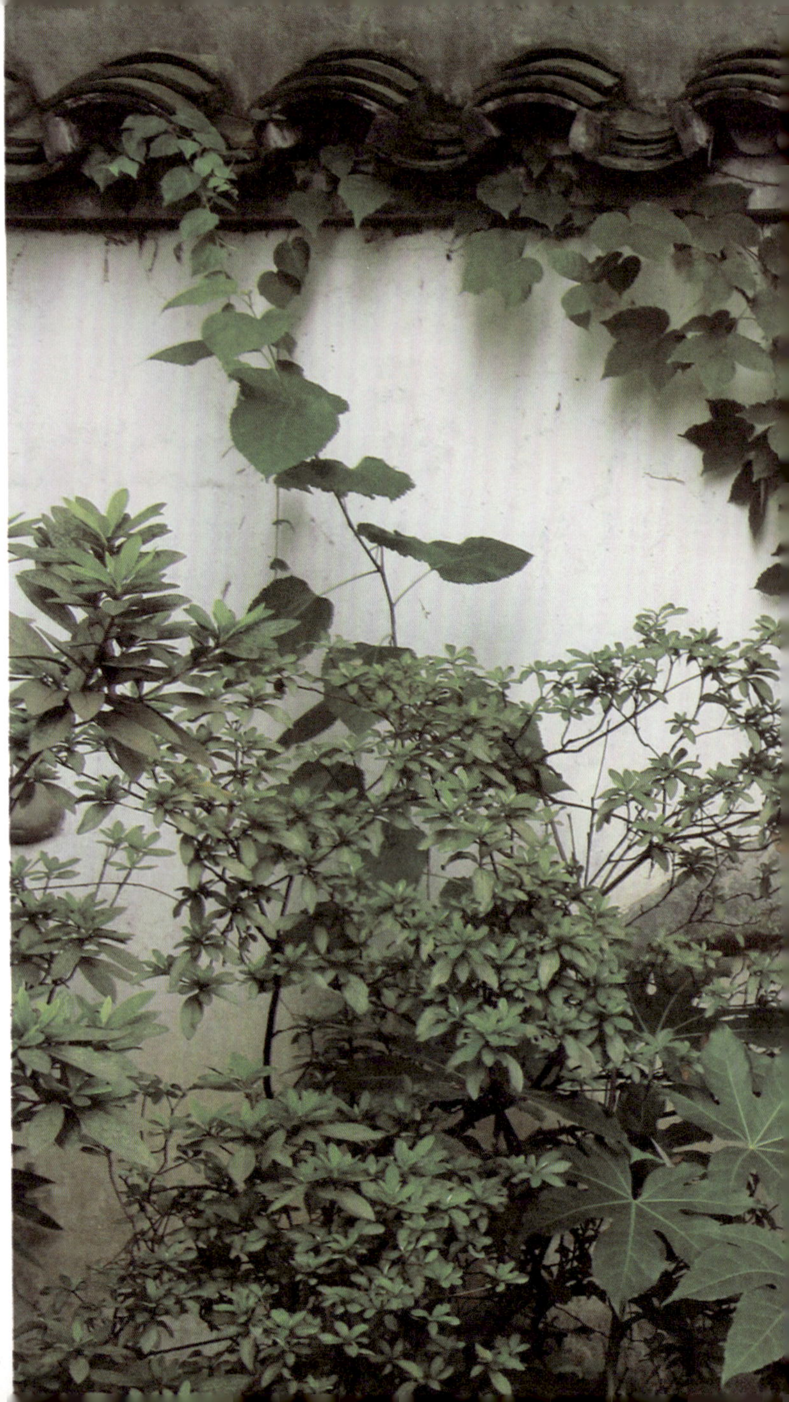

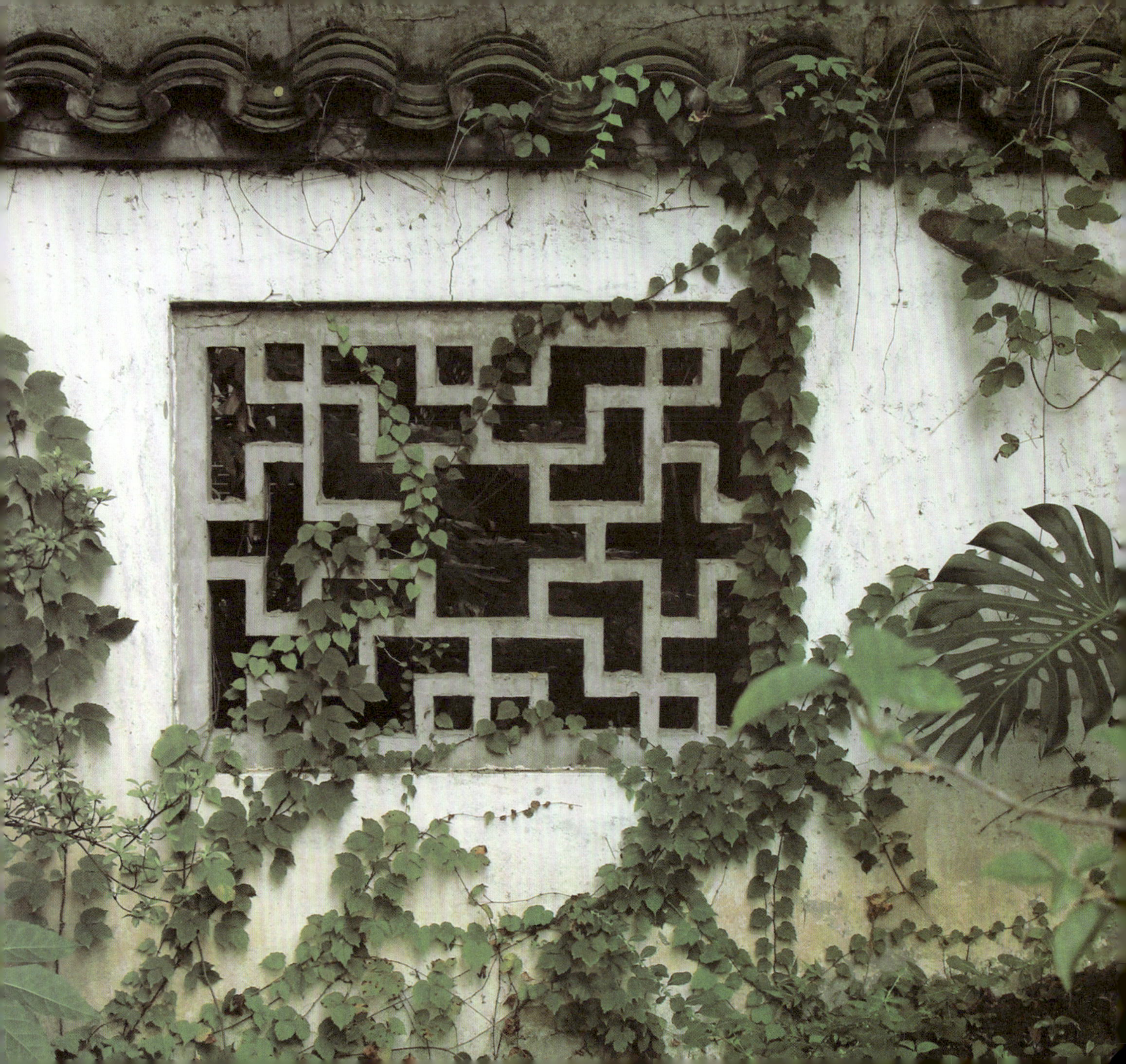

图书在版编目（C I P）数据

古风诗韵 ：水彩画入门 / 飞乐鸟工作室著. -- 北京 ：中国水利水电出版社，2018.5
ISBN 978-7-5170-6332-2

Ⅰ. ①古… Ⅱ. ①飞… Ⅲ. ①水彩画—绘画技法
Ⅳ. ①J215

中国版本图书馆CIP数据核字(2018)第034891号

书　　名： 古风诗韵 水彩画入门
GUFENG SHIYUN SHUICAIHUA RUMEN

作　　者： 飞乐鸟工作室　著

出版发行： 中国水利水电出版社（北京市海淀区玉渊潭南路 1 号 D 座　100038）
网址：www.waterpub.com.cn
E-mail:sales@waterpub.com.cn
电话：（010）68367658（营销中心）

企　　划： 北京亿卷征图文化传媒有限公司
电话：（010）82960410、82960409
E-mail:service@bookexplorer.cn

经　　售： 全国各地新华书店和相关出版物销售网点

印　　刷： 北京东方宝隆印刷有限公司

规　　格： 210mmx185mm　24 开本　6 印张　80 千字

版　　次： 2018 年 5 月第 1 版　2018 年 5 月第 1 次印刷

定　　价： 49.80 元

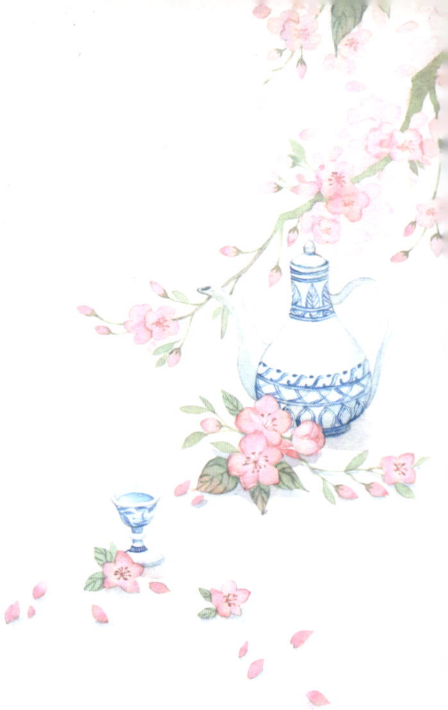